Die Klimate der Erde – Klassifizierung nach Troll

KALTE ZONE

1 **Eisregion**
Das ganze Jahr sehr kalt und trocken
◄ Alle Monate unter 0° C

2 **Tundra**
Sehr kalte und trockene Winter,
sehr kurze und kühle Sommer
◄ Alle Monate unter 10° C
Wenige Tage Wachstumszeit (über 5° C)

3 **Taiga (Nördliche Nadelwälder)**
Sehr kalte und trockene Winter,
sehr kühle und feuchte Sommer
◄ Wärmster Monat über 10° C
100–170 Tage Wachstumszeit (über 5° C)

GEMÄSSIGTE ZONE

4 **Feuchtklima der gemäßigten Zone**
Das ganze Jahr feucht
a) Warme bis heiße Sommer und kalte Winter
mit Schnee (kontinental)
b) Kühle Sommer und milde Winter
fast ohne Schnee (ozeanisch)

Länger als 170 Tage Wachstumszeit
◄ Kältester Monat unter 2° C
◄ Kältester Monat über 2° C
Wärmster Monat unter 20° C

5 **Steppe der Gemäßigten Zone**
Wie Zone 4, aber das ganze Jahr weniger Regen

6 **Wüste der Gemäßigten Zone**
Das ganze Jahr trocken.
Heiße Sommer, kalte Winter

SUBTROPEN

7 **Mittelmeerklima, Westseitenklima**
Heiße und trockene Sommer,
milde und feuchte Winter
Kältester Monat zwischen 2° C und 13° C
◄ Mehr als 5 Monate feucht

8 **Ostseitenklima der Subtropen**
Heiße Sommer, milde Winter
Im Sommer oder das ganze Jahr feucht
◄ Mehr als 5 Monate feucht

9 **Subtropische Steppe**
Wie Zone 7, aber trockener
◄ Weniger als 5 Monate feucht

10 **Subtropische Wüste**
Das ganze Jahr sehr heiß und trocken

TROPEN

Kältester Monat über 13° C

11 **Tropische Wüste**
Das ganze Jahr sehr heiß und trocken
◄ 0 – 2 Monate Regenzeit

12 **Dornsavanne**
Das ganze Jahr sehr heiß
◄ 2 – 4$^1/_2$ Monate Regenzeit

13 **Trockensavanne**
Das ganze Jahr sehr heiß
◄ 4$^1/_2$ – 7 Monate Regenzeit

14 **Feuchtsavanne**
Das ganze Jahr sehr heiß
◄ 7 – 9$^1/_2$ Monate Regenzeit

15 **Tropischer Regenwald**
Das ganze Jahr sehr heiß und feucht
◄ 9$^1/_2$ – 12 Monate Regenzeit

D1724791

IMPRESSUM

TERRA Kleiner Weltalmanach
Fakten-Lexikon der Erde

Gedruckt auf Recyclingpapier,
hergestellt aus 100 % Altpapier.

1.Auflage   A 1 $^{5\ 4\ 3\ 2\ 1}$ | 2002 2001 2000 99 98

Die letzte Zahl bezeichnet das Jahr dieses Drucks
© Justus Perthes Verlag Gotha GmbH, Gotha 1998.
Alle Rechte vorbehalten.

Internetadresse: http://www.klett.de/klett-perthes

Herausgeber: Werner Wirth, Seminarrektor a.D.
Autoren: Peter Brysch, Armin Busch, Gabriele Pankow, Werner Wirth
Redaktion und Lektorat: Klett-Perthes-Verlag, Gotha und Stuttgart, Klaus Feske
Layout, Programmierung und Satz: Norbert Welsch, Welsch & Partner EDV, Tübingen
Produktion: Johannes Rüdinger
Druck: Gutmann + Co., 74388 Talheim

ISBN 3-12-487600-8

TERRA

Kleiner Weltalmanach

Ein erdkundlicher Überblick über die Staaten der Erde

Aktuell – Informativ – Übersichtlich

KLETT-PERTHES

Gotha und Stuttgart

VORWORT

Zu diesem Buch

Viele Bücher und Lexikas bieten umfangreiches Zahlen- und Informationsmaterial zu allen Bereichen der Länder der Erde an. In den meisten Fällen werden diese Angaben jährlich ergänzt und aktualisiert.
So wichtig und unerläßlich diese umfassende Darstellung für den interessierten Leser (Schule, Studium, Beruf, privat) auch ist, manchmal jedoch erscheint die Informationsfülle erdrückend.
Vor allem dann, wenn man sich „nur" einen Überblick über ein entsprechendes Land verschaffen will. Dieser Überblick soll nicht oberflächlich sein, sondern sich auf bestimmte Gesichtspunkte konzentrieren. Lage, Größe, Bevölkerung, Wirtschaft, Landschaft, Klima.

Der „TERRA Kleiner Weltalmanach" versucht diesem Vorhaben gerecht zu werden.
Zur Einführung werden alle Länder der Erde vorgestellt, nach verschiedenen Kriterien geordnet.

Kurze Informationen über die Klima- und Vegetationszonen der Erde sollen helfen, das entsprechende Land besser einzuordnen.

Der Hauptteil behandelt in übersichtlicher und einheitlicher Form alle Staaten der Erde, gegliedert nach den oben genannten Gesichtspunkten. Die Zahlenwerte sind den aktuellsten Ausgaben verschiedener Jahrbücher (siehe Literaturverzeichnis) entnommen.

Durch die stets gleichbleibende und anschauliche Form der Darstellung ist gewährleistet, dass man durch einfaches Vor- oder Rückwärtsblättern sofort einen Vergleich mit einem anderen Land herstellen kann. Entsprechende Zahlenwerte bzw. Informationen stehen bei jedem Land an der gleichen Stelle der betreffenden Buchseite.

Sollten sich trotz sorgfältiger Bearbeitung Fehler eingeschlichen haben, so bittet der Verlag um derartige Hinweise. Ihre Anregungen werden – soweit möglich – bei einer Neuauflage berücksichtigt.

Stuttgart, im August 1998   Werner Wirth

INHALT

ABKÜRZUNGEN

qkm	Quadratkilometer
E.	Einwohner
E/qkm	Einwohner pro Quadratkilometer
ÖE/Einw.	Öleinheiten pro Einwohner
US$/Einw.	US Dollar pro Einwohner

Afghanistan

Ägypten

STAAT	

Lage: Westasien Fläche: 625 225 qkm Weltrang: 41

Hauptstadt: Kabul (400 000 E.)
Weitere wichtige Städte: Kandahar, Herat, Kundus, Baghlan

Angrenzende Länder:
Nordwesten: Turkmenistan
Norden: Usbekistan, Tadschikistan
Nordosten: China
Osten: Pakistan
Süden: Pakistan
Westen: Iran

Lage: Nordostafrika Fläche: 997 739 qkm Weltrang: 29

Hauptstadt: Kairo (6 800 000 E.)
Weitere wichtige Städte: Alexandria, Gise, Shubrà al-Khaymah,
　　　　　　　　　　　　Port Said, Suez
Angrenzende Länder:
Nordosten: Israel
Süden: Sudan
Westen: Libyen

BEVÖLKERUNG

Einwohner: 23 481 000 Weltrang: 40

Religionen: Fast 100 % Moslems (84 % Sunniten, 15 % Schiiten)

Sprachen: Paschtu und Dari (Amtssprachen)
　　　　　Usbekisch

Bevölkerungsdichte: 36 E/qkm Bevölkerungswachstum: 2,6 %
Lebenserwartung: 45 Jahre Analphabetenanteil: 69,0 %
Einwohner pro Arzt: 6 430 Kindersterblichkeit: 25,7 %

Einwohner: 57 800 000 Weltrang: 20

Religionen: 90 % Moslems (Islam ist Staatsreligion), 3 % Kopten
　　　　　　Minderheiten:
　　　　　　Orthodoxe, Katholiken, Protestanten
Sprachen: Hocharabisch (Amtssprache), Nubische Sprachen
　　　　　Englisch u. Französisch (Handelssprachen)
Bevölkerungsdichte: 58 E/qkm Bevölkerungswachstum: 2,2 %
Lebenserwartung: 65 Jahre Analphabetenanteil: 49,0 %
Einwohner pro Arzt: 1 340 Kindersterblichkeit: 2,2 %

WIRTSCHAFT

Wirtschaft in Stichworten:
– Landwirtschaft: Weizen, Mais, Gerste, Obst,
  Gemüse (auf Bewässerungslächen), Baumwolle;
  nomadische Viehzucht (Schafe)
– wenig entwickelte Industrie
– Bodenschätze: Erdgas, Eisenerz
– Export: Erdgas, Teppiche, Baumwolle

Energieverbrauch: 114 kg ÖE/Einw.
Bruttosozialprodukt: < 765 US$/Einw.

Anteil der Erwerbstätigen:
Landwirtschaft: 53 %, Industrie + Dienstleistungen: 47 %

Wirtschaft in Stichworten:
– Landwirtschaft: Mais, Weizen, Gerste, Bohnen, Reis,
  Baumwolle, Datteln, Zwiebeln;
  Viehzucht (Schafe, Ziegen, Kamele, Wasserbüffel)
– Schwerindustrie: Eisen, Stahl, Aluminium
– Bodenschätze: Erdöl, Erdgas, Eisenerz, Phospat, Salz
– Export: Erdöl, Baumwolle, Metalle, Textilien
– Tourismus: Reichtum an historischen Bauwerken. Einbußen
  durch Attentate islamischer Fundamentalisten.
Energieverbrauch: 600 kg ÖE/Einw.
Bruttosozialprodukt: 790 US$/Einw.
Anteil der Erwerbstätigen:
Landwirtschaft: 33 %, Industrie: 21 %, Dienstleistungen: 46 %

LANDESNATUR

Der Großteil des Landes ist unwegsames, zerklüftetes Gebirgs-
land. Der Hindukusch bildet die Wasserscheide zwischen Indus
und Amudarja. Im Westen löst er sich in mehrere Kämme auf.
Steppen, Halbwüsten und Wüsten kennzeichnen den Süden,
Südwesten und äußersten Norden des Landes. Wälder kommen
nur noch im Südosten vor. In hochgelegenen Beckenlandschaften
des Südens gibt es Salzseen und Salzsümpfe.
Der häufig umkämpfte Kyber-Pass (1100 m) ist die wichtigste
Verbindung zwischen Afghanistan und Westpakistan.
Die Bevölkerung siedelt vorwiegend in Beckenlandschaften und
Hochtälern.

Gebirge/Berge: Hindukusch (Tirich Mir 7 699 m, Nashaq 7 485 m)

Flüsse/Seen: Hilmend, Heri Rud, Amudarja, Kabulfluss;
　　　　　　Salzseen

Der größte Teil des Landes besteht aus Ägyptens Anteil an der
Libyschen Wüste, die im Süden Höhen um die 2000 m in harten
Gesteinsformationen erreicht. Nach Osten begrenzt das Niltal
diese menschenfeindliche Gegend. Obwohl nur 10 km breit, leben
hier 99 % der Bevölkerung. Im Osten entlang der Flussoase ist die
Arabische Wüste zwischen dem Nil und dem Roten Meer einge-
zwängt. Im äußersten Südosten hat diese Landschaft noch Anteil
an einem Ausläufer des Hochlands von Äthiopien.

Gebirge/Berge: Sinai (2 637 m), Ras Banas (1 977 m),
　　　　　　　Ras Mohammed Hurghada (2 187 m)

Flüsse/Seen: Nil, Suez-Kanal, Nassersee

KLIMA

Kurzbeschreibung:
Extrem kontinentales Klima (sommerheiß, im Gebirge
winterkalt), hohe Tagesschwankungen der Temperatur.
Wenig Niederschläge (meist im Frühjahr), die nach Südwesten
abnehmen. Der Osten erhält sommerliche Monsunniederschläge.
Sandstürme im Bereich der südlichen Halbwüsten- und Wüsten-
gebiete.

Klassifizierung nach „Troll":
Überwiegend : 10
Im Norden: 5

Kurzbeschreibung:
Ägypten weist fast gänzlich Wüstenklima auf, nur in einem
Streifen im Norden macht sich mediterraner Einfluss bemerkbar.
Im Frühjahr bringt der Chamsin Staub und Hitze auch schon in
diesen Bereich.

Klassifizierung nach „Troll":
Überwiegend: 10
In einem Streifen im Norden: 9

Albanien

Lage: Südosteuropa   Fläche: 28 748 qkm   Weltrang: 140

Hauptstadt: Tirana (42 7000 E.)
Weitere wichtige Städte: Durres, Elbasan, Shkuder, Vlore

Angrenzende Länder:
Norden: Jugoslawien
Südosten: Griechenland

Einwohner: 3 260 000   Weltrang: 126

Religionen: 70 % Muslime
            20 % Orthodoxe, 10 % Katholiken
Sprachen: Albanisch (Amtssprache)
            Griechisch
            Mazedonisch
Bevölkerungsdichte: 113 E/qkm   Bevölkerungswachstum: 1,0 %
Lebenserwartung: 72 Jahre   Analphabetenanteil: 28,0 %
Einwohner pro Arzt: 574   Kindersterblichkeit: 4,0 %

Wirtschaft in Stichworten:
– Landwirtschaft: Weizen, Mais, Baumwolle, Obst, Gemüse,
  Mangel an Saatgut
– Industrie: Wenig entwickelt, Textilien und Schuhe,
  Ansiedlung ausländischer Unternehmen
– Bodenschätze: Erdöl, Erdgas, Braunkohle, Chrom, Kupfer,
  Nickel
– Export: Chromerze, Erdöl, Tabak, Textilien, Schuhe, Früchte,
  Gemüse

Energieverbrauch: 341 kg ÖE/Einw.
Bruttosozialprodukt: 670 US$/Einw.
Anteil der Erwerbstätigen:
Landwirtschaft: 50 %, Industrie: 30 %, Dienstleistungen: 20 %

Albanien ist vorwiegend Gebirgsland, hat aber auch eine 60 km
breite, z.T. unzugängliche sumpfige Küstenniederung mit Strand-
seen an der nördlichen Adria.
Bis in Höhen von 2 700 m erheben sich die Albanischen Alpen,
größtenteils ein unwegsames Karstgebirge.
Im Osten queren tief eingeschnittene Talzüge die Bergketten.
Das Gebiet Südalbaniens nehmen bis zur Küste herantretende
Ausläufer des Epirusgebirge ein, das aus Kalk aufgebaut ist.
Das feuchtere Gebirge trägt Laub- und Nadelwälder. Im Küsten-
gebiet ist die Pflanzenwelt mittelmeerisch (Ölbaum, Eichen).

Gebirge/Berge: Albanische Alpen (Jezerce 2 693 m),
               Epirusgebirge (2 764 m)

Flüsse/Seen: Drin, Vijose, Semeni, Devoli;
               Skutarisee, Ohridsee, Prespasee

Kurzbeschreibung:
Mittelmeerklima im Küstengebiet, gemäßigtes Kontinentalklima
im Gebirge; Niederschläge vorwiegend im Winterhalbjahr, in den
Gebirgen als Schnee.

Klassifizierung nach „Troll":
Im Küstengebiet: 7
Im Gebirge: 4b

Algerien

Lage: Nordafrika   Fläche: 2 381 741 qkm   Weltrang: 11

Hauptstadt: Algier (1 687 000 E.)
Weitere wichtige Städte: Oran, Constantine, Annaba, Sétif, Skik-
                         da, Sidi-Bel-Abès
Angrenzende Länder:
Westen: Marokko, Sahara
Südwesten: Mauretanien
Süden: Mali, Niger
Osten: Tunesien, Libyen

Einwohner: 27 959 000   Weltrang: 34

Religionen: Fast 100 % Moslems (Islam ist Staatsreligion),
            wenige Katholiken und Protestanten
Sprachen: Hocharabisch (Amtssprache)
            Französisch als Bildungs- und Handelssprache
            Berbersprachen
Bevölkerungsdichte: 12 E/qkm   Bevölkerungswachstum: 2,5 %
Lebenserwartung: 68 Jahre   Analphabetenanteil: 38,0 %
Einwohner pro Arzt: 1 064   Kindersterblichkeit: 6,1 %

Wirtschaft in Stichworten:
– Landwirtschaft: An der Küste Obst, Wein, Zitrusfrüchte;
  in Oasen Dattelpalmen; nomadische Viehzucht
– Industrie an der Küste
– Bodenschätze: Erdöl, Erdgas, Phosphat, Quecksilber
– Export: Erdöl, Erdgas, Datteln, Metalle

Energieverbrauch: 906 kg ÖE/Einw.
Bruttosozialprodukt: 1 600 US$/Einw
Anteil der Erwerbstätigen:
Landwirtschaft: 23 %, Industrie: 26 %, Dienstleistungen: 51 %

Die über 1 000 km lange Mittelmeerküste ist buchtenreich. Daran
schließen sich drei küstenparallele Landschaftseinheiten an: Tell-
atlas, Saharaatlas, dazwischen das Hochland der Schotts mit ab-
flusslosen Salzebenen. Steiler Abfall des Gebirges nach Süden.
Die Wüste Sahara mit gewaltigen Dünenflächen, Schotterebenen
und kahlen Felsregionen nimmt etwa 85% der Landesfläche ein.
Die Wüstenlandschaft wird in Zentralalgerien überragt vom
Plateau de Tademait und im Süden von den Gebirgen Ahaggar
(Hoggar) und Tassili N'Ajjer.
Im Küstenbereich Mittelmeervegetation, im Hochland der Schotts
Halfagrassteppe, in der Wüste vegetationslos.

Gebirge/Berge: Tellatlas (2 308 m), Saharatlas (2 328 m),
               Ahhagar (Tahat 3 003 m), Tassili N'Ajjer (2 158 m)

Flüsse/Seen: Chéliff (unregelmäßige Wasserführung), episo-
               disch durchflossene Wadis; abflusslose Salzseen

Kurzbeschreibung:
An der Küste Mittelmeerklima (trockene, heiße Sommer und
milde, feuchte Winter).
Im Bereich des Atlas gemäßigtes kontinentales Klima.
Der größte Teil des Landes hat Wüstenklima mit hohen
Tagesschwankungen der Temperatur (am Tag 50° C, in der
Nacht 15° C, teilweise sogar Nachtfröste).
Ausreichende Niederschläge nur an der Küste.

Klassifizierung nach „Troll":
Küste: 7
Landesinnere: 9, 10

Andorra

STAAT

Lage: Südwesteuropa   Fläche: 467,76 qkm   Weltrang: 178

Hauptstadt: Andorra la Vella (22 000 E.)
Weitere wichtige Städte: Les Escaldes, St. Julia de Lorio, Encamp,
              La Massana

Angrenzende Länder:
Norden: Frankreich
Süden: Spanien

BEVÖLKERUNG

Einwohner: 64 000   Weltrang: 184

Religionen: 94 % Katholiken
              Minderheiten: Juden, Protestanten, Zeugen Jehovas
Sprachen: Katalanisch (Amtssprache)
              Spanisch (58 %)
              Französisch

Bevölkerungsdichte: 137 E/qkm	Bevölkerungswachstum: k.A.
Lebenserwartung: 77 Jahre	Analphabetenanteil: k.A.
Einwohner pro Arzt: 502	Kindersterblichkeit: k.A.

WIRTSCHAFT

Wirtschaft in Stichworten:
– Landwirtschaft: Viehzucht, Tabak, Kartoffeln
– Export: Briefmarken, Nahrungsmittel, Textilien
– Tourismus: „Billig-Einkaufsland", beginnender Skitourismus

Energieverbrauch: k.A.
Bruttosozialprodukt: > 9 386 US$/Einw.
Anteil der Erwerbstätigen:
Landwirtschaft: 1 %, Industrie: 24 %, Dienstleistungen: 75 %

LANDESNATUR

Gebirgsstaat in den östlichen Pyrenäen.
Starkes Relief, Bergmassive und Bergrücken mit dazwischenge-
lagerten Tälern (Gran Valira, Valira del Orient, Valira del Nord).
Etwa die Hälfte des Landes liegt oberhalb der Baumgrenze.

Ausgedehnte Hochweiden und Waldflächen.

Gebirge/Berge: Pyrenäen; Pic Alt de la Coma Petrossa (2 946 m),
              Pic de Serrère (2 911 m), Pic de Signer (2 905 m)

Flüsse/Seen: Valira

KLIMA

Kurzbeschreibung:
Gebirgsklima (ähnlich wie in den Alpen)
Kalte und schneereiche Winter, im Sommer in den Tälern
warm, in den Höhenlagen gemäßigt.
Hauptniederschläge fallen im Sommer.

Klassifizierung nach „Troll":
4a,4b

Angola

STAAT

Lage: Südwestafrika   Fläche: 1 246 700 qkm   Weltrang: 22

Hauptstadt: Luanda (1 544 400 E.)
Weitere wichtige Städte: Huambo, Benguela, Lobito

Angrenzende Länder:
Norden: Kongo (Zaire)
Nordosten: Kongo (Zaire)
Osten: Sambia
Süden: Namibia

BEVÖLKERUNG

Einwohner: 10 772 000   Weltrang: 65

Religionen: 89 % Christen,
              Anhänger von Naturreligionen
Sprachen: Portugisisch (Amtssprache)
              Bantu-Sprachen

Bevölkerungsdichte: 8,6 E/qkm	Bevölkerungswachstum: 3,0 %
Lebenserwartung: 48 Jahre	Analphabetenanteil: 58,0 %
Einwohner pro Arzt: 25 000	Kindersterblichkeit: 29,2 %

WIRTSCHAFT

Wirtschaft in Stichworten:
– Landwirtschaft: Kaffee, Zuckerrohr, Baumwolle, Ölpalmen,
  Mais, Maniok, Yams, Hirse, Tropenhölzer
– Industrie: Ölindustrie, Kupfer- und Eisenerzförderung,
  Stahlindustrie, Fischfang
– Bodenschätze: Diamanten, Erdöl, Erdgas, Eisenerz
– Export: Erdöl, Diamanten, Kaffee, Sisal, Fisch
– Tourismus: Leidet an den Folgen des Bürgerkrieges und den da-
  mit verbundenen weltanschaulichen Differenzen der Regionen.
Energieverbrauch: 89 kg ÖE/Einw.
Bruttosozialprodukt: 410 US$/Einw.
Anteil der Erwerbstätigen:
Landwirtschaft: 69 %, Industrie + Dienstleistungen: 31 %

LANDESNATUR

Die schmale Küstenniederung im Westen geht nach Osten zu in
eine Hochebene über, die den größten Teil des Landes ausmacht.
In der Mitte des Landes nimmt diese Hochebene um den Moco-
Moco (2 610 m) herum bereits Gebirgscharakter an, während sie
nach Osten wieder abfällt. Stärker zerklüftet ist dabei der nördliche Teil.
Das zentrale Hochland entsendet Flüsse in alle Himmelsrichtun-
gen, viele davon speisen das östliche Flusssystem.

Gebirge/Berge: Hochland von Bihé (Moco 2 610 m),
              Serra da Chela (2 275 m)

Flüsse/Seen: Kuango, Kwanza, Kunene, Kasai, Kubango,
              Kuando

KLIMA

Kurzbeschreibung:
Es überwiegt wechselfeuchtes tropisches Klima, außer im
zentralen Hochland und an der Küste, die vom kühlen
Benguelastrom vom Südpol kommend beeinflusst ist.

Klassifizierung nach „Troll":
Überwiegend: 14
Im Süden: 12, 13

Antigua u. Barbuda | Äquatorial-Guinea

Antigua u. Barbuda

Lage: Mittelamerika, Karibik   Fläche: 441,6 qkm   Weltrang: 180

Hauptstadt: St. John´s (22 300 E.)
Weitere wichtige Städte: Codrington (Barbuda), English Harbour
Town (Antigua)
Angrenzende Länder:
Inselstaat im Atlantik (Karibik)

Äquatorial-Guinea

Lage: Zentralafrika   Fläche: 28051 qkm   Weltrang: 141

Hauptstadt: Malabo (40 000 E.)
Weitere wichtige Städte: Bata, Luba, Mongomo

Angrenzende Länder:
Norden: Kamerun
Osten und Süden: Gabun

BEVÖLKERUNG

Antigua u. Barbuda

Einwohner: 65 000   Weltrang: 183

Religionen: 45 % Anglikaner
            42 % andere protestantische Religionsgemeinschaften
            10 % Katholiken
Sprachen: Englisch (Amtssprache)
           Kreolisch (Umgangssprache)
Bevölkerungsdichte: 147 E/qkm   Bevölkerungswachstum: 0,5 %
Lebenserwartung: 72 Jahre   Analphabetenanteil: 5,0 %
Einwohner pro Arzt: 1 333   Kindersterblichkeit: 2,3 %

Äquatorial-Guinea

Einwohner: 3 260 000   Weltrang: 161

Religionen: 99 % Katholiken
            Protestanten
            Naturreligionen
Sprachen: Spanisch (Amtssprache),
           Fang, Bubi, Noowe (Bantusprachen)
Bevölkerungsdichte: 113 E/qkm   Bevölkerungswachstum: 2,5 %
Lebenserwartung: 49 Jahre   Analphabetenanteil: 50,0 %
Einwohner pro Arzt: 3 622   Kindersterblichkeit: 17,5 %

WIRTSCHAFT

Wirtschaft in Stichworten:
– Landwirtschaft: Getreide, Baumwolle
– Industrie ohne große Bedeutung (Textilien, Elektronikbauteile)
– Export: Textilien, Obst, Fisch
– Tourismus ist Haupteinnahmequelle

Energieverbrauch: 2 017 kg ÖE/Einw.
Bruttosozialprodukt: < 9 385 US$/Einw.

Anteil der Erwerbstätigen:
Landwirtschaft: k.A., Industrie: k.A., Dienstleistungen: k.A.

Wirtschaft in Stichworten:
– Landwirtschaft: Kakao, Kaffee, Bananen, Sisal, Baumwolle
– Fischfang
– Forstwirtschaft: Nutzhölzer
– Industrie: Wenig entwickelt
– Export: Kaffee, Kakao, Edelhölzer, Textilfasern

Energieverbrauch: 80 kg ÖE/Einw.
Bruttosozialprodukt: 380 US$/Einw.

Anteil der Erwerbstätigen:
Landwirtschaft: 52 %., Industrie + Dienstleistungen: 48 %.

LANDESNATUR

Größte der englischen Leewardinseln, die geologisch zu den
Kleinen Antillen zählen. Korallenriffe umrahmen die Inseln, die
durch traumhafte Sandstrände und versteckte Buchten gekennzeichnet sind.
Im Innern sind sie spärlich bewachsen, nur im Süden, im Bereich
vulkanischen Gesteins, herrscht typisch tropische Vegetation.
Auf Antigua ist der Waldbestand nahezu abgeholzt.

Gebirge/Berge: Boggy Peak (405 m)

Flüsse/Seen:

Der festländische Anteil des Landes umfasst eine 15–25 km
breite Küstenebene, die nach Osten zu einem Bergland (1 200 m)
ansteigt.
Die Südwest-Grenze bildet der von mehreren Flüssen geschaffene
Mündungstrichter Rio Muni.
Die Inseln im Golf von Guinea (Bioko mit der Hauptstadt Malabo
und Pagalu) sind vulkanischen Ursprungs.
Tropischer Regenwald, an der Küste Mangroven und in höheren
Lagen auf Bioko Savannen kennzeichnen die Vegetation.
Das Land ist reich an Naturschönheiten und herrlichen Stränden,
doch ist es für Touristen schwer zu erreichen.

Gebirge/Berge: Pico de Sta. Isabel (3 008 m) auf Bioko

Flüsse/Seen: Mbini

KLIMA

Kurzbeschreibung:
Tropisches Klima mit Regenzeit von Mai bis November.
Häufige Wirbelstürme im Spätsommer.

Klassifizierung nach „Troll":
15

Kurzbeschreibung:
Immerfeuchtes Tropenklima: 2 Regenzeiten, hohe Temperaturen,
hohe Luftfeuchtigkeit (80–95 %), Niederschläge zwischen 2 000
und 4 000 mm.

Klassifizierung nach „Troll":
15

Arabische Emirate

Argentinien

STAAT

Lage: Vorderasien   Fläche: 77 700 qkm   Weltrang: 115

Hauptstadt: Abu Dhabi (300 000 E.)
Weitere wichtige Städte: Dubai, Ash-Shariqah, Ra's al-Khaymah

Angrenzende Länder:
Nordwesten: Katar
Süden und Südwesten: Saudi-Arabien
Südosten: Oman

Lage: Südamerika   Fläche: 2 766 889 qkm   Weltrang: 8

Hauptstadt: Buenos Aires (2 961 000 E.)
Weitere wichtige Städte: Córdoba, Mendoza, Rosario, Moron,
                         La Plata, Tucamán, Bahia Blanca
Angrenzende Länder:
Westen: Chile
Norden: Bolivien, Paraguay
Nordosten: Brasilien
Osten: Uruguay

BEVÖLKERUNG

Einwohner: 2 378 000   Weltrang: 135

Religionen: 96 % Moslems (Sunniten, Schiiten)
            3 % Christen
Sprachen: Hocharabisch (Amtssprache)
            Englisch (Handelssprache)
            Hindi, Urdu, Farsi

Bevölkerungsdichte: 24 E/qkm	Bevölkerungswachstum: 5,8 %
Lebenserwartung: 74 Jahre	Analphabetenanteil: 21,0 %
Einwohner pro Arzt: 1 042	Kindersterblichkeit: 1,9 %

Einwohner: 34 665 000   Weltrang: 31

Religionen: 91 % Katholiken
            2 % Protestanten
Sprachen: Spanisch (Amtssprache)
            Sprachen der indianischen Ureinwohner

Bevölkerungsdichte: 13 E/qkm	Bevölkerungswachstum: 1,3 %
Lebenserwartung: 73 Jahre	Analphabetenanteil: 4,0 %
Einwohner pro Arzt: 329	Kindersterblichkeit: 2,7 %

WIRTSCHAFT

Wirtschaft in Stichworten:
- Landwirtschaft: Datteln, Luzerne, Obst und Getreide in Oasen;
  Viehzucht (Ziegen, Kamele)
- Fischfang
- Industrie: Petrochemische Industrie, Baustoffindustrie, Alumi-
  niumverhüttung
- Bodenschätze: Erdöl, Erdgas
- Export: Erdöl, Erdgas, petrochemische Produkte, Datteln, Perlen
- Tourismus
Energieverbrauch: 10 531 kg ÖE/Einw.
Bruttosozialprodukt: 17 400 US$/Einw.
Anteil der Erwerbstätigen:
Landwirtschaft: 2 %, Industrie: 31 %, Dienstleistungen: 67 %

Wirtschaft in Stichworten:
- Landwirtschaft: Mais- und Weizenanbau (vor allem
  in der Pampa), Baumwolle, Sojabohnen; Viehzucht
- vielseitige Industrie
- Bodenschätze: Erdöl, Erdgas, Kupfer
- Export: Getreide, Fleisch, Leder, Wolle, Maschinen

Energieverbrauch: 1 054 kg ÖE/Einw.
Bruttosozialprodukt: 8 030 US$/Einw.
Anteil der Erwerbstätigen:
Landwirtschaft: 10 %, Industrie: 34 %, Dienstleistungen: 56 %

LANDESNATUR

Die Förderation aus sieben Staaten am Ausgang des Persischen
Golfs besteht vorwiegend aus flachen Wüstenregionen. Nur im
Osten erheben sich die Ausläufer des Omangebirges, das dann im
Norden bis zur Straße von Hormus ans Meer reicht.

Gebirge/Berge: Jabal Hafib (1 189 m)

Flüsse/Seen:

Im Westen Hochgebirge (Anden); viele Berge sind vulkanischen
Ursprungs; stark erdbebengefährdet.
Östlich davon (bis zur Atlantikküste) Tiefland: Im Norden Gran
Chaco, in der Mitte die Pampa (wirtschaftlicher Kernraum), im
Süden das Hochland von Patagonien (geröllbedecktes Tafelland).
Steppen und Savannen; subtropischer Regenwald im Nordosten.

Gebirge/Berge: Anden mit der höchsten Erhebung Südamerikas:
               Aconcagua (6 958 m), Ojos del Salado (6 880 m)

Flüsse/Seen: Parana, Uruguay, Salado, Colorado, Rio Negro;
                Mar Chiqita; Stauseen

KLIMA

Kurzbeschreibung:
Ganzjährig heißes und trockenes Wüstenklima mit wenig
Niederschlägen, oft nur als Nebel in Küstennähe.
Jahreszeitlich bedingte Winde der ITC bringen oft heftige
Sandstürme mit sich.

Klassifizierung nach „Troll":
Überwiegend: 11
In Höhenlagen des Ostens: 12

Kurzbeschreibung:
Im Norden Subtropen: Sommerregen an der Küste,
nach Westen immer trockener.
Im Süden gemäßigte Zone.
Im äußersten Süden subpolares Klima.

Klassifizierung nach „Troll":
Im Norden von Westen nach Osten: 10, 9, 8
Im Süden von Westen nach Osten: 5, 6

Armenien

Lage: Vorderasien   Fläche: 29 800 qkm   Weltrang: 139

Hauptstadt:Jerewan (1 283 000 E.)
Weitere wichtige Städte: Karaklis, Kumairi, Razdan, Abovjan

Angrenzende Länder:
Norden: Georgien
Osten: Aserbaidschan
Süden: Iran
Westen: Türkei

Einwohner:3 760 000   Weltrang: 119

Religionen: Überwiegend Gregorianer
            Minderheiten von Orthodoxen und Protestanten
Sprachen: Armenisch (Amtssprache)
           Russisch
           Sprachen der Minderheiten
Bevölkerungsdichte: 126 E/qkm Bevölkerungswachstum: 1,2 %
Lebenserwartung: 73 Jahre   Analphabetenanteil: 1,0 %
Einwohner pro Arzt: 26   Kindersterblichkeit: 3,1 %

Wirtschaft in Stichworten:
– Landwirtschaft: Obst, Wein, Baumwolle, Mandeln, Feigen, Oli-
  ven, Weizen; Viehzucht
– Industrie: Elektronik, Maschinenbau, Bergbau, Metallurgie, che-
  mische Industrie
– Bodenschätze: Kupfer, Molybdän, Bauxit, Zink
– Export: Produkte der Leichtindustrie

Energieverbrauch: 384 kg ÖE/Einw.
Bruttosozialprodukt: 730 US$/Einw.

Anteil der Erwerbstätigen:
Landwirtschaft: 26 %, Industrie: 33 %, Dienstleistungen: 41 %

Typisches Gebirgsland. 90 % der Landesfläche liegen über 1000 m.
Auf dem restlichen Teil leben allerdings 50 % der Menschen.
Im Norden hat Armenien Anteil am Kleinen Kaukasus mit
Höhen über 3 000 m.
Nach Süden schließt sich eine vulkanische Hochfläche an, die
von tiefen Schluchten durchzogen wird.
Ganz im Süden breitet sich die Ararat-Ebene aus.
Es überwiegt Halbwüsten- und Steppenvegetation.
Im Vergleich zu den Nachbarstaaten ist das Land mit Boden-
schätzen gesegnet.
Armenien ist stark erdbebengefährdet.

Gebirge/Berge: Kleiner Kaukasus (Ararat 5165 m,
               Aragaz 4 095 m), Gegam-Gebirge

Flüsse/Seen: Arax, Rasdan, Debet; Sewan-See

Kurzbeschreibung:
Trockenes kontinentales Klima mit kurzen, kalten Wintern und
langen, heißen und trockenen Sommern.
In den Bergregionen ist es kälter.

Klassifizierung nach „Troll":
4b

Aserbaidschan

Lage: Vorderasien   Fläche: 86 600 qkm   Weltrang: 112

Hauptstadt: Baku (1 080 500 E.)
Weitere wichtige Städte: Gäncä, Sumgait, Mingäcevir, Seki,
                         Naxcivan, Gjandscha, Hankendy
Angrenzende Länder:
Norden: Russland
Nordwesten: Georgien
Süden: Iran
Westen: Armenien

Einwohner:7 510 000   Weltrang: 87
Religionen: 90 % Moslems (65 % Schiiten, 35 % Sunniten)
            Christliche Minderheiten
Sprachen: Aserbaidschanisch (Amtssprache)
            Russisch
            Armenisch
            Sprachen der Minderheiten
Bevölkerungsdichte: 87 E/qkm   Bevölkerungswachstum: 1,2 %
Lebenserwartung: 71 Jahre   Analphabetenanteil: <5,0 %
Einwohner pro Arzt: 260   Kindersterblichkeit: 5,0 %

Wirtschaft in Stichworten:
– Landwirtschaft: Baumwolle, Tabak, Wein, Obst
– Industrie: Eisen- und Stahlerzeugung, Maschinenbau, chemi-
  sche Industrie, Textilindustrie
– Bodenschätze: Erdöl, Erdgas, Eisenerz, Buntmetalle
– Export: Erdöl, Erdgas, Erzeugnisse der Leichtindustrie, Obst

Energieverbrauch: 2 182 kg ÖE/Einw.
Bruttosozialprodukt: 480 US$/Einw.

Anteil der Erwerbstätigen:
Landwirtschaft: 33 %, Industrie: 25 %, Dienstleistungen: 42 %

Ein Staat der landschaftlichen Gegensätze.
Im Norden wird das Gebiet vom Ostende des Großen Kaukasus
beherrscht. Dieser läuft nach Osten mit der Apscheron-Halbinsel
im Kaspischen Meer aus.
In der Mitte des Landes befindet sich beiderseits der großen
Flüsse eine Schwemmlandebene.
Ca. 10 % der Landesfläche liegt unter dem Weltmeerspiegel.
Nach Süden und Westen steigt das Gelände wieder zum Kleinen
Kaukasus an. An seinen Ausläufern liegen Nachitschewan und
Westaserbaidschan.

Gebirge/Berge: Großer Kaukasus (Basardjusi 4466 m),
               Kleiner Kaukasus, Talisch-Gebirge

Flüsse/Seen: Kura, Arax, Alazani;
               Mingetschaurer Stausee, Lakes

Kurzbeschreibung:
Kontinentalklima.
Im östlichen Tiefland Steppenklima mit milden Wintern,
heißen Sommern und nur geringen Niederschlägen.
Im Gebirge herrschen ausgeglichene Temperaturen. Mit der
Höhe wird es zunehmend feuchter.
Die Winter sind kalt mit heftigen Schneefällen.
Im äußersten Südosten ist das Klima feuchtwarm.

Klassifizierung nach „Troll":
5

Äthiopien

Australien

STAAT

Lage: Nordostafrika Fläche: 1 133 380 qkm   Weltrang: 26

Hauptstadt: Addis Abeba (2 209 000 E.)
Weitere wichtige Städte: Diredaua, Harer, Gonder

Angrenzende Länder:
Norden: Eritrea
Osten: Dschibuti, Somalia
Süden: Kenia, Somalia
Westen: Sudan

Lage: Ozeanien Fläche: 7 682 300 qkm   Weltrang: 6

Hauptstadt: Canberra (325 400 E.)
Weitere wichtige Städte: Sydney, Melbourne, Brisbane, Adelaide,
                    Perth, New Castle, Hobart
Angrenzende Länder:
Kontinent zwischen dem Indischen Ozean im Westen
und dem Pazifischen Ozean im Osten

BEVÖLKERUNG

Einwohner: 56 404 000   Weltrang: 22
Religionen: 45 % Moslems (Sunniten)
         40 % Äthiop.-Orthodoxe Kirche
         3 % Äthiop.-Evangelische Kirche, Katholiken
         Anhänger von Naturreligionen
Sprachen: Amharisch (Amtssprache), Englisch, Französisch
         Italienisch, Semitische u. Kusitische Sprachen
Bevölkerungsdichte: 50 E/qkm   Bevölkerungswachstum: 2,6 %
Lebenserwartung: 49 Jahre   Analphabetenanteil: 65,0 %
Einwohner pro Arzt: 33 333   Kindersterblichkeit: 19,5 %

Einwohner: 18 054 000   Weltrang: 51

Religionen: 26 % Katholiken
         24 % Anglikaner, 14 % Protestanten
         3 % Orthodoxe, Naturreligionen
Sprachen: Englisch (Amtssprache)
         über 200 weitere Sprachen
Bevölkerungsdichte: 2,4 E/qkm   Bevölkerungswachstum: 1,4 %
Lebenserwartung: 78 Jahre   Analphabetenanteil: <5,0 %
Einwohner pro Arzt: 438   Kindersterblichkeit: 0,8 %

WIRTSCHAFT

Wirtschaft in Stichworten:
– Landwirtschaft: Kaffee
– Industrie ohne Bedeutung
– Bodenschätze: Kali, Salz, Gold, Platin, Erdgas, Erdöl
– Export: Kaffee, Häute, Felle, Ölsaaten, Erdölprodukte

Wirtschaft in Stichworten:
– Landwirtschaft: Schafzucht, Rinderzucht; Weizen,
  Obst, Zuckerrohr
– vielseitige Industrie
– Reiche Bodenschätze: Eisenerz, Steinkohle, Gold, Nickel, Bauxit
– Export: Wolle, Fleisch, Kohle, Metalle
– Tourismus

Energieverbrauch: 22 kg ÖE/Einw.
Bruttosozialprodukt: 100 US$/Einw.

Energieverbrauch: 5 341 kg ÖE/Einw.
Bruttosozialprodukt: 18 720 US$/Einw.

Anteil der Erwerbstätigen:
Landwirtschaft: 73 %, Industrie + Dienstleistungen: 27 %

Anteil der Erwerbstätigen:
Landwirtschaft: 5 %, Industrie: 24 %, Dienstleistungen: 71 %

LANDESNATUR

Ein massives Hochplateau wird mittig vom Ostafrikanischen
Grabenbruch (Rifttal) zerteilt.
Im Westen werden Höhen bis 4 620 m (Ras Dashen) erreicht,
im Osten bis 4 300 m.
Das Rifttal, durchschnittlich 50 km breit endet im Norden in
der Flussebene des Awash.
Im Südosten senkt sich das Hochland zu Bale und Harerplateau
ab und es schließt sich der Ogaden an, die Grenzregion nach
Somalia.

Plumper Kontinent mit wenig gegliederter Küste. Einige Inseln,
von denen Tasmanien die größte ist.
Dreigliederung: Westaustralischer Schild (Mitte und Westen), öst-
lich davon Tiefland (im Bereich des Eyresees sogar unter dem
Meeresspiegel), Bergländer im Osten, die steil zur Küste abfallen.
Vor der nördlichen Ostküste 2 000 km langes Korallenriff (Großes
Barriereriff).
Im Innern des Kontinents meist Wüste und Halbwüste, an der
Nordküste Regenwald.
60 % der Fläche sind abflusslos.

Gebirge/Berge: Ras Dashen (4 620 m), Baku (4 307 m),
           Arba (4 270 m)

Gebirge/Berge: Mount Koskiusko (2 230 m),
           Musgravekette (1 515 m),
           Macdonnellkette (1 510 m),
           Mount Bruce (1 226 m), Ayers Rock (867 m)

Flüsse/Seen: Blauer Nil, Omo, Awash, Tanasee, Abaysee

Flüsse/Seen: Darling, Murray; viele Flüsse haben keine regel-
          mäßige Wasserführung; viele Seen sind Salzseen
          (z. B. Eyresee).

KLIMA

Kurzbeschreibung:
Gemäßigtes Klima im Hochland mit ausreichend Niederschlag.
Temperaturzunahme mit abnehmender Meereshöhe, Übergang
zu Grasland und Regenwald in den Niederungen.

Kurzbeschreibung:
Im Norden Tropen (im Innern trocken, an der Nordostküste
immerfeucht.
Im Süden Subtropen (im Innern sehr trockenes Wüstenklima,
an der Südküste Sommerregen).
Im äußersten Süden gemäßigte Zone.

Klassifizierung nach „Troll":
Hochgebirgsklima
Im Hochland: 14
Mit abnehmender Höhe: 13, 12
In der nördlichen Ebene: 11

Klassifizierung nach „Troll":
Mitte: 10, 11, 12, 9
Nordküste: 13, 14
Ost- und Südwestküste: 7, 8
Im äußersten Süden und auf Tasmanien: 4

Bahamas

Bahrain

Lage: Mittelamerika, Karibik   Fläche: 13 939 qkm   Weltrang: 155

Hauptstadt: Nassau (171 500 E.)
Weitere wichtige Städte: Freeport, High Rock, West End,
                        Cooper Town

Angrenzende Länder:
Inselgruppe in der Karibik, südöstlich von Florida

Lage: Vorderasien   Fläche: 695,26 qkm   Weltrang: 174

Hauptstadt: Manama (137 000 E.)
Weitere wichtige Städte: Al-Muharraq, Jidd Hafs, Sitrah

Angrenzende Länder:
Etwa 30 Inseln im Golf von Bahrain,
einem Seitenarm des Persischen Golfs vor Saudi-Arabien

Einwohner: 276 000   Weltrang: 166

Religionen: 32 % Baptisten
            20 % Anglikaner, 19% Katholiken
            6 % Methodisten, 6% Church of God
Sprachen: Englisch (Amtssprache)
            Kreolisch
Bevölkerungsdichte: 19,8 E/qkm Bevölkerungswachstum: 1,7 %
Lebenserwartung: 74 Jahre   Analphabetenanteil: <5,0 %
Einwohner pro Arzt: 714   Kindersterblichkeit: 2,8 %

Einwohner: 577 000   Weltrang: 157

Religionen: 90 % Moslems (65 % Schiiten, 35 % Sunniten)
            Minderheiten:
            Christen, Hindus
Sprachen: Hocharabisch (Amtssprache)
            Englisch
Bevölkerungsdichte: 788 E/qkm Bevölkerungswachstum: 3,1 %
Lebenserwartung: 72 Jahre   Analphabetenanteil: 1,0 %
Einwohner pro Arzt: 953   Kindersterblichkeit: 2,0 %

Wirtschaft in Stichworten:
– Landwirtschaft: Agrarproduktion stark eingeschränkt
– Fischfang
– Salzgewinnung
– Industrie: Zementwerk, Pharmazeutische Fabrik, Ölraffinerie
– Bodenschätze: Aragonit
– Export: Krustentiere, Fisch, Edelhölzer, Rum, Salz
– Tourismus: Wichtigster Wirtschaftszweig,
  2 Millionen Touristen jährlich, Steuerparadies

Energieverbrauch: 6 864 kg ÖE/Einw.
Bruttosozialprodukt: 11 940 US$/Einw.
Anteil der Erwerbstätigen:
Landwirtschaft: 7 %, Industrie: 12 %, Dienstleistungen: 81 %

Wirtschaft in Stichworten:
– Landwirtschaft: Datteln, Feigen, Granatäpfel, Bananen, Gemüse
– Industrie: Erdölprodukte, Aluminiumhütte
– Bodenschätze: Erdöl, Erdgas
– Export: Erdöl- und Aluminiumprodukte

Energieverbrauch: 10 268 kg ÖE/Einw.
Bruttosozialprodukt: 7 840 US$/Einw.
Anteil der Erwerbstätigen:
Landwirtschaft: 2 %, Industrie: 28 %, Dienstleistungen: 70 %

Der karibische Inselstaat setzt sich aus 700 Inseln und
2000 Korallenriffen zusammen und erstreckt sich von Florida
aus über 900 km in südöstlicher Richtung. Die Inseln und Riffe
sind aus Korallenkalken und verfestigten Kalksanden aufgebaut.
Die Inseln ragen meist nur 30 m über den Meeresspiegel.
An Naturschönheiten bieten die Inseln wunderschöne Meeresbuchten, blaue Grotten und Höhlen in den Korallenfelsen. Sehr
eindrucksvoll ist auch das vor der Ostküste von Andros gelegene
Barriereriff, mit 200 km Länge das zweiitgrößte der Welt.
Auf den Inseln herrschen Savannen vor, daneben Kiefernwälder
auf den stärker beregneten Inseln, Mangrovenwälder an der
Küste.

Gebirge/Berge: Cat Islands (63 m)

Flüsse/Seen:

Das kleine Emirat besteht aus einer Gruppe von ungefähr
30 Inseln vor der Westküste Saudi Arabiens im Golf von Bahrain.
Die Hauptinsel ist mit dem Festland über Dämme und Brücken
verbunden.
Das Land besteht aus unwirtlichen nackten Felsen, sandigen
Ebenen und Salzsümpfen.

Gebirge/Berge:

Flüsse/Seen:

Kurzbeschreibung:
Tropisch-wechselfeuchtes Klima mit Regenzeit von Juni bis
November. Im Sommer wird es vom SO-Passat, der als Seewind
die Sommertemperaturen angenehm werden lässt, im Winter
vom NO-Passat beeinflusst, der ein stärkeres Absinken unter
22° C verhindert.
Gelegentlich treten Hurrikane auf. Das Meerwasser wird vom
Golfstrom erwärmt.

Klassifizierung nach „Troll“:
14

Kurzbeschreibung:
Das wüstenhafte Klima hat nur wenig Niederschläge in den
warmen Wintermonaten.

Klassifizierung nach „Troll“:
10

Bangladesch

Barbados

STAAT

Lage: Südasien   Fläche: 147 570 qkm   Weltrang: 92

Hauptstadt: Dhaka (3 638 000 E.)
Weitere wichtige Städte: Chittagong, Khulna, Rangpur

Angrenzende Länder:
Westen, Norden, Osten: Indien
Im äußersten Südosten: Myanmar

Lage: Mittelamerika, Karibik Fläche: 430 qkm   Weltrang: 181

Hauptstadt: Bridgetown (6 070 E.)
Weitere wichtige Städte: Speighstown, Bathsheba, Crane

Angrenzende Länder:
Inselstaat im Atlantischen Ozean

BEVÖLKERUNG

Einwohner: 119 768 000   Weltrang: 9
Religionen: 87 % Moslems (Islam ist Staatsreligion)
          12 % Hindus

Sprachen: Bengali (Amtssprache)
          Englisch als Handels- und Bildungssprache
          indoarische, tibetobirmanische und Khmer-Sprachen
Bevölkerungsdichte: 812 E/qkm Bevölkerungswachstum: 2,0 %
Lebenserwartung: 57 Jahre   Analphabetenanteil: 62,0 %
Einwohner pro Arzt: 12 500   Kindersterblichkeit: 11,5 %

Einwohner: 266 000   Weltrang: 168
Religionen: 40 % Anglikaner
          Verschiedene andere christliche Kirchen und Sekten
          Minderheiten: Juden, Moslems, Hindus
Sprachen: Englisch (Amtssprache)
          Bajan (Umgangssprache)
Bevölkerungsdichte: 619 E/qkm Bevölkerungswachstum: 0,5 %
Lebenserwartung: 76 Jahre   Analphabetenanteil: <5,0 %
Einwohner pro Arzt: 1 042   Kindersterblichkeit: 1,0 %

WIRTSCHAFT

Wirtschaft in Stichworten:
- Landwirtschaft: Reis, Jute, Tee, Zuckerrohr
- Fischfang
- wenig entwickelte Industrie
- Bodenschätze: Erdöl, Erdgas (geringe Bedeutung)
- Export: Jute und Juteprodukte, Tee, Fisch, Leder

Energieverbrauch: 64 kg ÖE/Einw.
Bruttosozialprodukt: 240 US$/Einw.

Anteil der Erwerbstätigen:
Landwirtschaft: 66 %, Industrie: 15 ,. Dienstleistungen: 19 %

Wirtschaft in Stichworten:
- Landwirtschaft: Zuckerrohr, Baumwolle, Bananen
- wenig entwickelte Industrie (Elektronikbauteile)
- Export: Melasse, Zucker, Rum, Elektronikbauteile
- Tourismus ist Haupteinnahmequelle

Energieverbrauch: 1 375 kg ÖE/Einw.
Bruttosozialprodukt: 6 560 US$/Einw.

Anteil der Erwerbstätigen:
Landwirtschaft: 6 %, Industrie: 20 %, Dienstleistungen: 74 %

LANDESNATUR

Amphibisches Tiefland, von zahlreichen Wasserläufen durchzogen. Gefahr von Überschwemmungen, vor allem dann, wenn Monsunniederschläge, Flusshochwasser und Wirbelstürme zusammentreffen.
Die Siedlungen liegen auf den Dammufern der Flüsse.
Die Sunderbans (Küstenlandschaft im Deltagebiet) sind wenig bewohnt.
Tropischer Regenwald, Mangrovesümpfe.

Gebirge/Berge: Nur im Südosten kleiner Anteil am südostasiatischen Bergland

Flüsse/Seen: Ganges und Brahmaputra mit riesigem Mündungsdelta

Östlichste Insel der Kleinen Antillen. 34 km lang und 23 km breit. Sie sitzt auf einem untermeerischen Felsrücken, ist aus Korallenkalken aufgebaut und selbst von Korallenriffen umgeben.
Der wasserdurchlässige Untergrund verhindert die Bildung von Flüssen.
Der nördliche Teil ist gebirgig und zerklüftet. Von Westen aus steigt die Landschaft terrassenförmig an. Die Ostküste ist steil.
Wegen der herrlichen Strände und des gesunden Klimas ein beliebtes Touristenziel.

Gebirge/Berge: Mount Hillaby (340 m)

Flüsse/Seen:

KLIMA

Kurzbeschreibung:
Tropisch, sommerfeucht.
Abnahme der Niederschläge von West nach Ost.
Monsunregen, tropische Wirbelstürme (Zyklone).

Klassifizierung nach „Troll":
14

Kurzbeschreibung:
Tropisches Klima mit Regenzeit von Juli bis November.
Der Nordost-Passat überstreicht die ganze Insel.
Barbados ist auch von Hurrikans bedroht.

Klassifizierung nach „Troll":
15

Belgien

Belize

STAAT

Lage: Westeuropa   Fläche: 30 518 qkm   Weltrang: 137

Hauptstadt: Brüssel (951 600 E.)
Weitere wichtige Städte: Antwerpen, Gent, Lüttich, Brügge,
Namur

Angrenzende Länder:
Nordosten: Niederlande
Osten: Deutschland, Luxemburg
Süden: Frankreich

Lage: Mittelamerika   Fläche: 22 965 qkm   Weltrang: 148

Hauptstadt: Belmopan (6 500 E.)
Weitere wichtige Städte: Belize City, Orange Walk, San Ignazio,
Corozal

Angrenzende Länder:
Norden: Mexiko
Westen und Süden: Guatemala

BEVÖLKERUNG

Einwohner: 10 146 000   Weltrang: 73
Religionen: 88 % Katholiken
2 % Moslems
Minderheiten:
Protestanten, Juden
Sprachen: Flämisch, Französisch, Deutsch (Amtssprachen)

Bevölkerungsdichte: 330 E/qkm   Bevölkerungswachstum: 0,3 %
Lebenserwartung: 77 Jahre   Analphabetenanteil: <5,0 %
Einwohner pro Arzt: 298   Kindersterblichkeit: 1,0 %

Einwohner: 216 000   Weltrang: 170
Religionen: 58 % Katholiken
28 % Protestanten
Minderheiten:
Moslems, Hindus, Juden, Bahai
Sprachen: Englisch (Amtssprache)
Spanisch, Kreolisch

Bevölkerungsdichte: 9,4 E/qkm   Bevölkerungswachstum: 2,6 %
Lebenserwartung: 69 Jahre   Analphabetenanteil: 7,0 %
Einwohner pro Arzt: 1 708   Kindersterblichkeit: 4,0 %

WIRTSCHAFT

Wirtschaft in Stichworten:
– Landwirtschaft: Weizen, Zuckerrüben, Glashauskulturen,
Gemüse, Blumen, Futtermittelanbau; Viehzucht
– Industrie: Schwerindustrie, Rüstungsindustrie, Stahlproduktion
– Bodenschätze: Steinkohle, Eisenerz
– Export: Maschinen, Fahrzeuge, Eisen, Stahl, Textilien, Gemüse,
chemisch-pharmazeutische Produkte
– Tourismus: Städtetourismus, Badeorte an der Nordsee

Energieverbrauch: 5 120 kg ÖE/Einw.
Bruttosozialprodukt: 24 710 US$/Einw.
Anteil der Erwerbstätigen:
Landwirtschaft: 3 %, Industrie: 28 %, Dienstleistungen: 69 %

Wirtschaft in Stichworten:
– Landwirtschaft: Zuckerrohr, Zitrusfrüchte, Bananen,
Mais, Bohnen
– Fischfang: Hummer, Fische
– Forstwirtschaft: Edelhölzer
– Industrie: Bekleidungsindustrie im Aufbau
– Export: Zucker, Zitrusfrüchte, Holz, Bananen, Hummer, Fische
– Tourismus: 10 % der Deviseneinnahmen (Karibikstrände,
Tempelruinen der Mayas)
Energieverbrauch: 417 kg ÖE/Einw.
Bruttosozialprodukt: 2 630 US$/Einw.
Anteil der Erwerbstätigen:
Landwirtschaft: 27 %, Industrie: 21 %, Dienstleistungen: 52 %

LANDESNATUR

Belgien hat eine kurze Küstenlinie zum Kanal mit endlosen
Dünen. Trockengelegtes ehemaliges Marschland.
Landeinwärts steigt das Land auf 150 km Distanz langsam an
auf etwa 200 m, bis das Maastal einen Einschnitt in die Ebene
darstellt.
Östlich und vor allem südlich davon liegt Hochland mit den
höchsten Erhebungen in den Ardennen (700 m) und dem Hohen
Venn. Dieses Gebiet ist durch Heide, Moore und Wälder charakterisiert.

Gebirge/Berge: Ardennen (Botrange 694 m)

Flüsse/Seen: Maas, Schelde, Sambre

Der Zugang zur Küste wird durch Riffe und Korallenbänke
erschwert.
Die nördliche Hälfte des Landes und die Küstenniederung sind
flach und sumpfig. Dahinter erstrecken sich Hügelketten, mit
Urwald oder Buschwerk bewachsen. Im Süden erhebt sich das
Mayagebirge.
Der tropische Regenwald, der wertvolle Hölzer wie Mahagoni,
Kampeche und Pockholz liefert, bedeckt die Hälfte des Landes.
Die trockeneren Gebiete sind gekennzeichnet durch offene Wäl-
der und Savannen, in denen Pumas, Jaguare, Krokodile und
Lamantine leben.

Gebirge/Berge: Maya Mountains mit Victoria Peak (1 120 m)

Flüsse/Seen: Hondo River, Belize River

KLIMA

Kurzbeschreibung:
Belgien liegt im Bereich des nördlich gemäßigten Klimas mit
vorherrschenden Westwinden vom Atlantik und entsprechender
Niederschlagshäufigkeit.
Das Meer sorgt für milde Winter mit viel Feuchtigkeit und Nebel,
aber auch für relativ kühle Sommer.

Klassifizierung nach „Troll":
4a

Kurzbeschreibung:
Tropisches Klima, ganzjährige Niederschläge, von Februar bis
Mai etwas trockener, sonst unangenehm schwül, unter Einfluss
des NO-Passats.
Im Spätsommer treten häufig Wirbelstürme (Hurrikane) auf.

Klassifizierung nach „Troll":
15

Benin

Bhutan

STAAT		

Benin

Lage: Westafrika   Fläche: 112 622 qkm   Weltrang: 100

Hauptstadt: Porto Novo (179 000 E.)
Weitere wichtige Städte: Cotonou, Djougou, Parakou, Abomey,
Kandi

Angrenzende Länder:
Norden: Burkina Faso, Niger
Osten: Nigeria
Westen: Togo

Bhutan

Lage: Südasien   Fläche: 46 500 qkm   Weltrang: 129

Hauptstadt: Thimphu (30 300 E.)
Weitere wichtige Städte: Panakha, Tongsa, Paro, Tashigang

Angrenzende Länder:
Norden: China
Osten, Süden, Westen: Indien

STAAT

BEVÖLKERUNG

Benin

Einwohner: 5 475 000   Weltrang: 99

Religionen: 65 % Naturreligionen, v.a. Voodoo
19 % Katholiken
15 % Moslems und Methodisten
Sprachen: Französisch (Amtssprache)
ca. 60 afrikanische Sprachen
Bevölkerungsdichte: 49 E/qkm   Bevölkerungswachstum: 3,0 %
Lebenserwartung: 48 Jahre   Analphabetenanteil: 63,0 %
Einwohner pro Arzt: 14 286   Kindersterblichkeit: 14,2 %

Bhutan

Einwohner: 695 000   Weltrang: 154

Religionen: 72 % Budhisten (Buddhismus ist Staatsreligion)
20 % Hindus
Moslems
Sprachen: Dzongkha (Amtssprache)
Indoarische Sprachen
Bevölkerungsdichte: 14,5 E/qkm Bevölkerungswachstum: 2,6 %
Lebenserwartung: 52 Jahre   Analphabetenanteil: 58,0 %
Einwohner pro Arzt: 11 111   Kindersterblichkeit: 18,9 %

WIRTSCHAFT

Benin

Wirtschaft in Stichworten:
– Landwirtschaft: Baumwolle, Kaffee, Öle; Viehzucht
– kaum Industrie
– Bodenschätze: Erdöl
– schwach entwickelter Tourismus

Energieverbrauch: 20 kg ÖE/Einw.
Bruttosozialprodukt: 370 US$/Einw.

Anteil der Erwerbstätigen:
Landwirtschaft: 60 %, Industrie: 7 %, Dienstleistungen: 33 %

Bhutan

Wirtschaft in Stichworten:
– Landwirtschaft: Kartoffeln, Mais, Reis, Gerste, Weizen;
Viehzucht (Yaks)
– Industrie: Bauholz, Nahrungsmittel
– Bodenschätze ohne Bedeutung
– Export: Holz, Reis, Gerste, Wolle, Agrarprodukte, Briefmarken

Energieverbrauch: 33 kg ÖE/Einw.
Bruttosozialprodukt: 420 US$/Einw.

Anteil der Erwerbstätigen:
Landwirtschaft: 90 %, Industrie + Dienstleistungen: 10 %

LANDESNATUR

Benin

Das Land zieht sich eistütenförmig von der Atlantikküste ins
Landesinnere bis zum Niger.
Die Küstengebiete sind von weißen Sandstränden, ausgedehnten
Sümpfen, Lagunen und Dünen geprägt.
Dahinter steigt Benin allmählich auf eine fruchtbare, sandig-
lehmige Hochebene an. Das nördlich davon liegende kristalline
Plateau wird von zahlreichen Inselbergen überragt und fällt
nach Osten sanft in das Nigerbecken, im Nordwesten steil zum
Pendjari-Tiefland ab.
Die Küste nennt man auch „Sklavenküste", da bis Mitte des
19. Jahrhunderts in deren Schlupfwinkeln der Sklavenhandel
blühte.

Gebirge/Berge: Atakora-Hochland (641 m)

Flüsse/Seen: Mékrou, Quémé, Alibori; Nokousee

Bhutan

Bhutan hat mit der Duars Ebene im Süden Anteil am großen
Tiefland des Ganges und Brahmaputra. Aus der Ebene steigt
das Relief steil empor zu den Bergen und Tälern des Niederen
Himalaja.
Dahinter bis zur Grenze nach Tibet ragen die Giganten des
Himalaja auf bis über 7 500 m.

Gebirge/Berge: Kula Kangri (7 554 m)

Flüsse/Seen: Tongsa, Kuru, Manas

KLIMA

Benin

Kurzbeschreibung:
Tropisches Klima mit zwei kurzen Trockenzeiten im Dezember/
Januar und im August.
Von Dezember bis März weht von Nordwesten der trockene
Saharawind.

Klassifizierung nach „Troll":
14

Bhutan

Kurzbeschreibung:
Das subtropische Klima der Duars Ebene ist besonders durch die
reichen Niederschläge des Sommermonsuns geprägt.
In der Höhe ist rasch die Region des ewigen Eises erreicht.

Klassifizierung nach „Troll":
Hochgebirgsklima
Im Tiefland: 14, 15

Bolivien

Bosnien-Herzegowina

STAAT

Bolivien
Lage: Südamerika   Fläche: 1098581 qkm   Weltrang: 27

Hauptstadt: Sucre (145 000 E.)
Weitere wichtige Städte: La Paz, Cochabamba, Santa Cruz,
                         Oruro, Potosi, El Alto, Tupiza
Angrenzende Länder:
Norden und Osten: Brasilien
Südosten: Paraguay
Süden: Argentinien
Südwesten: Chile
Westen: Peru

Bosnien-Herzegowina
Lage: Südosteuropa   Fläche: 51 129 qkm   Weltrang: 125

Hauptstadt: Sarajevo (383 000 E.)
Weitere wichtige Städte: Banja Luka, Zenica, Mostar, Tuzla,
                         Bihac, Travnik
Angrenzende Länder:
Norden und Westen: Kroatien
Osten und Südosten: Jugoslawien

BEVÖLKERUNG

Bolivien
Einwohner: 7 414 000   Weltrang: 88
Religionen: 93 % Katholiken
            Protestanten
            Bahai

Sprachen: Spanisch (Amtssprache)
           Ketschua, Aimara
Bevölkerungsdichte: 6,7 E/qkm   Bevölkerungswachstum: 2,3 %
Lebenserwartung: 60 Jahre   Analphabetenanteil: 17,0 %
Einwohner pro Arzt: 2 564   Kindersterblichkeit   10,5 %

Bosnien-Herzegowina
Einwohner: 4 383 000   Weltrang: 110
Religionen: 44 % Moslems (v.a. Sunniten)
            31 % Serbisch-Orthodoxe
            17 % Katholiken

Sprachen: Serbokroatisch (Amtssprache)

Bevölkerungsdichte: 86 E/qkm   Bevölkerungswachstum: 0,1 %
Lebenserwartung: 73 Jahre   Analphabetenanteil: 15,0 %
Einwohner pro Arzt: k.A.   Kindersterblichkeit: 1,7 %

WIRTSCHAFT

Bolivien
Wirtschaft in Stichworten:
– Landwirtschaft: Kaffee, Kakao, Baumwolle, Weizen, Gerste,
  Kartoffeln, Mais, Bohnen; illegaler Koka-Anbau;
  Viehzucht im Hochland
– Industrie kaum entwickelt
– Bodenschätze: Erdgas, Zinn, Eisenerz, Silber, Gold, Antimon,
  Wolfram
– Export: Erdgas, Eisenerze
– schwach entwickelter Tourismus

Energieverbrauch: 373 kg ÖE/Einw.
Bruttosozialprodukt: 800 US$/Einw.
Anteil der Erwerbstätigen:
Landwirtschaft: 41 %, Industrie: 13 %, Dienstleistungen: 46 %

Bosnien-Herzegowina
Wirtschaft in Stichworten:
– Landwirtschaft: Getreide, Obst, Reis, Oliven, Tabak, Wein;
  Viehzucht, (Schafe)
– Industrie: Bergbauprodukte, Maschinen, Textilien
– Bodenschätze: Eisenerz, Salz, Kohle, Zink, Silber, Mangan
– Export: Rohstoffe, Tabak, Früchte

Energieverbrauch: 348 kg ÖE/Einw.
Bruttosozialprodukt: <765 US$/Einw.
Anteil der Erwerbstätigen:
Landwirtschaft: k.A., Industrie: k.A., Dienstleistungen: k.A.

LANDESNATUR

Bolivien
In Bolivien erreichen die Kordilleren ihre größte Breite.
Zwischen den Gebirgsketten erstreckt sich das ausgedehnte
Bolivianische Hochland (Altiplano), das in großen Salzpfannen
und Wüsten endet.
In den Ostkordilleren befinden sich zahlreiche noch tätige
Vulkane.
Das Bolivianische Bergland im Südosten wird von den Quellflüs-
sen des Amazonas und des La Plata in tiefe Täler zerteilt.
In den östlichen Andentälern gehen die tropischen Berg- und
Nebelwälder in feuchten Regenwald über.
Im Süden herrschen Feucht-, Trocken- und Dornsavannen vor.

Gebirge/Berge: Anden (Illimani 6 882 m, Illampu 6 550 m,
                Sajama 6 520 m)

Flüsse/Seen: Mamoré, Rio Grande, Pilcomayo, Madre de Dios,
               Rio Beni; Titicacasee, Poopósee

Bosnien-Herzegowina
Relativ dünn besiedeltes Bergland, das sich von der Save und
Una im Norden zur montenegrinischen Karsthochfläche im
Süden und vom Kamm der Dinarischen Alpen im Westen bis
zur Drina im Osten erstreckt.
Es hat Anteil an den erzreichen Waldgebieten Bosniens und der
kahlen Karstlandschaft der Herzegowina mit ihren langgestreck-
ten Poljen.
Das Land hat nur über einen 19 km breiten Streifen Zugang zum
Meer.
Fruchtbarstes Gebiet ist die Save Ebene im Norden.

Gebirge/Berge: Dinarisches Gebirge, Bosnisches Erzgebirge,
                Trebevic

Flüsse / Seen: Save, Una, Drina, Vrbas, Neretva

KLIMA

Bolivien
Kurzbeschreibung:
Das wechselfeuchte Klima ist regional unterschiedlich.
Während der Sommerregen im Tiefland fallen in den nördlichen
Regenwäldern hohe Niederschläge. Im Süden regnet es kaum.
In den Anden herrscht Gebirgsklima. Das Klima in den Hoch-
tälern ist dagegen subtropisch.

Klassifizierung nach „Troll":
Vorwiegend: 14
Nördlich und westlich von La Paz: 15

Bosnien-Herzegowina
Kurzbeschreibung:
Gemäßigtes kontinentales Klima.
Die Niederschläge verteilen sich gleichmäßig. Die Winter
sind lang und schneereich.
Nach Süden gewinnt das Mittelmeerklima mit sommerlicher
Trockenheit an Einfluss.
Typisch sind die kalten Nordwinde (Bora).

Klassifizierung nach „Troll":
Vorwiegend: 4b
Im Süden: 7

Botsuana

Brasilien

STAAT

Lage: Südafrika   Fläche: 582 000 qkm   Weltrang: 46

Hauptstadt: Gaborone (133 500 E.)
Weitere wichtige Städte: Francistown, Selebi, Phikwe, Kanye,
         Mochudi, Lobatse
Angrenzende Länder:
Norden und Westen: Namibia
Nordosten: Sambia
Osten: Simbabwe
Süden und Südosten: Südafrika

Lage: Südamerika   Fläche: 8511 996 qkm   Weltrang: 5

Hauptstadt: Brasilia (1 817 000 E.)
Weitere wichtige Städte: Sao Paulo, Rio de Janeiro, Salvador,
         Belo Horizonte, Recife, Belem, Manaus
Angrenzende Länder:
Norden: Französisch-Guayana, Surinam, Guyana, Venezuela
Nordwesten: Kolumbien
Westen: Peru, Bolivien
Südwesten: Paraguay, Argentinien
Süden: Uruguay

BEVÖLKERUNG

Einwohner: 1 450 000   Weltrang: 144
Religionen: Überwiegend Anhänger von Naturreligionen
         30 % Christen
         Minderheiten:
         Moslems, Hindus
Sprachen: Setswana (Amtssprache)
         Englisch (z.T. Bildungs- und Handelssprache)
Bevölkerungsdichte: 2,5 E/qkm   Bevölkerungswachstum: 3,0 %
Lebenserwartung: 66 Jahre   Analphabetenanteil: 30,0 %
Einwohner pro Arzt: 4 762   Kindersterblichkeit: 5,2 %

Einwohner: 159 222 000   Weltrang: 5
Religionen: 85 % Katholiken
         8 % Protestanten
         Naturreligionen der Indianer

Sprachen: Portugiesisch (Amtssprache)
         indianische Sprachen
Bevölkerungsdichte: 19 E/qkm   Bevölkerungswachstum: 1,6 %
Lebenserwartung: 67 Jahre   Analphabetenanteil: 17,0 %
Einwohner pro Arzt: 847   Kindersterblichkeit: 6,0 %

WIRTSCHAFT

Wirtschaft in Stichworten:
– Landwirtschaft: Erdnüsse, Sonnenblumen; Rinderzucht
– Ansätze zum Aufbau einer Industrie
– Bodenschätze: Diamanten, Gold, Erze, Steinkohle
– Export: Zweitgrößter Weltlieferant von Industrie- und
   Schmuckdiamanten, Sonnenblumenkerne, Erdnüsse
– Tourismus im Aufbau

Energieverbrauch: 387 kg ÖE/Einw.
Bruttosozialprodukt: 3 020 US$/Einw.
Anteil der Erwerbstätigen:
Landwirtschaft: 61 %, Industrie + Dienstleistungen: 39 %

Wirtschaft in Stichworten:
– Landwirtschaft: Baumwolle (im Nordosten), Obst,
   Sojabohnen und Gemüse (im Süden), Kaffee
– Küstenstädte als Industriezentren
– reiche Bodenschätze
– Export: Zucker, Soja, Kaffee, Tabak, Rindfleisch, Edelholz
– Tourismus

Energieverbrauch: 718 kg ÖE/Einw.
Bruttosozialprodukt: 3 640 US$/Einw.
Anteil der Erwerbstätigen:
Landwirtschaft: 23 %, Industrie: 23 %, Dienstleistungen: 54 %

LANDESNATUR

Trockenes, meist von Dornsavannen eingenommenes Hochland
bis 1000 m. Nur die Tafelberge am Ostsaum steigen bis zu
1 500 m empor.
Im Süden und Westen dehnt sich die Kalahari-Halbwüste mit
der Salzpfanne des Makarikaribeckens aus.
Im Osten herrscht Grassavanne vor.
Nach Norden bildet der Okavango mit seinen Zuflüssen ein
gewaltiges Sumpfgebiet, das Zufluchtssort für viele Wildtiere ist.

Gebirge/Berge: Tsodilo Hill (1 375 m)

Flüsse/Seen: Okawango, Lumpopo, Shashi, Chobe;
         Dowsee, Ngamisee

Im Norden hat Brasilien Anteil am Bergland von Guayana. An
der Grenze zu Venezuela liegt die höchste Erhebung des Landes.
Der Süden und Südosten wird vom Brasilianischen Bergland ein-
genommen (über die Hälfte der Staatsfläche).
In beiden Bergländern überragen vereinzelte Tafel- und Insel-
berge die Rumpflandschaft.
Zwischen den Bergländern erstreckt sich das Amazonastiefland,
das größte zusammenhängende Regenwaldgebiet der Erde.
Im Südosten subtropische Feuchtwälder und Grasland, im
Nordosten Trockenwald und Dornsträucher.

Gebirge/Berge: Bergland von Guayana (Pico da Neblina 3 014 m),
         Brasilianisches Bergland
         (Pico de Bandeira 2 890 m)

Flüsse/Seen: Amazonas, Rio Negro, Madeira, Japura, Xingo,
         Tocantis, Sao Francisco, Parana; viele Stauseen

KLIMA

Kurzbeschreibung:
Tropisch-wechselfeucht mit ausgeprägter Trockenzeit von Mai
bis Oktober.
Die Niederschläge fallen unregelmäßig und besonders im Süden
kann es zu jahrelangen Dürreperioden kommen.

Klassifizierung nach „Troll":
Überwiegend: 13
Im Süden: 12

Kurzbeschreibung:
Im Norden und im Amazonastiefland tropisches Klima, im
Süden subtropisches Klima mit Regen- und Trockenzeiten.
Die Ostküste erhält durch die Passatwinde ganzjährig Nieder-
schläge.
Im Regenschatten der Berge besteht im Nordosten Gefahr von
Dürren.

Klassifizierung nach „Troll":
Amazonien: 15
Nordosten: 12, 13, 14
Süden: 15, 8

Brunei

Lage: Südostasien   Fläche: 5 765 qkm   Weltrang: 162

Hauptstadt: Bandar Seri Begawan (21 500 E.)
Weitere wichtige Städte: Brunei (Muara), Seria (Belait), Tutong,
                    Temburong
Angrenzende Länder:
Westen, Süden, Osten: Malaysia

Einwohner: 285 000   Weltrang: 165
Religionen: 67 % Moslems (Islam ist Staatsreligion),
            15 % Buddhisten, 10 % Christen, Naturreligionen
Sprachen: Malaiisch (Amtssprache)
            Englisch
            Chinesisch (Handelssprache)
            Sprachen der Minderheiten
Bevölkerungsdichte: 48 E/qkm Bevölkerungswachstum: 2,5 %
Lebenserwartung: 75 Jahre Analphabetenanteil: 12,0 %
Einwohner pro Arzt: 1 473   Kindersterblichkeit: 1,0 %

Wirtschaft in Stichworten:
– Landwirtschaft: Pfeffer, Reis
– Fortwirtschaft: Kautschuk, Kork
– Industrie: Erdölverarbeitung
– Bodenschätze: Erdöl, Erdgas
– Export: Erdöl, Erdgas, Kautschuk, Gewürze

Energieverbrauch: 10 839 kg ÖE/Einw.
Bruttosozialprodukt: >9 386 US$/Einw.
Anteil der Erwerbstätigen:
Landwirtschaft: 2 %, Industrie: 24 %, Dienstleistungen: 74 %

Das Land im Norden der Insel Kalimantan wird entlang des
Limbang-Flusses durch das Gebiet von Malaysia in zwei Teile
zerschnitten, wovon der östliche der kleinere Teil ist.
Beide Teile sind als Bergländer charakterisiert mit bewegterem
Relief im Ostteil.
Beide Gebiete weisen eine sumpfige Küstenebene im Norden auf.
Der größte Teil des Landes ist von Regenwald bedeckt.

Gebirge/Berge: Bukit Pagon (1 850 m)

Flüsse/Seen: Belait, Limbang

Kurzbeschreibung:
Brunei hat feuchtheißes Klima der inneren Tropen mit starken
Monsunniederschlägen zwischen November und März.

Klassifizierung nach „Troll":
15

Bulgarien

Lage: Südosteuropa Fläche: 110 994 qkm   Weltrang: 102

Hauptstadt: Sofia (1 115 000 E.)
Weitere wichtige Städte: Plovdiv, Varna, Burgas, Ruse,
                    Stara Zagora
Angrenzende Länder:
Norden: Rumänien
Westen: Jugoslawien
Süden: Griechenland, Türkei

Einwohner: 8 409 000   Weltrang: 84
Religionen: Überwiegend bulgarisch-orthodoxe Christen
            15 % Moslems
Sprachen   Bulgarisch (Amtssprache)
            Türkisch
            Mazedonisch

Bevölkerungsdichte: 76 E/qkm Bevölkerungswachstum: 0,6 %
Lebenserwartung: 71 Jahre Analphabetenanteil   <5,0 %
Einwohner pro Arzt: 315   Kindersterblichkeit: 1,9 %

Wirtschaft in Stichwörten:
– Landwirtschaft: Weizen, Mais, Baumwolle, Sonnenblumen,
  Zuckerrüben, Obst, Wein, Reis (südlich des Balkan)
– Industrie sucht nach dem Zerfall des Ostblocks nach neuen
  Absatzmärkten
– Bodenschätze: Eisenerz, Kupfer, Braunkohle
– Export: Tabak, Wein, Textilien, Metalle
– Tourismus (an der Schwarzmeerküste)

Energieverbrauch: 2 438 kg ÖE/Einw.
Bruttosozialprodukt: 1 330 US$/Einw.
Anteil der Erwerbstätigen:
Landwirtschaft: 8 %, Industrie: 45 %, Dienstleistungen: 47 %

Tafelland im Norden (entlang der Donau), in der Mitte Gebirge
in Ost-West-Richtung (Westbalkan, Hoher Balkan, Ostbalkan).
Im Südosten die Maritzaebene, im Süden Gebirge entlang der
griechischen Grenze (Rhodopen), im Südwesten Rila- und
Piringebirge.
Zwischen der Donau und dem Balkan liegt das fruchtbare,
lössbedeckte Nordbulgarische Tiefland.
Die Rosenpflanzungen im Rosental südlich des Balkan gehören
zu den größten der Erde.
Die Gebirge sind zum Teil noch dicht bewaldet.

Gebirge/Berge: Balkan (Botev 2 376 m), Rhodopen (2 191 m),
               Rila (Musala 2 925 m), Pirin (Vihren 2 915 m)

Flüsse/Seen: Donau, Marcia, Arda, Struma, Iskar; mehrere
               Stauseen, die Ostgrenze bildet das Schwarze
               Meer.

Kurzbeschreibung:
Gemäßigte Zone, kontinental.
Im Winter sibirische Kaltlufteinbrüche im Norden, der Balkan
schützt den Süden und Südwesten vor Kälteeinbrüchen.
Das Klima an der Schwarzmeerküste ist ozeanisch beeinflusst.

Klassifizierung nach „Troll":
Vorwiegend: 4b
Südliche Schwarzmeerküste: 7

Burkina Faso

Burundi

Lage: Westafrika   Fläche: 274 200 qkm   Weltrang: 71

Hauptstadt: Ouagadougou (634 500 E.)
Weitere wichtige Städte: Bobo-Dioulasso, Koudougou

Angrenzende Länder:
Norden: Mali
Osten: Niger
Süden: Ghana
Südwesten: Côte d'Ivoire
Südosten: Togo, Benin

Lage: Ostafrika   Fläche: 27 834 qkm   Weltrang: 142

Hauptstadt: Bujumbara (300 000 E.)
Weitere wichtige Städte: Gitega, Muyinga, Ngozi, Kayanza

Angrenzende Länder:
Norden: Ruanda
Osten und Süden: Tansania
Westen: Kongo (Zaire)

Einwohner: 10 377 000   Weltrang: 69
Religionen: 50 % Anhänger v. Naturreligionen
            43 % Moslems
            12 % Christen
Sprachen: Französisch (Amtssprache)
            Arabisch und Englisch (Handelssprachen)
            Gur-Sprachen, Mande-Sprachen, Ful
Bevölkerungsdichte: 38 E/qkm   Bevölkerungswachstum: 2,5 %
Lebenserwartung: 47 Jahre   Analphabetenanteil: 81,0 %
Einwohner pro Arzt: 33 333   Kindersterblichkeit: 16,4 %

Einwohner: 6 264 000   Weltrang: 94
Religionen: 63 % Katholiken
            5 % Protestanten
            Moslems
Sprachen: Kirundi und Französisch (Amtssprachen)
            Kisuaheli
Bevölkerungsdichte: 225 E/qkm   Bevölkerungswachstum: 2,8 %
Lebenserwartung: 51 Jahre   Analphabetenanteil: 65,0 %
Einwohner pro Arzt: 16 667   Kindersterblichkeit: 17,6 %

Wirtschaft in Stichworten:
– Landwirtschaft: Hirse, Bohnen, Mais, Baumwolle, Erdnüsse;
  Viehzucht (Rinder, Ziegen)
– Industrie: Nahrungsmittelverarbeitung
– Bodenschätze: Mangan, Gold, Kupfer, Bauxit, Phosphat
– Export: Baumwolle, Gold, Erdnüsse, Schlachtvieh

Energieverbrauch: 16 kg ÖE/Einw.
Bruttosozialprodukt: 230 US$/Einw.

Anteil der Erwerbstätigen:
Landwirtschaft: 84 %, Industrie + Dienstleistungen: 16 %

Wirtschaft in Stichworten:
– Landwirtschaft: Kaffee (in Plantagen), Baumwolle, Maniok,
  Yams, Mais, Hirse; Viehzucht
– Fischfang
– Nahrungsmittelindustrie (ohne große Bedeutung)
– Bodenschätze ohne Bedeutung
– Export: Kaffee, Tee, Häute und Felle, Baumwolle

Energieverbrauch: 23 kg ÖE/Einw.
Bruttosozialprodukt: 160 US$/Einw.

Anteil der Erwerbstätigen:
Landwirtschaft: 91 %, Industrie + Dienstleistungen: 9 %

Der größte Teil des Landes besteht aus einem Hochplateau, in
das die nach Süden führenden Flüsse tiefe Schluchten gegraben
haben.
Im Westen zerschneidet ein Grabenbruch das Plateau.

Gebirge/Berge: Nimba (1 752 m)

Flüsse/Seen: Schwarzer Volta, roter Volta, weißer Volta

Vorwiegend Binnenhochland.
Im Südwesten hat das Land Anteil am tieferen Gelände des Zen-
tralafrikanischen Grabens und am Tanganjikasee.
Die Bergkette östlich des Ruziziflusses bildet die Wasserscheide
zwischen dem Nil- und Kongosystem.
Baumarmes Savannenhochland.

Gebirge/Berge: Grabenrand des Zentralafrikanischen Grabens;
               Nyarvana (1 930 m), Bugungu (1 675 m)

Flüsse/Seen: Kagera (Quellfluss des Nils), Ruzizi, Ruvuvu;
               Tanganjikasee

Kurzbeschreibung:
Der Norden ragt in die Sahelzone hinein. Hier ist die Wüste auf
dem Vormarsch.
Der größte Teil des Landes besteht aus Savanne mit recht
unregelmäßigen Niederschlägen.
Nur im Süden geht die Feuchtsavanne in Wald über.

Klassifizierung nach „Troll":
Norden: 12
Mitte: 13, 14
Süden: 15

Kurzbeschreibung:
Tropen; sommerfeucht (wegen der Höhenlage angenehm mild).

Klassifizierung nach „Troll":
14

# Chile			# China		

STAAT

Chile

Lage: Südamerika Fläche: 756 626 qkm Weltrang: 37

Hauptstadt: Santiago (4 628 000 E.)
Weitere wichtige Städte: Concepción, Vina del Mar, Valparaiso,
Talcahuano, Temuco, Antofagasta
Angrenzende Länder:
Norden: Peru
Nordosten: Bolivien
Osten: Argentinien

China

Lage: Ostasien Fläche: 9 572 384 qkm Weltrang: 4

Hauptstadt: Peking (5 770 000 E.)
Weitere wichtige Städte: Shanghai, Tiensin, Wuhan, Kanton, Har-
bin, Nanking, Xi'an, Chengdu, Kunming
Angrenzende Länder:
Norden: Mongolei, Russland
Nordosten: Korea (Nord)
Westen: Kasachstan, Kirgistan, Tadschikistan, Afghanistan
Südwesten: Pakistan
Süden: Indien, Nepal, Bhutan, Myanmar, Laos, Vietnam

BEVÖLKERUNG

Chile

Einwohner: 14 225 000 Weltrang: 57
Religionen: 77 % Katholiken
13 % Protestanten
Minderheiten:
Bahai, Juden, Animisten
Sprachen: Spanisch (Amtssprache)
Sprachen der Indianer
Bevölkerungsdichte: 19 E/qkm Bevölkerungswachstum: 1,6 %
Lebenserwartung: 74 Jahre Analphabetenanteil: 5,0 %
Einwohner pro Arzt: 943 Kindersterblichkeit: 1,5 %

China

Einwohner: 1 206 431 000 Weltrang: 1
Religionen: Zwei Drittel der Bevölkerung sind konfessionslos
20 % Konfuzianer
Weiterhin: Buddhismus, Taoismus, Islam,
Christentum und Lamaismus (in Tibet)
Sprachen: Chinesisch (Amtssprache), über 50 Sprachen der na-
tionalen Minderheiten, Englisch als Handelssprache
Bevölkerungsdichte: 126 E/qkm Bevölkerungswachstum: 1,3 %
Lebenserwartung: 69 Jahre Analphabetenanteil: 19,0 %
Einwohner pro Arzt: 3 446 Kindersterblichkeit: 4,7 %

WIRTSCHAFT

Chile

Wirtschaft in Stichworten:
– Landwirtschaft: Weizen; Viehzucht (Schafe, Rinder)
– Fischwirtschaft
– Industrie: Bergbau, verarbeitende Industrie
– Bodenschätze: Kupfer, Eisenerz, Erdöl, Erdgas
– Export: Weltgrößter Kupferlieferant, weitere Erze, Früchte

Energieverbrauch: 1012 kg ÖE/Einw.
Bruttosozialprodukt: 4 160 US$/Einw.

Anteil der Erwerbstätigen:
Landwirtschaft: 17 %, Industrie: 27 %, Dienstleistungen: 56 %

China

Wirtschaft in Stichworten:
– Landwirtschaft: Reis, Tee, Weizen, Zuckerrohr,
Zuckerrüben, Erdnüsse, Sojabohnen, Baumwolle
– Vielseitige Industrie
– Reiche Bodenschätze
– Export: Textilien, Seide, Maschinen, Erze, Tee, Soja
– Tourismus

Energieverbrauch: 664 kg ÖE/Einw.
Bruttosozialprodukt: 620 US$/Einw.

Anteil der Erwerbstätigen:
Landwirtschaft: 61 %, Industrie: 18 %, Dienstleistungen: 21 %

LANDESNATUR

Chile

Chile erstreckt sich in einem durchschnittlich 160 km breiten
Streifen in Nord-Süd-Richtung entlang der Westküste des Pazifik
von der peruanischen Grenze bis zur Spitze Südamerikas.
Die Oberflächengestalt ist von der Hoch- und Küstenkordillere
geprägt. Dazwischen liegt das große Längstal (Valle Central).
Die beiden Kordillerenzüge nehmen von Norden nach Süden an
Höhe ab.
Es existieren sowohl vegetationslose Wüstenregionen als auch
sommergrüner Laub- und immergrüner Regenwald.
Zu dem stark erdbebengefährdeten Gebiet gehören noch etliche
Inseln im Pazifik wie z.B. die Osterinseln oder Feuerland.

Gebirge/Berge: Anden, Hochkordillere mit noch tätigen Vulka-
nen (Llullaillaco 6 723 m, Maipo 5 320 m,
San José 5 900 m, Aconcagua 6 958 m),
Küstenkordillere

Flüsse/Seen: Loa, Rio Copiapo, Rio Maipo, Rio Maule,
Rio Bio; Villarica-See

China

Westen: Hochgebirge (Tianshan, Nan Shan, Kunlun Shan, Trans-
himalaya) und hochgelegene Becken (Dsungarei, Tarimbecken,
Hochland von Tibet).
Großlandschaften im östlichen Teil sind das Becken der Mandschurei im Norden, die lössbedeckten Schwemmlandebenen
(Große Ebene) zwischen Huang He und Jangtsekiang und das
südchinesische Bergland.
Zentralasien liegt größtenteils oberhalb der Baumgrenze: Halbwüsten und Hochsteppen mit Zwergsträuchern. Das Taribecken
und die Tsungarei sind Vollwüsten. Im Osten sommergrüne
Laubwälder, auf Hainan tropischer Regenwald.

Gebirge/Berge: Himalaya (Mount Everest 8 848 m),
Kunlun Shan (7 723 m), Tian Shan
(Pik Pobedy 7 439 m),
Osttibetische Randkette (Minya Konka 7 590 m)

Flüsse/Seen: Huang He, Jangtsekiang, Sikiang, Amur;
Quinhai Hu, Poyang Hu, Dongting Hu

KLIMA

Chile

Kurzbeschreibung:
Wegen der Erstreckung über 39 Breitengrade entstehen drei Kli-
magebiete:
Während im Norden regenarmes, extrem trockenes Wüstenklima
vorherrscht, ist es in Mittelchile subtropisch mediterran.
Im Süden kennzeichnen kühle Sommer und reichlich Jahresniederschlag das feuchtgemäßigte Seeklima.

Klassifizierung nach „Troll":
Norden: 10
Mittelchile: 9
Um Santiago: 7
Süden: 4

China

Kurzbeschreibung:
Wüsten- und Steppenklima in Zentralasien mit extremen
Temperaturgegensätzen.
Kontinentales, winterkaltes Klima in der Mandschurei.
Gemäßigtes Klima im Bereich der Ostküste.
Subtropisches und tropisches Klima in Südchina.
Im Herbst Taifune an der Südküste.
Die Niederschläge nehmen von Süden nach Norden ab.
Klassifizierung nach „Troll":
Zentralasien: 5
Mandschurei: 4b
Ostküste und Schwemmlandebenen: 8
Südchina: 14

Costa Rica | Côte d'Ivoire

STAAT

Costa Rica

Lage: Mittelamerika   Fläche: 51 100 qkm   Weltrang: 126

Hauptstadt: San José (313 500 E.)
Weitere wichtige Städte: Alajuela, Cartago, Puntarenas

Angrenzende Länder:
Norden: Nicaragua
Südosten: Panama

Côte d'Ivoire

Lage: Westafrika   Fläche: 322 462 qkm   Weltrang: 67

Hauptstadt: Yamoussokro (130 000 E.)
Weitere wichtige Städte: Bouaké, Daloa, Korhogo, Man, Abidschan

Angrenzende Länder:
Norden: Mali, Burkina Faso
Osten: Ghana
Westen: Liberia, Guinea

BEVÖLKERUNG

Costa Rica

Einwohner: 3 399 000   Weltrang: 124
Religionen: 89 % Katholiken
 8 % Protestanten
 Minderheiten v. Bahai
Sprachen: Spanisch (Amtssprache)
 Englisch
 Kreolisch
Bevölkerungsdichte: 65 E/qkm   Bevölkerungswachstum: 2,5 %
Lebenserwartung: 77 Jahre   Analphabetenanteil: 5,0 %
Einwohner pro Arzt: 1 136   Kindersterblichkeit: 1,6 %

Côte d'Ivoire

Einwohner: 13 978 000   Weltrang: 59
Religionen: 60 % Naturreligionen
 20 % Moslems
 20 % Katholiken
Sprachen: Französisch (Amtssprache)
 Baoulé u.a.
 Verschiedene Gur- und Mandesprachen
Bevölkerungsdichte: 43 E/qkm   Bevölkerungswachstum: 3,4 %
Lebenserwartung: 50 Jahre   Analphabetenanteil: 60,0 %
Einwohner pro Arzt: 11 111   Kindersterblichkeit: 15,0 %

WIRTSCHAFT

Costa Rica

Wirtschaft in Stichworten:
– Landwirtschaft: Kaffee, Bananen
– Industrie: Arzneimittel, Papier, Blech, Elektrogeräte
– Bodenschätze: Bauxit, Eisenerz
– Export: Kaffee, Bananen, Kakao Fleisch, Zucker, Holz, Textilien
– Tourismus: Zweitwichtigste Devisenquelle

Energieverbrauch: 558 kg ÖE/Einw.
Bruttosozialprodukt: 2 610 US$/Einw.
Anteil der Erwerbstätigen:
Landwirtschaft: 23 %, Industrie: 25 %, Dienstleistungen: 52 %

Côte d'Ivoire

Wirtschaft in Stichworten:
– Landwirtschaft: Kakao, Kaffee, Baumwolle, Bananen, Ananas, Zuckerrohr
– Industrie: Nahrungsmittel-, Textil- und holzverarbeitende Industrie
– Bodenschätze: Erdöl, Erdgas, Diamanten, Eisenerze
– Export: einer der weltgrößten Produzenten von Kakao und Kaffee, Ananas, Bananen, Zucker, Baumwolle, Erdöl, Hölzer, Fische

Energieverbrauch: 103 kg ÖE/Einw.
Bruttosozialprodukt: 660 US$/Einw.
Anteil der Erwerbstätigen:
Landwirtschaft: 52 %, Industrie: 11 %, Dienstleistungen: 37 %

LANDESNATUR

Costa Rica

Auf der Landbrücke zwischen Nord- und Südamerika gelegen, bildet die Cordillera de Guanacaste die tragende Struktur des kleinen Landes. Diese Bergkette mit tätigen Vulkanen ist Teil des Rocky Mountains-Andensystems, das den ganzen Pazifik im Westen begrenzt.
Nördlich der Kette breitet sich eine Tiefebene aus, ähnlich dem Valle Central südlich davon.
Das gesamte Land gehört zur zirkumpazifischen Unruhezone der Erde.

Gebirge/Berge: Chirripó (3 820 m)

Flüsse/Seen: Tempisque, San Carlos

Côte d'Ivoire

Das Land besitzt eine hügelige Rumpffläche, die langsam nach Nordwesten ansteigt.
An den lagunenreichen Küstenstreifen mit ausgedehnten Sandstränden und gelichteten Savannenwäldern schließt sich nach Norden eine bis 500 m ansteigende Hochebene mit Regenwald an. Diese wird gelegentlich von Hügelketten oder Inselbergen überragt.
In der Folge geht der Savannenwald in Hochgrassavanne über. Die Küste nennt man auch „Elfenbeinküste" (die Kolonialmächte gliederten die Guineaküste nach den vorwiegend gehandelten Gütern).

Gebirge/Berge: Nimbabergland (Mount Nimba 1 752 m)

Flüsse/Seen: Cavally, Sassandra, Bandama, Comoé, Koussousee

KLIMA

Costa Rica

Kurzbeschreibung:
Costa Rica hat feuchtheißes Klima, immerfeucht im Norden auf der karibischen Seite, jedoch mit einer Trockenzeit auf der pazifischen Seite.
In den höheren Lagen mildert sich das tropische Klima und hat warmgemäßigten Charakter.

Klassifizierung nach „Troll":
Nördlich der Cordillera: 15
Südlich davon: 14

Côte d'Ivoire

Kurzbeschreibung:
Tropisch heiß und immerfeucht an der Küste.
In der Landesmitte gibt es zwei Regenzeiten im Frühsommer und Herbst.
Im Norden tritt nur eine Regenzeit von Juni bis Oktober auf.

Klassifizierung nach „Troll":
14
Süden: 15

Dänemark

Deutschland

STAAT

Lage: Nordeuropa   Fläche: 43 094 qkm   Weltrang: 131

Hauptstadt: Kopenhagen (477 000 E.)
Weitere wichtige Städte: Arhus, Odense, Alborg, Esbjerg,
                         Randers, Vejle

Angrenzende Länder:
Süden: Deutschland

Lage: Mitteleuropa   Fläche: 357 022 qkm   Weltrang: 61

Hauptstadt: Berlin (3 472 000 E.)
Weitere wichtige Städte: Hamburg, München, Frankfurt/Main,
                         Köln, Stuttgart, Bremen, Dresden,
                         Hannover
Angrenzende Länder:
Norden: Dänemark
Osten: Polen, Tschechische Republik
Süden: Österreich, Schweiz
Westen: Frankreich, Luxemburg, Belgien, Niederlande

BEVÖLKERUNG

Einwohner: 5 220 000   Weltrang: 103
Religionen: 89 % Lutheraner
            Katholiken, Juden
            Weitere protestantische Konfessionen
Sprachen: Dänisch (Amtssprache)
            Deutsch (teilweise Schulsprache)

Bevölkerungsdichte: 121 E/qkm   Bevölkerungswachstum: 0,2 %
Lebenserwartung: 76 Jahre   Analphabetenanteil: <5,0 %
Einwohner pro Arzt: 360   Kindersterblichkeit: 0,7 %

Einwohner: 81 869 000   Weltrang: 12
Religionen: 36 % Protestanten, 35 % Katholiken
            Moslems, Juden, Orthodoxe
            Neuapostolische Kirche, Zeugen Jehovas
Sprachen: Deutsch (Amtssprache)
            Dänisch (Schulsprache in Nord-Schleswig)
            Sorbisch in der Lausitz, Friesisch

Bevölkerungsdichte: 229 E/qkm   Bevölkerungswachstum: 0,3 %
Lebenserwartung: 76 Jahre   Analphabetenanteil: <5,0 %
Einwohner pro Arzt: 319   Kindersterblichkeit: 0,7 %

WIRTSCHAFT

Wirtschaft in Stichworten:
– hochspezialisierte Landwirtschaft, (v.a. Anbau von Gerste);
  Viehzucht (Milchwirtschaft)
– Fischwirtschaft
– Industrie: Zementherstellung, Maschinenbau, Schiffbau,
  Arznei- und Nahrungsmittelindustrie, Lego-Bausteine
– Bodenschätze: Erdöl, Erdgas, Granit, Kreide, Kaolin
– Export: v.a. Industrieprodukte
– Tourismus (modernes Dienstleistungsgewerbe)

Energieverbrauch: 3 977 kg ÖE/Einw.
Bruttosozialprodukt: 29 890 US$/Einw.
Anteil der Erwerbstätigen:
Landwirtschaft: 5 %, Industrie: 26 %, Dienstleistungen: 69 %

Wirtschaft in Stichworten:
– Landwirtschaft: Getreide, Kartoffeln, Zuckerrüben,
  Sonderkulturen, Obst
– Industrie: Eisen, Stahl, chemische Industrie, Fahrzeuge,
  Maschinenbau, Textilien, Konsumgüter
– Bodenschätze: Steinkohle, Braunkohle, Salz, Erdöl, Erdgas
– Export: Fahrzeuge, Maschinen, elektrotechnische Erzeugnisse,
  chem. Produkte, feinmech. und optische Erzeugnisse, Textilien,
  Nahrungs- und Genussmittel
– Tourismus in fast allen Landesteilen
Energieverbrauch: 4 128 kg ÖE/Einw.
Bruttosozialprodukt: 27 510 US$/Einw.
Anteil der Erwerbstätigen:
Landwirtschaft: 3 %, Industrie: 37 %, Dienstleistungen: 60 %

LANDESNATUR

Dänemark bildet die Brücke zwischen Mittel- und Nordeuropa
und besteht aus der Halbinsel Jütland im Westen sowie einem
Archipel von 406 Inseln, von denen ca. 90 bewohnt sind (u.a.
Fünen, Langeland, Seeland, Bornholm).
An das ebene Küstenland schließt sich ein flachwelliges Jung-
und Altmoränengebiet mit Wäldern, Mooren und Heideflächen
an.
Kein Ort ist weiter als 50 km vom Meer entfernt.
Im Verhältnis zur Landesfläche besitzt Dänemark mit 7 300 km
die längste Küstenlinie.

Gebirge/Berge: Yding Skovhoj (173 m)

Flüsse/Seen: Limfjord, Gudena, Stora, Susa

Deutschland hat im äußersten Süden Anteil am Hochgebirge der
Alpen, hier als nördl. Kalkvoralpen. Das nördlich anschließende
Alpenvorland wird beherrscht von Formen der glazialen Serie:
eiszeitlicher Seen, Moränen und Schotterflächen. Nördlich der
Donau beginnt der Mittelgebirgsbereich, der nach Westen als
Schichtstufenland ausgeprägt ist mit der Bruchzone des Ober-
rheingrabens. Den Osten beherrschen alte kristalline Grundgebir-
ge. Etwas nördlich der Mitte ragt bereits das norddeutsche. Tiefland mit gewaltigen Buchten in den Mittelgebirgsbereich hinein,
nur der Harz ragt wie ein Fels aus dem Flachland heraus. Im
Norden finden sich wieder eiszeitliche Erscheinungen, Urstrom-
täler und Sanderflächen.

Gebirge/Berge: Alpen (Zugspitze 2 963 m), Bayr. Wald (Gr. Arber
                1 451 m), Fichtelgebirge (Schneeberg 1 051 m),
                Harz (Brocken 1 142 m), Schwarzwald (Feldberg
                1 493 m), Taunus (Großer Feldberg 880 m)

Flüsse/Seen: Donau, Rhein, Main, Elbe, Weser, Mosel, Neckar,
               Oder; Bodensee, Müritz, Chiemsee,
               Starnberger See

KLIMA

Kurzbeschreibung:
Vom Golfstrom beeinflusstes Seeklima mit kühlen Sommern
und milden Wintern.
Die Niederschläge sind ausreichend und nehmen nach Osten
hin ab.
Die Luftfeuchtigkeit ist relativ hoch.
Im Spätherbst und Winter kommt es häufig zu stürmischen
West- und Südwest-Winden.

Klassifizierung nach „Troll":
4b

Kurzbeschreibung:
Deutschland liegt im Übergangsbereich vom Seeklima
(ozeanisches Klima) zum Landklima (kontinentales Klima).
Die Westwinde vom Atlantik bringen häufigen Wetterwechsel.
Im Osten herrschen trockene Ostwinde vor.
Niederschläge fallen während des ganzen Jahres, sie nehmen
von Westen nach Osten ab.
Klimatisch begünstigt ist das Oberrheintal und das Bodensee-
gebiet. Hier setzt der Frühling vier Wochen eher ein als in den
Mittelgebirgen oder an der Ostsee.
Die Alpen bilden eine Klimascheide zum Mittelmeerklima.
Klassifizierung nach „Troll":
Überwiegend: 4b

Dominica

Dominikanische Republik

Dominica

Lage: Mittelamerika, Karibik
Fläche: 749,8 qkm   Weltrang: 171

Hauptstadt: Roseau (16 500 E.)
Weitere wichtige Städte: Marigot, Portsmouth, Rosalie

Angrenzende Länder:
Insel im Atlantischen Ozean
(Karibisches Meer)

Dominikanische Republik

Lage: Mittelamerika, Karibik
Fläche: 48 422 qkm   Weltrang: 128

Hauptstadt: Santo Domingo (2 138 000 E.)
Weitere wichtige Städte: Santiago, La Vega, San Pedro de Macoris,
                    La Romana, Puerto Plata, Punta Cana
Angrenzende Länder:
Inselstaat im Karibischen Meer
Westen: Haiti

Einwohner: 73 000   Weltrang: 182
Religionen: 93 % Christen (v.a. Katholiken)
            Minderheiten:
            Moslems, Hindus, Juden, Bahai

Sprachen: Englisch (Amtssprache)
            Kreolisches Französisch

Bevölkerungsdichte: 97 E/qkm	Bevölkerungswachstum:	0,1 %
Lebenserwartung: 73 Jahre	Analphabetenanteil:	3,0 %
Einwohner pro Arzt: 1 947	Kindersterblichkeit:	2,1 %

Einwohner: 7 822 000   Weltrang: 86
Religionen: 90 % Katholiken
            Minderheiten:
            Protestanten, Juden
            Bahai
Sprachen: Spanisch (Amtssprache)

Bevölkerungsdichte: 162 E/qkm	Bevölkerungswachstum:	2,0 %
Lebenserwartung: 70 Jahre	Analphabetenanteil:	18,0 %
Einwohner pro Arzt: 935	Kindersterblichkeit:	4,4 %

Wirtschaft in Stichworten:
– Landwirtschaft: Kakao, Südfrüchte
– kaum entwickelte Industrie
– Bodenschätze: Bimsstein
– Export: Bananen, Kakao, Zitrusfrüchte, Vanille,
  Lorbeerblätter, Kokosnüsse, Kopra
– Tourismus

Energieverbrauch: 290 kg ÖE/Einw.
Bruttosozialprodukt: 2 990 US$/Einw.

Anteil der Erwerbstätigen:
Landwirtschaft: 26 %, Industrie: 21 %, Dienstleistungen: 53 %

Wirtschaft in Stichworten:
– Landwirtschaft: Zuckerrohr, Kakao, Kaffee, Tabak
– wenig entwickelte Industrie (Zucker, Textilien, Düngemittel)
– Bodenschätze: Salz, Bauxit, Gold, Silber, Nickel, Platin
– Export: Mineralien, Zucker, Kaffee
– Tourismus spielt eine bedeutende Rolle

Energieverbrauch: 337 kg ÖE/Einw.
Bruttosozialprodukt: 1 460 US$/Einw.

Anteil der Erwerbstätigen:
Landwirtschaft: 13 %, Industrie: 23 %, Dienstleistungen: 64 %

Die sehr zerklüftete Insel gehört zu den Kleinen Antillen.
Sie wird von einem in Nord-Süd-Richtung verlaufenden Vulkan-
gebirge beherrscht, das eine wirkungsvolle Wasserscheide bildet.
Der Westen der Insel liegt dabei im Regenschatten.
Landwirtschaftlich kann nur ein schmaler Küstenstreifen mit vul-
kanischem Boden genutzt werden.
Reißende Gebirgsbäche, Schluchten, Seen und dichte tropische
Regenwälder formen sich zu einer einzigartigen Naturlandschaft.

Gebirge/Berge: Morne Diablotin (1 447 m),
                Morne Trois Pitons (1 427 m)

Flüsse/Seen: Roseau, Clyde, Layou

Die Dominikanische Republik liegt auf der Insel Hispaniola, die
zu den Großen Antillen gehört.
Der Westen des Landes ist von vier parallel verlaufenden Bergketten geprägt. Dazwischen breiten sich große Talebenen mit
fruchtbaren Schwemmlandböden aus.
Im Süden und Osten erstrecken sich ausgedehnte Küstenniede-
rungen.
Traumhafte Strände und die abwechslungsreiche Landschaft
machen das Land als Touristenziel immer beliebter.
Der Osten liegt im Einzugsbereich tropischer Wirbelstürme.

Gebirge/Berge: Cordillera Central (Pico Duarte 3 175 m)

Flüsse/Seen: Rio Yuna, Yaque del Norte; Lago Enriquillo

Kurzbeschreibung:
Tropisches Klima mit geringen Temperaturschwankungen und
reichlich Niederschlag, hauptsächlich im August und September.
Im Westen ist es im Winter trocken.
Gelegentlich wird die Insel von Wirbelstürmen heimgesucht.

Klassifizierung nach „Troll":
15

Kurzbeschreibung:
Überwiegend tropisch.
Im Norden und Osten ist es regenreich, so dass üppige Wälder
gedeihen. Die Böden sind fruchtbar.
Der Süden ist trockener mit Savannenvegetation.

Klassifizierung nach „Troll":
15

Dschibuti

Ecuador

STAAT

Lage: Nordostafrika   Fläche: 23 200 qkm   Weltrang: 147

Hauptstadt: Dschibuti (317 000 E.)
Weitere wichtige Städte: Ali Sabieh, Tadjoura, Dikhil, Obock

Angrenzende Länder:
Norden: Eritrea
Südosten: Somalia
Süden und Westen: Äthiopien

Lage: Südamerika   Fläche: 272 045 qkm   Weltrang: 72

Hauptstadt: Quito (1 401 000 E.)
Weitere wichtige Städte: Guayaquil, Cuenca, Machala,
                         Esmeraldas

Angrenzende Länder:
Norden: Kolumbien
Osten und Süden: Peru

BEVÖLKERUNG

Einwohner: 634 000   Weltrang: 156
Religionen: 99 % Moslems
            Minderheiten:
            Katholiken, Protestanten, Orthodoxe
Sprachen: Arabisch und
          Französisch (Amtssprachen)
          Kuschitische Sprachen der Afar und Issa
Bevölkerungsdichte: 27 E/qkm Bevölkerungswachstum: 4,8 %
Lebenserwartung: 49 Jahre Analphabetenanteil: 54,0 %
Einwohner pro Arzt: 5 258   Kindersterblichkeit: 15,8 %

Einwohner: 11 477 000   Weltrang: 62
Religionen: 93 % Katholiken
            Minderheiten:
            Protestanten, Juden, Bahai
Sprachen: Spanisch (Amtssprache)
          Quetschua, Chibcha und andere Indiosprachen

Bevölkerungsdichte: 42 E/qkm Bevölkerungswachstum: 2,3 %
Lebenserwartung: 69 Jahre Analphabetenanteil: 10,0 %
Einwohner pro Arzt: 671   Kindersterblichkeit: 4,0 %

WIRTSCHAFT

Wirtschaft in Stichworten:
– die Landwirtschaft beschränkt sich in der Hauptsache auf
  Viehhaltung (Kamele, Schafe und Ziegen)
– Industrie wenig entwickelt
– Bodenschätze sehr begrenzt und nicht erschlossen
– die Wirtschaft lebt von den Dienstleistungen und vom
  Außenhandel

Energieverbrauch: 909 kg ÖE/Einw.
Bruttosozialprodukt: <3035 US$/Einw.

Anteil der Erwerbstätigen:
Landwirtschaft: 25 %, Industrie: 15 %, Dienstleistungen: 60 %

Wirtschaft in Stichworten:
– Landwirtschaft: Bananen, Kaffee, Reis, Mais, Zuckerrohr,
  Kartoffeln; Viehzucht
– Industrie: Textil, Chemie
– Bodenschätze: Erdöl, Ergas, Erze
– Export: Erdöl, Kaffee, Bananen Garnelen

Energieverbrauch: 565 kg ÖE/Einw.
Bruttosozialprodukt: 1 390 US$/Einw.

Anteil der Erwerbstätigen:
Landwirtschaft: 28 %, Industrie: 18 %, Dienstleistungen: 54 %

LANDESNATUR

Land am Roten Meer, das fast ausschließlich aus Wüsten und
Halbwüsten besteht, die die Bucht von Tadjoura hufeisenförmig
umschließen.
Der Norden ist bergig, das Kernland und der Süden sind von
vulkanischen Plateaus geprägt.
Durch Verwerfungen parallel zum Roten Meer sind tiefe Senken
mit Salzseen entstanden, die zum Teil unter Meeresspiegelniveau
liegen. Von diesen steigt das Land stufenförmig bis über 2 000 m
an.
Das Tropenland gehört zu den heißesten Regionen der Welt.

Ecuador gliedert sich von West nach Ost in drei Landesteile:
1. Das 160 km breite, fruchtbare Küstentiefland (Costa) ist
   Hauptanbaugebiet für Agrarexporte. Es wird von der 300–600
   m hohen Küstenkordillere durchzogen.
2. Das Andenhochland mit der West- und der Ostkordillere und
   einer von beiden eingeschlossenen Senkenzone.
3. Das östliche Tiefland (Oriente) gehört zum Einzugsbereich
   des Amazonas und wird von tropischen Regenwäldern eingenommen. Hier wohnen nur 2 % der Bevölkerung.
Die fast 1 000 km vor der Küste liegenden Galapagosinseln sind
vulkanischen Ursprungs.

Gebirge/Berge: Denakilberge (bis über 2 000 m)

Gebirge/Berge: Chimborasso (6 272 m), Cotopaxi (5 897 m)
               = höchster tätiger Vulkan, Coyambe (5 796 m)

Flüsse/Seen: Lac Abbé, Lac Assal

Flüsse/Seen: Rio Tigre, Rio Napo

KLIMA

Kurzbeschreibung:
Wüstenklima mit hoher Luftfeuchtigkeit.
Die Temperaturen bewegen sich im Sommer täglich um ca. 40° C.
Nur Berghänge erhalten etwas Niederschläge v.a. im Spätsommer
und Ende März.

Kurzbeschreibung:
Tropisch-wechselfeuchtes und tropisch-immerfeuchtes Klima,
Temperaturen (ganzjährig um 26° C) zeigen nur geringe Jahres-
schwankungen, nehmen aber mit der Höhe beträchtlich ab
(Hochgebirgsklima). Die Niederschläge erreichen im Küstentiefland 2 000–4 000 mm, im Hochlandbecken 250–1 500 mm und
imOriente 2 200–5 000 mm.

Klassifizierung nach „Troll":
11

Klassifizierung nach „Troll":
Küste: 14
Tiefland: 15

El Salvador | Eritrea

El Salvador	Eritrea
Lage: Mittelamerika Fläche: 21 041 qkm Weltrang: 150	Lage: Nordostafrika Fläche: 121 144 qkm Weltrang: 96
Hauptstadt: San Salvador (611 000 E.) Weitere wichtige Städte: Santa Ana, Delgado, Nueva San Salvador, Mejicanos, Soyapango Angrenzende Länder: Nordosten: Honduras Westen: Guatemala	Hauptstadt: Asmara (267 000 E.) Weitere wichtige Städte: Keren, Massana, Adi Ugri, Assab Angrenzende Länder: Nordwesten und Westen: Sudan Südosten: Dschibuti Süden: Äthiopien

Einwohner: 5 623 000   Weltrang: 97

Religionen: 92 % Katholiken
          8 % Protestanten

Sprachen: Spanisch (Amtssprache)
        Englisch (Geschäftssprache)
        Indianische Sprachen

Bevölkerungsdichte: 267 E/qkm Bevölkerungswachstum: 1,8 %
Lebenserwartung: 67 Jahre Analphabetenanteil: 29,0 %
Einwohner pro Arzt: 1 563   Kindersterblichkeit: 4,0 %

Einwohner: 3 574 000   Weltrang: 123

Religionen: 50 % eritreisch-orthodoxe Christen
          50 % Moslems
          Anhänger von Naturreligionen

Sprachen: Tigrinya und Arabisch (Amtssprachen)
        Englisch (Bildungs- und Geschäftssprache)
        Sprachen der anderen Volksgruppen

Bevölkerungsdichte: 30 E/qkm Bevölkerungswachstum: k.A.
Lebenserwartung: 52 Jahre Analphabetenanteil: 80,0 %
Einwohner pro Arzt: 28 000 Kindersterblichkeit: 19,5 %

Wirtschaft in Stichworten:
– Landwirtschaft: Kaffee, Mais, Baumwolle, Reis, Bohnen, Zuckerrohr
– Industrie: Wenig entwickelt, Verarbeitung einheimischer Agrarprodukte
– Bodenschätze: Gold, Silber, Titan,
– Export: Kaffee, Baumwolle, Zucker, Gold, Mais

Energieverbrauch: 370 kg ÖE/Einw.
Bruttosozialprodukt: 1 610 US$/Einw.

Anteil der Erwerbstätigen:
Landwirtschaft: 14 %, Industrie: 22 %, Dienstleistungen: 64 %

Wirtschaft in Stichworten:
– Landwirtschaft: Kaffee, Tabak, Baumwolle, Getreide, Hülsenfrüchte, Kartoffeln im Bergland; nomadische Viehzucht
– Bodenschätze: Salz, Gold Export: Rohstoffe, Nahrungsmittel

Energieverbrauch: k.A. kg ÖE/Einw.
Bruttosozialprodukt: <765 US$/Einw.

Anteil der Erwerbstätigen:
Landwirtschaft: 90 %, Industrie + Dienstleistungen: 10 %

El Salvador wird auch Land der Vulkane genannt, denn zwei Vulkanketten verlaufen von W nach O. Sie sind an tiefen Bruchzonen in der Erdkruste aufgereiht. Die Entladungen der Spannungen in der Tiefe führen immer wieder zu heftigen Erdbeben.
Die natürliche Vegetation wurde durch den Menschen fast völlig vernichtet und in Kulturland umgewandelt. Dies führte an den Vulkanhängen zu großen Schäden durch Bodenerosion. Nur noch die höheren Teile der Vulkane und Kettengebirge zeigen immergrüne tropische Berg-und Nadelwälder. An den Flachküsten findet man Mangrovenwälder.

Gebirge/Berge: Santa Ana (2 381 m), San Vicente (2 173 m), Izalco (2 386 m)

Flüsse/Seen: Rio Lempa, Rio Paz; Ilopangosee, Coatepequesee

In der Sahelzone gelegener Wüsten- und Gebirgsstaat. Er gliedert sich in eine Küstenzone am Roten Meer mit der Inselgruppe des Dahlak-Archipels, einen Anteil am zerklüfteten und erosionsgefährdeten Äthiopischen Hochland und das heiße, abflusslose und wüstenhafte Danakil-Tiefland im Süden. Hier sinkt das Niveau bis unter den Meeresspiegel ab. Eritrea gehört zum großen ostafrikanischen Grabenbruchsystem, das sich wie ein Trichter zum Roten Meer hin öffnet.

Gebirge/Berge: Monte Soira (2 989 m)

Flüsse/Seen: Barak; Assale-See

Kurzbeschreibung:
Tropisch-wechselfeuchtes Klima: Heiße Temperaturen und eine Regenzeit vom Mai bis Oktober kennzeichnen das Klima, das nur in den Bergen kühler, dafür aber niederschlagsreicher ist.

Klassifizierung nach „Troll":
14

Kurzbeschreibung:
Tropenklima.
In der Küstenebene heiß und schwül. Im Bergland ist es erheblich kühler mit einer Regenzeit von Mai bis August. Das Land ist immer von Dürrekatastrophen bedroht.

Klassifizierung nach „Troll": 11
Westen: 12

Estland

Fidschi

Lage: Nordosteuropa   Fläche: 45 227 qkm   Weltrang: 130

Hauptstadt: Tallinn (427 500 E.)
Weitere wichtige Städte: Tartu, Narva, Kohtla-Järve, Pärnu,
        Valga, Kuresaare, Dedoplis-Zkaro
Angrenzende Länder:
Osten: Russland
Süden: Lettland

Lage: Ozeanien   Fläche: 18376 qkm   Weltrang: 152

Hauptstadt: Suva (200 000 E.)
Weitere wichtige Städte: Lautoka, Mba, Labasa, Nadi

Angrenzende Länder:
Inselgruppe im Südwestpazifik

Einwohner: 1 487 000   Weltrang: 143
Religionen: Über 60% Lutheraner
        Russisch-Orthodoxe
        Katholiken, Moslems
Sprachen: Estnisch (Amtssprache)
        Russisch
        Sprachen der Minderheiten
Bevölkerungsdichte: 33 E/qkm   Bevölkerungswachstum: -0,3 %
Lebenserwartung: 69 Jahre   Analphabetenanteil: 1,0 %
Einwohner pro Arzt: 260   Kindersterblichkeit: 2,2 %

Einwohner: 775 000   Weltrang: 152
Religionen: 53 % Christen
        38 % Hindus
        8 % Muslime
        Minderheiten von Sikhs
Sprachen: Fidschianisch und Englisch (Amtssprachen)
        Hindi
Bevölkerungsdichte: 42 E/qkm   Bevölkerungswachstum: 1,1 %
Lebenserwartung: 72 Jahre   Analphabetenanteil: 8,0 %
Einwohner pro Arzt: 2 438   Kindersterblichkeit: 2,5 %

Wirtschaft in Stichworten:
– Landwirtschaft: Getreide, Kartoffeln, Viehwirtschaft
– Fischerei
– Industrie: Leichtindustrie, Textil- und Nahrungsmittelindustrie,
  chemische Industrie
– Bodenschätze: Erdöl, Schiefer, Torf, Phosphorit
– Export: Textilien, Maschinen, Holzprodukte,
  chemische Erzeugnisse, Lebensmittel

Energieverbrauch: 3 709 kg ÖE/Einw.
Bruttosozialprodukt: 2 860 US$/Einw.
Anteil der Erwerbstätigen:
Landwirtschaft: 9 %, Industrie: 36 %, Dienstleistungen: 55 %

Wirtschaft in Stichworten:
– Landwirtschaft: Zuckerrohr, Bananen, Kokosnüsse (Plantagen-
  wirtschaft), Batate, Maniok, Taro, Ingwer (Eigenbedarf)
– Industrie: Wenig entwickelt, Verarbeitung von Agarprodukten
  (v.a.Zuckerrohr)
– Bodenschätze: Gold, Mangan
– Export: Zucker, Kopra, Kokosöl,
– Gold, Mangan
– Tourismus: steigende Besucherzahlen

Energieverbrauch: 527 kg ÖE/Einw.
Bruttosozialprodukt: 2 440 US$/Einw.
Anteil der Erwerbstätigen:
Landwirtschaft: 41 %, Industrie: 18 %, Dienstleistungen: 41 %

Die Halbinsel Estland umfasst das nördliche Baltikum zwischen
dem Finnischen Meerbusen, Lettland, dem Peipussee und der
Rigaer Bucht.
Landschaftlich lässt es sich in drei Großräume aufgliedern:
Im Norden bestimmen kahle Kalksteinbuckel das Landschafts-
bild.
Durch die Landesmitte verläuft eine Senke, in die kleine Becken,
sog. Drumlins, eingebettet sind.
Im Süden erheben sich einzelne Moränenhügel.
Der buchtenreichen Küste sind ca. 1 500 Inseln (u.a. Ösel, Dagö)
vorgelagert. Im Landesinnern zählt man über 1 400 Binnenseen
sowie zahlreiche Flüsse und Moorgebiete.

Gebirge/Berge: Suur-Munamägi (317 m)

Flüsse/Seen: Narva, Ema, Pärnu; Peipussee, Pleskauer See,
        Wirzsee

Die Fidschi-Inseln gehören zu den größten Inselgruppen der Süd-
see. Sie umfassen 322 Inseln und Atolle mit erloschenen und
wild zerklüfteten Vulkanen. Korallenriffe erschweren die Zufahrt zu
den meisten Inseln.
Die Süd- und Osthänge der Berge werden von tropischen Regenwäldern bedeckt, im Westen und Norden der Hauptinseln deh-
nen sich Savannenlandschaften mit Schraubenbäumen und
Kasuarinen aus. An den Küsten findet man Mangrovenwälder.

Gebirge/Berge: Tomaniivi (Mt.Victoria) (1 323 m)

Flüsse/Seen: Sigotoka River

Kurzbeschreibung:
Das kühl-gemäßigte Klima ist rauh und hart.
Die Winter sind aufgrund der Stürme von der Ostsee nasskalt.
Nach Südosten hin wird es kontinentaler.

Klassifizierung nach „Troll":
4b

Kurzbeschreibung:
Tropisches Klima mit geringen jahreszeitlichen Schwankungen.
Hauptregenzeit von Dezember bis März, ganzjährige Temperatur
um 25° C.
Passatwinde (SO-Passat vorherrschend) bringen der SO-Küste
starke Regenfälle.
Tropische Wirbelstürme.

Klassifizierung nach „Troll":
15

Finnland

Frankreich

	Finnland	Frankreich

Finnland

Lage: Nordeuropa   Fläche: 338 144 qkm   Weltrang: 63

Hauptstadt: Helsinki (509 000 E.)
Weitere wichtige Städte: Espoo, Tampere, Turku, Lahti, Kuopio

Angrenzende Länder:
Osten: Russland
Nordwesten: Schweden
Norden: Norwegen

Einwohner: 5 110 000   Weltrang: 104
Religionen: 88 % Lutheraner
        Finnisch-Orthodoxe
        Moslems, Juden
Sprachen: Finnisch, Schwedisch (Amtssprachen)
        Samisch (Lappisch)

Bevölkerungsdichte: 15,1 E/qkm   Bevölkerungswachstum: 0,4 %
Lebenserwartung: 76 Jahre   Analphabetenanteil: <5,0 %
Einwohner pro Arzt: 405   Kindersterblichkeit: 0,5 %

Wirtschaft in Stichworten:
- Landwirtschaft: Getreide, Zuckerrüben, Raps, Kartoffeln,
  Gemüse,Viehzucht, Pelztierzucht, Fischfang
- Industrie: Holz, Papier, Möbel, Land- und Forstmaschinen,
  Schiffbau, Holzwirtschaft
- Bodenschätze: Kupfer, Zink, Chrom, Eisenerz
- Export: Holz, Holzprodukte, Papier, Zellstoff, Schiffe,
  Metallwaren
- Tourismus: Naturschönheiten
Energieverbrauch: 5 997 kg ÖE/Einw.
Bruttosozialprodukt: 20 580 US$/Einw.
Anteil der Erwerbstätigen:
Landwirtschaft: 8 %, Industrie: 28 %, Dienstleistungen: 64 %

Das durchweg niedrige Land (150 m) steigt im Norden bis 700 m
an; die größte Höhe wird im Nordwesten am Haltiantunturi
erreicht.
Den Küsten sind rund 30 000 Inseln und Schären vorgelagert.
Mittel- und Südfinnland besitzen rund 55 000 Seen mit großem
Fischreichtum (v.a. Lachse und Forellen).
Finnland ist das waldreichste (v.a. Kiefern- und Fichtenwälder)
Land Europas. Es gehört dem borealen Nadelwaldgürtel an, der
äußerste Norden der Tundra (Kältesteppe). Große Landstrecken
sind versumpft. Dort findet man kaum Bäume, lediglich Beeren-
sträucher und überwiegend Flechten.
Ein Drittel des Landes liegt nördlich des Polarkreises.

Gebirge/Berge: Haltiantunturi (1 324 m), Pallastunturi

Flüsse/Seen: Kemijoki, Oulujoki, Kymijoki;
        Saimaase, Päijännee, Oulusee, Inarisee, Puulasee,

Kurzbeschreibung:
Kontinentalklima mit subpolaren Zügen.
Nördlich des Polarkreises treten kalte Winter und kurze Sommer
mit langen Tagen und Temperaturen über 30° C auf. Von Mitte
November bis April ist das Land schneebedeckt.
Weiter südlich wird das Klima durch die Meeresnähe gemildert.

Klassifizierung nach „Troll":
Im Norden: 3
Im Süden:4b

Frankreich

Lage: Westeuropa   Fläche: 543 965 qkm   Weltrang: 47

Hauptstadt: Paris (2 150 000 E.)
Weitere wichtige Städte: Marseille, Lyon, Toulouse, Nizza,
                Straßburg, Bordeaux, Nantes, Le Havre,
                Saint Etienne
Angrenzende Länder:
Norden: Belgien, Luxemburg
Nordosten: Deutschland
Osten: Schweiz
Süden: Spanien, Andorra

Einwohner: 58 060 000   Weltrang: 19
Religionen: 81 % Katholiken
        Protestanten, Moslems
        Juden, Orthodoxe
Sprachen: Französisch (Amtssprache)
        Baskisch, Bretonisch, Elsässisch, Flämisch,
        Katalanisch, Korsisch

Bevölkerungsdichte: 107 E/qkm   Bevölkerungswachstum: 0,5 %
Lebenserwartung: 77 Jahre   Analphabetenanteil: <5,0 %
Einwohner pro Arzt: 333   Kindersterblichkeit: 0,9 %

Wirtschaft in Stichworten:
- Landwirtschaft: Weizen, Obst, Wein; Viehzucht
- Hochentwickelte, vielseitige Industrie
- Bodenschätze: Steinkohle, Eisenerz, Bauxit, Uran, Salz
- Export: Maschinen, chem. Erzeugnisse, Fahrzeuge,
  Rüstungsgüter, Wein, Obst
- Tourismus (Paris, Atlantik- und Mittelmeerküste)

Energieverbrauch: 4 042 kg ÖE/Einw.
Bruttosozialprodukt: 24 990 US$/Einw
Anteil der Erwerbstätigen:
Landwirtschaft: 5 %, Industrie: 27 %, Dienstleistungen: 68 %

Beckenlandschaften im Westen und in der Mitte (Pariser Becken,
Garonne-Becken, Loire-Becken; sowie die Rhône-Saône-Senke).
Zwischen dem Garonnebecken und dem Rhônetal liegt das
mächtige Zentralmassiv. Weitere Mittelgebirge im Osten (Jura,
Vogesen) und Nordosten (Ausläufer der Ardennen).
Hochgebirge im Süden (Pyrenäen) und Südosten (Alpen).
Vor der Mittelmeerküste liegt die Insel Korsika.
Wechselvolles Landschaftsbild: Laub- und Mischwald, Acker-
und Weidefluren, Weinberge, Heckenlandschaften, Hartlaubge-
wächse im Süden.

Gebirge/Berge: Alpen (Mont Blanc 4 807 m), Pyrenäen
        (Pic du Midi 2 887 m),
        Zentralmassiv (Mont Dore 1 886 m),
        Jura (1 718 m), Vogesen (Großer Belchen 1 424m)

Flüsse/Seen: Rhône, Saône, Seine, Loire, Garonne, Durance,
        Maas; Genfer See

Kurzbeschreibung:
Gemäßigtes Klima (an der Westküste durch den Einfluss des
Golfstroms ozeanisch).
Hochgebirgsklima in den Pyrenäen und Alpen.
An der Südküste Mittelmeerklima (trockenheiße Sommer, Regen
im Winter).
In den übrigen Landesteilen Niederschläge während des ganzen
Jahres. Vor allem im Winter und Frühjahr weht der Mistral (kalter
Nordwind im Rhônetal).
Klassifizierung nach „Troll":
Westküste: 4a
Östliche Landesteile: 4b
Mittelmeerküste: 7

STAAT · BEVÖLKERUNG · WIRTSCHAFT · LANDESNATUR · KLIMA

Gabun

Gambia

Lage: Zentralafrika   Fläche: 267 667 qkm   Weltrang: 74

Hauptstadt: Libreville (420 000 E.)
Weitere wichtige Städte: Port Gentil, Franceville, Lambaréné,
                         Moanda, Koulamoutou
Angrenzende Länder:
Norden: Kamerun
Nordwesten: Äquatorial-Guinea
Osten und Süden: Kongo

Lage: Westafrika   Fläche: 11 295 qkm   Weltrang: 158

Hauptstadt: Banjul (150 000 E.)
Weitere wichtige Städte: Serekunda, Brikama, Bakau, Farafenni

Angrenzende Länder:
Norden, Osten, Süden: Senegal
(Gambia ragt wie ein „Finger" ins Landes-
innere von Senegal)

Einwohner: 1 077 000   Weltrang: 148
Religionen: 52 % Katholiken
            8 % Protestanten
            1 % Moslems
            Anhänger von Naturreligionen
Sprachen: Französisch
            Bantu- und Fangsprachen
Bevölkerungsdichte: 4 E/qkm   Bevölkerungswachstum: 2,9 %
Lebenserwartung: 55 Jahre   Analphabetenanteil: 37,0 %
Einwohner pro Arzt 2 500   Kindersterblichkeit: 14,8 %

Einwohner: 1 113 000   Weltrang: 147
Religionen: 85 % Moslems
            10 % Christen
            Anhänger von Naturreligionen
Sprachen: Englisch, Manding, Wolof, Ful (Amtssprachen)
            Arabisch (teilweise Bildungssprache)
            weitere 20 Sprachen
Bevölkerungsdichte: 98 E/qkm   Bevölkerungswachstum: 4,0 %
Lebenserwartung: 46 Jahre   Analphabetenanteil: 61,0 %
Einwohner pro Arzt 14 536   Kindersterblichkeit: 11,0 %

Wirtschaft in Stichworten:
– Landwirtschaft: Kaffee, Kakao, Ölfrüchte, Maniok,
  Mehlbananen
– wenig entwickelte Industrie
– Bodenschätze: Erdöl, Erdgas, Uran, Mangan, Eisenerz
– Export: Edelhölzer

Energieverbrauch: 652 kg ÖE/Einw.
Bruttosozialprodukt: 3 490 US$/Einw.

Anteil der Erwerbstätigen:
Landwirtschaft: 64 %, Industrie + Dienstleistungen: 36 %

Wirtschaft in Stichworten:
– Landwirtschaft: Erdnüsse, Reis, Mais, Gemüse, Maniok
– Fischfang
– Aufbau der Industrie und des Fremdenverkehrs kommt
  nur langsam voran
– Export: Erdnüsse, Fisch, Häute

Energieverbrauch: 56 kg ÖE/Einw.
Bruttosozialprodukt: 320 US$/Einw.

Anteil der Erwerbstätigen:
Landwirtschaft: 80 %, Industrie + Dienstleistungen: 20 %

Die Mittelachse des Landes bildet der große Ogooué-Fluss, der
sich tief in die gabunische Hochebene einschneidet.
Das ca. 100 m breite Küstentiefland wird im Norden durch weite
Deltas aufgelöst. Der Südabschnitt ist als Ausgleichsküste mit
Lagunen und Nehrungen geformt.
Das von tropischem Regenwald mit einem reichen Tierbestand
geprägte Landesinnere steigt in Stufen zur Mittelgebirgsregion
der Niederguineaschwelle an.
Das Gebirge wird durch Flüsse in küstenparallele Längstäler
zerlegt.

Gebirge/Berge: Biroguberge (1 190 m), Bengueberge (1 050 m),
                Mount Iboundji (1 575 m)

Flüsse/Seen: Ogooué, Nyange, Niari, Nguni

Gambia erstreckt sich in Ost-West-Richtung als etwa 350 km lan-
ges und 25 bis 45 km breites Tiefland entlang des Gambiaflusses
(Flussebene 25 %, sandige Hügelländer 46%, höhere Plateaus
29 %).
Der Fluss hat ein geringes Gefälle. Er ist die wirtschaftliche
Lebensader des Landes.
Der Gambia teilt das Land auf der ganzen Länge, ohne von
einer Brücke überquert zu werden (nur mit Fähren möglich).
Tropischer Regenwald und Savanne herrschen vor.
Mangrovesümpfe im Mündungsgebiet des Gambia.

Gebirge/Berge:

Flüsse/Seen: Gambia

Kurzbeschreibung:
Tropisch-immerfeucht.
Nur im Hochsommer gibt es eine kurze Trockenzeit.
Es ist ständig schwül bei Temperaturen um 26° C.
Im Hinterland greifen Ausläufer trockeneren Savannanklimas
in die Feuchtzone hinein.

Klassifizierung nach „Troll":
14

Kurzbeschreibung:
Ganzjährig warme Zone, sommerfeucht (periodisch feuchtes
Savannenklima).
Gelegentlich weht im Binnenland der trockenheiße Nordostwind
Harmattan, der staubreiche Luft aus der Sahara bringt.
Die Niederschläge nehmen von Westen nach Osten ab.

Klassifizierung nach „Troll":
13

Georgien

Ghana

Georgien – STAAT

Lage: Vorderasien   Fläche: 69 700 qkm   Weltrang: 119

Hauptstadt: Tiflis (1 279 000 E.)
Weitere wichtige Städte: Kutaisi, Rustavi, Batumi, Suchumi

Angrenzende Länder:
Norden: Russland
Südwesten: Türkei
Süden: Armenien
Südosten und Osten: Aserbaidschan

Ghana – STAAT

Lage: Westafrika   Fläche: 238 537 qkm   Weltrang: 79

Hauptstadt: Accra (950 000 E.)
Weitere wichtige Städte: Kumasi, Tamale, Sekundi-Takoradi

Angrenzende Länder:
Norden: Burkina Faso
Westen: Côte d'Ivoire (Elfenbeinküste)
Osten: Togo

Georgien – BEVÖLKERUNG

Einwohner: 5 400 000   Weltrang: 101
Religionen: 65 % Georgisch-Orthodoxe
            10 % Russisch-Orthodoxe
            8 % Armenisch-Orthodoxe, 11 % Moslems
Sprachen: Georgisch (Amtssprache)
           Russisch

Bevölkerungsdichte: 78 E/qkm   Bevölkerungswachstum: 0,2 %
Lebenserwartung: 73 Jahre   Analphabetenanteil: <5,0 %
Einwohner pro Arzt: 180   Kindersterblichkeit: 2,6 %

Ghana – BEVÖLKERUNG

Einwohner: 17 075 000   Weltrang: 52
Religionen: 40 % Protestanten
            20 % Katholiken
            16 % Moslems, Naturreligionen
Sprachen: Englisch (Amtssprache)
           Kwa-Sprachen und Gur-Sprachen
           (insgesamt ca. 75 Sprachen und Dialekte)

Bevölkerungsdichte: 72 E/qkm   Bevölkerungswachstum: 3,0 %
Lebenserwartung: 57 Jahre   Analphabetenanteil: 36,0 %
Einwohner pro Arzt: 25 000   Kindersterblichkeit: 13,0 %

Georgien – WIRTSCHAFT

Wirtschaft in Stichworten:
- Landwirtschaft: Tabak, Wein, Tee, Zitrusfrüchte (in den milden Küstenregionen); Schafzucht
- Nahrungsmittelindustrie, Maschinen- und Fahrzeugbau, chem. Industrie
- Bodenschätze: Erdöl, Erdgas, Kohle, Buntmetalle
- Export: Nahrungsmittel, Tee, Metalle, Fahrzeuge

Energieverbrauch: 614 kg ÖE/Einw.
Bruttosozialprodukt: 440 US$/Einw.

Anteil der Erwerbstätigen:
Landwirtschaft: 27 %, Industrie: 36 %, Dienstleistungen: 37 %

Ghana – WIRTSCHAFT

Wirtschaft in Stichworten:
- Landwirtschaft: Kaffee, Kakao, Maniok, Gemüse, Mais
- Holzwirtschaft (Edelhölzer)
- Fischfang
- Industrie: Verarbeitung der Edelhölzer, Aluminiumverhüttung, Textilindustrie
- Bodenschätze: Gold, Diamanten, Mangan, Bauxit
- Export: Gold, Kakao, Edelhölzer, Diamanten

Energieverbrauch: 93 kg ÖE/Einw.
Bruttosozialprodukt: 390 US$/Einw.

Anteil der Erwerbstätigen:
Landwirtschaft: 48 %, Industrie: 16 %, Dienstleistungen: 36 %

Georgien – LANDESNATUR

Im Norden Großer Kaukasus, im Süden Kleiner Kaukasus. Dazwischen die Kolchisebene, die sich nach Westen zum Schwarzen Meer öffnet.
Östlich der Küstenebene Hochlandbecken (z. B. Becken von Gori und Tiflis).
Laubwälder im Westen, Grasland im Osten.

Gebirge/Berge: Kaukasus mit der höchsten Erhebung
               (Elbrus 5 633 m) an der Grenze zu Russland,
               Schara (5 028 m)

Flüsse/Seen: Kura, Rion, Alazani;
               Oz Paravani, Oz Tabatskuri

Ghana – LANDESNATUR

Flache Ebenen an der Küste, im Landesinneren stark zerteltes Hügelland. Einzelne Inselberge überragen die Plateaulandschaft. Der Voltastausee prägt die Landschaft im Osten.
Die Küste nennt man „Goldküste" (die Kolonialmächte gliederten die Guineaküste nach den vorwiegend gehandelten Gütern).
An der Küste Regenwald, im Landesinneren Savanne.

Gebirge/Berge: Ashanti-Schwelle (ca. 900 m)

Flüsse/Seen: Weißer Volta, Schwarzer Volta, Tano;
               Voltastausee, Buisee, Bosumtwisee

Georgien – KLIMA

Kurzbeschreibung:
Gemäßigte Zone (winterkalt, sommerwarm).
Die Küstenlandschaft am Schwarzen Meer hat feuchtes, subtropisches Klima.
Nach Osten wird das Klima zunehmend kontinentaler.
Abnahme der Niederschläge von Westen nach Osten.

Klassifizierung nach „Troll":
Vorwiegend: 4b
Am Schwarzen Meer: 7

Ghana – KLIMA

Kurzbeschreibung:
Tropisches Klima, sommerfeucht.
Der Norden wird in der Trockenzeit durch den trockenheißen Wüstenwind aus der Sahara (Harmattan) bestimmt.

Klassifizierung nach „Troll":
Vorwiegend: 14
Im Küstenbereich: 15

Grenada | Griechenland

STAAT

Grenada

Lage: Mittelamerika, Karibik   Fläche: 344,5 qkm   Weltrang: 183

Hauptstadt: St. Georges (4 500 E.)
Weitere wichtige Städte: Gouyave, Grenville, Victoria

Angrenzende Länder:
Insel im östlichen Karibischen Meer

Griechenland

Lage: Südosteuropa   Fläche: 131 957 qkm   Weltrang: 95

Hauptstadt: Athen (772 000 E.)
Weitere wichtige Städte: Saloniki, Piräus, Patras, Larisa,
   Kavala, Iraklion (auf Kreta)
Angrenzende Länder:
Norden: Makedonien, Bulgarien
Nordwesten: Albanien
Nordosten: Türkei

BEVÖLKERUNG

Grenada

Einwohner: 91 000   Weltrang: 179
Religionen: 53 % Katholiken
   14 % Anglikaner
   9 % Adventisten
   7 % Pfingstbewegung
Sprachen: Englisch (Amtssprache)
   Kreolisch Englisch, Kreolisch Französisch
Bevölkerungsdichte: 264 E/qkm   Bevölkerungswachstum: 0,2 %
Lebenserwartung: 72 Jahre   Analphabetenanteil: 9,0 %
Einwohner pro Arzt: 1 617   Kindersterblichkeit: 3,3 %

Griechenland

Einwohner: 10 467 000   Weltrang: 68
Religionen: 97 % Griechisch-Orthodoxe
   1 % Moslems
   Minderheiten:
   Protestanten, Katholiken, Juden
Sprachen: Griechisch (Amtssprache), Griechische Dialekte
   Englisch und Französisch (Handelssprachen)
Bevölkerungsdichte: 79 E/qkm   Bevölkerungswachstum: 0,5 %
Lebenserwartung: 78 Jahre   Analphabetenanteil: 7,0 %
Einwohner pro Arzt: 313   Kindersterblichkeit: 1,0 %

WIRTSCHAFT

Grenada

Wirtschaft in Stichworten:
– Landwirtschaft: Kakao, Muskatnüsse, Bananen, Gemüse
– Fischfang
– Sehr wenig Industrie
– Export: Muskatnüsse, Kakao, Bananen, Fisch
– Tourismus

Energieverbrauch: 293 kg ÖE/Einw.
Bruttosozialprodukt: 2 980 US$/Einw.
Anteil der Erwerbstätigen:
Landwirtschaft: 17 %, Industrie: 22 %, Dienstleistungen: 61 %

Griechenland

Wirtschaft in Stichworten:
– Landwirtschaft: Tabak, Obst, Baumwolle, Wein, Oliven
– Industrie: Textil- und Matallindustrie, Erdölprodukte
   (auf dem Weltmarkt nur bedingt wettbewerbsfähig)
– Bodenschätze: Eisenerz, Erdöl, Erdgas, Bauxit, Zink,
   Blei, Mangan
– Export: Rohstoffe, Industrieerzeugnisse
– Tourismus: Kulturstätten (in vielen Gebieten ist man
   vom Tourismus abhängig)

Energieverbrauch: 2 260 kg ÖE/Einw.
Bruttosozialprodukt: 8 210 US$/Einw.
Anteil der Erwerbstätigen:
Landwirtschaft: 22 %, Industrie: 27 %, Dienstleistungen: 51 %

LANDESNATUR

Grenada

Die Insel gehört zu den Kleinen Antillen. Sie besteht fast
vollständig aus vulkanischen Gesteinen.
Bewaldete Hügel schließen malerische Täler ein.
Die Küste ist an der Westseite steil und zerklüftet, an anderen
Stellen herrschen lange, palmenbestandene Sandstrände vor.
Wegen der Muskatnussblüte bezeichnete man früher Grenada
als „Gewürzinsel".
Tropische Regenwälder im Landesinneren.
Häufig Erdbeben.

Gebirge/Berge: Mount St. Catherine (838 m)

Flüsse/Seen: Great, zwei Kraterseen, aus dem größten
   (Grand Etang) entspringt ein Fluss.

Griechenland

Dem durch Meerengen und Buchten stark zerlappten Land mit
einer Küstenlänge von 15 000 km sind mehr als 3 000 Inseln, v.a.
im Ägäischen Meer vorgelagert, die ein Fünftel der Landesfläche
ausmachen (u.a. Kreta, Dodekanes, Kykladen, Sporaden).
Das griechische Festland umfasst den südlichen Teil der Balkan-
halbinsel und wird zum großen Teil durch parallel von Norden
nach Süden verlaufende Bergketten beherrscht.
Nur an einigen Flüssen entlang schieben sich Ebenen ins Landesinnere hinein. Weit verbreitet findet man schwer durchdringliche
Hartlaubgewächse (Macchie). Die Böden sind karg.
Das Land wird häufig von Erdbeben heimgesucht.

Gebirge/Berge: Olymp (2 911 m), Taygetos (2 407 m), Othrus-
   gebirge, Pindosgebirge (Smolikas 2 637 m),
   Rhodopen

Flüsse/Seen: Aliakmon, Wardar, Axios, Evros, Akheloös;
   Kremastonsee, Trichonissee

KLIMA

Grenada

Kurzbeschreibung:
Ganzjährig warme Zone, sommerfeucht.
Die Niederschlagsmengen sind unterschiedlich: im zentralen
Bereich am höchsten, an der Südspitze am geringsten.
Passatwinde und gelegentlich Wirbelstürme (Hurrikane).

Klassifizierung nach „Troll":
14

Griechenland

Kurzbeschreibung:
Mittelmeerklima mit Winterregen und ausgeprägter Trockenzeit
von Juni bis September. Häufig kommt es zu Waldbränden.
Die Winter sind in den Niederungen des Westens mild und
feucht, im Osten und v.a. in den Gebirgen rauh.

Klassifizierung nach „Troll":
7

Großbritannien

Guatemala

STAAT

Lage: Westeuropa   Fläche: 241 752 qkm   Weltrang: 77

Hauptstadt:London (6 933 000 E.)
Weitere wichtige Städte: Birmingham, Leeds, Glasgow, Sheffield,
Liverpool, Manchester, Belfast
Angrenzende Länder:
Westen: Irland

Lage: Mittelamerika   Fläche: 108 889 qkm   Weltrang: 104

Hauptstadt: Guatemala (1 168 000 E.)
Weitere wichtige Städte: Quezaltenango, Escuintla, Mazatenango

Angrenzende Länder:
Westen und Norden: Mexiko
Nordosten: Belize
Osten: Honduras
Südosten: El Salvador

BEVÖLKERUNG

Einwohner: 58 606 000   Weltrang: 17
Religionen: 57 % Anglikaner
15 % Protestanten
13 % Katholiken, 1% Moslems
Sprachen: Englisch (Amtssprache)
Walisisch, Welsh, Gälisch,
Reste keltischer Sprachen
Bevölkerungsdichte: 242 E/qkm   Bevölkerungswachstum: 0,3 %
Lebenserwartung: 77 Jahre   Analphabetenanteil: <5,0 %
Einwohner pro Arz   611   Kindersterblichkeit: 0,7 %

Einwohner: 10 621 000   Weltrang: 66
Religionen: 80 % Katholiken
19 % Protestanten
Minderheiten von Bahai
Sprachen: Spanisch (Amtssprache)
mehrere Maya-Quiché-Sprachen
Bevölkerungsdichte: 98 E/qkm   Bevölkerungswachstum: 2,9 %
Lebenserwartung: 66 Jahre   Analphabetenanteil: 44,0 %
Einwohner pro Arzt: 7 143   Kindersterblichkeit: 6,7 %

WIRTSCHAFT

Wirtschaft in Stichworten:
– Landwirtschaft: Weizen, Kartoffeln, Gerste, Zuckerrüben;
Viehzucht (Rinder, Schafe, Schweine, Geflügel), Fischfang
– Industrie: Eisen, Stahl, Schiffbau, Fahrzeuge, Maschinenbau,
chemische und elektrotechniche Industrie
– Bodenschätze: Erdöl, Erdgas, Kohle
– Export: Maschinen, Flugzeuge, Fahrzeuge, Chemikalien,
Textilien, Erdöl, Nahrungsmittel
– Tourismus: Historische Schauplätze, die „englische Königsfamilie"
Energieverbrauch: 3 772 kg ÖE/Einw.
Bruttosozialprodukt: 18 700 US$/Einw.
Anteil der Erwerbstätigen:
Landwirtschaft: 1 %, Industrie: 23 %, Dienstleistungen: 76 %

Wirtschaft in Stichworten:
– Landwirtschaft: Für die Selbstversorgung: Kartoffeln,
Mais, Bohnen; auf Plantagen: Bananen, Kaffee, Zuckerrohr,
Baumwolle
– wenig entwickelte Industrie (Nahrungsmittel- und
Bekleidungsindustrie in der Hauptstadt)
– Tourismus

Energieverbrauch: 210 kg ÖE/Einw.
Bruttosozialprodukt: 1 340 US$/Einw.
Anteil der Erwerbstätigen:
Landwirtschaft: 58 %, Industrie: 18 %, Dienstleistungen: 24 %

LANDESNATUR

Zum Staat gehören England, Schottland, Wales und Nordirland.
In Süd- und Mittelengland herrschen Hügellandschaften vor.
Das übrige Gebiet ist vorwiegend Hochland, geprägt durch das
Mittelgebirge der Pennines in Nordengland und den Southern
Uplands und den Higlands in Schottland.
Die schottische Küste ist stark zergliedert mit trichterförmigen
Flussmündungen. Vor der Küste liegen viele Inselgruppen
(Hebriden, 31 31 Orkney-Inseln, Shetland-Inseln).
Die Irische See und der Nordkanal trennen Nordirland von der
Hauptinsel.
Geringer Waldbestand, Moore und Grasheiden.

Der Süden des Landes gehört zum Gebirgssystem der
Kordilleren, die sich hier in zwei Ketten teilen. Dazwischen
liegt das zentrale Hochland.
Tätige Vulkane auf der zur Pazifikküste parallel verlaufenden
Gebirgskette. Der Abfall zur schmalen pazifischen Küstenebene
ist vom Vulkanismus überformt.
Im Norden breites Tiefland mit tropischem Regenwald
(südlicher Teil der Halbinsel Yukatan).
Im Küstentiefland Savannen, im Hochland Trockenbusch und
Steppe.
Die Hauptstadt wurde schon mehrmals durch Erdbeben
verwüstet.

Gebirge/Berge: Grampian-Mountains (Ben Nevis 1 343 m),
Cambrian-Mountains (Snowdon 1 085 m),
Skafell Pike (978 m) Broad Law (839 m),
Cheviot Hills (816 m)

Gebirge/Berge: Tajamulco (4 210 m), Tacama (4 030 m),
Santa Maria (3 768 m)

Flüsse/Seen: Themse, Avon, Trent, Dee, Severn,
Lough Neagh und Lough Erne (in Nordirland)

Flüsse/Seen: Rio Paz, Rio Polochic, Rio Montagna;
Attitlan, Amatitlan, Lago de Izabal

KLIMA

Kurzbeschreibung:
Ozeanisches Klima mit milden Wintern und kühlen Sommern.
Die Temperatur nimmt nach Norden ab, die Niederschläge sind
an der Westküste besonders hoch (Steigungsregen).
Die Ostküste hat nur geringe Niederschlagsmengen.
Der warme Golfstrom beeinflusst das Klima an der Südküste.
Durch das Zusammentreffen des Golfstroms mit den arktischen
Strömungen kann es an der Nordküste zu stürmischen Turbulen-
zen kommen.

Kurzbeschreibung:
Ganzjährig warme Zone mit unterschiedlichen Niederschlagsmengen (im Norden am höchsten).

Klassifizierung nach „Tröll":
4a

Klassifizierung nach „Troll":
Im Norden: 15
Im Süden: 14

Guinea

Guinea-Bissau

Lage: Westafrika   Fläche: 245 857 qkm   Weltrang: 76

Hauptstadt: Conakry (950 000 E.)
Weitere wichtige Städte: Labé, Kankan, Kindia

Angrenzende Länder:
Nordwesten: Guinea-Bissau
Norden: Senegal, Mali
Südosten: Cote d'Ivoire (Elfenbeinküste)
Süden: Liberia, Sierra Leone

Lage: Westafrika   Fläche: 36 125 qkm   Weltrang: 134

Hauptstadt: Bissau (125 000 E.)
Weitere wichtige Städte: Bafata, Gabu, Mausoa

Angrenzende Länder:
Norden: Senegal
Osten und Süden: Guinea

Einwohner: 6 591 000   Weltrang: 91
Religionen: 95 % Moslems
           2 % Christen
           Anhänger von Naturreligionen
Sprachen: Französisch (Amtssprache)
           Manding-Sprachen

Bevölkerungsdichte: 27 E/qkm   Bevölkerungswachstum: 2,8 %
Lebenserwartung: 46 Jahre   Analphabetenanteil: 64,0 %
Einwohner pro Arzt: 7 692   Kindersterblichkeit: 21,9 %

Einwohner: 1 070 000   Weltrang: 149
Religionen: 54 % Anhänger von Naturreligionen
           38 % Moslems
           8 % Christen
Sprachen: Portugiesisch (Amtssprache)
           Crioulo (kreol. Portugiesisch)
           Fulani und andere Idiome

Bevölkerungsdichte: 30 E/qkm   Bevölkerungswachstum: 1,9 %
Lebenserwartung: 45 Jahre   Analphabetenanteil: 45,0 %
Einwohner pro Arzt: 3263   Kindersterblichkeit: 22,7 %

Wirtschaft in Stichworten:
– Landwirtschaft: Reis, Hirse, Mais, Kaffee, Bananen, Ananas
– Industrie: Wenig entwickelt
– Bodenschätze: Bauxit, Eisenerz, Diamanten, Gold
– Export: Kaffee, Bauxit, Gold, Aluminium, Diamanten

Energieverbrauch: 65 kg ÖE/Einw.
Bruttosozialprodukt: 550 US$/Einw.
Anteil der Erwerbstätigen:
Landwirtschaft: 72 %, Industrie + Dienstleistungen: 28 %

Wirtschaft in Stichworten:
– Landwirtschaft: Reis, Erdnüsse, Öl- und Kokospalmen,
   Baumwolle; Viehwirtschaft
– Fischfang
– Industrie: Wenig entwickelt, Textil- und
   Nahrungsmittelindustrie
– Bodenschätze: Bauxit, Phosphat
– Export: Ölsaaten, Erdnüsse, Kokosnüsse, Cashewnüsse,
   Holz, Fisch

Energieverbrauch: 37 kg ÖE/Einw.
Bruttosozialprodukt: 250 US$/Einw.
Anteil der Erwerbstätigen:
Landwirtschaft: 78 %, Industrie: 10 %, Dienstleistungen: 12 %

Hinter der flachen, buchtenreichen und schwer zugänglichen Küste steigt das Land nach Nordosten zum Bergland der Oberguineaschwelle an. Im Südosten ragen die regenwaldbestandenen Gipfel des Guinea-Berglandes bis über 1 700 m empor. Sumpfige Mangrovenwälder säumen die Gezeitenküste. Teile des Sumpfgebietes sind v.a. für den Reisanbau kultiviert. Das Innere des Landes ist von feuchter Baum- und trockeneren Gras- bzw. Buschsavannen bedeckt. Vom Guinea-Bergland stammen Exportprodukte wie Kaffee und Kolanüsse.

Gebirge/Berge: Nimba (1 752 m),
               Bergland von Fouta Djalon (1 537 m)

Flüsse/Seen: Niger (Quellgebiet), Senegal, Gambia, Konkouré

Hinter einer Küste mit weit ins Land greifenden Trichtermündungen, großen Wattflächen und Sümpfen geht das Land allmählich in eine niedrige Ebene über, in der sich Grasland mit Trockenwäldern abwechselt. An der Küste und auf den Inseln findet man Regen- und Mangrovenwälder.
Das einzige Hochlandsavannengebiet des Landes liegt an der südöstlichen Grenze.

Gebirge/Berge:

Flüsse/Seen: Geba, Corubal, Cacheu

Kurzbeschreibung:
Tropisch-wechselfeuchtes Klima mit einer Regenzeit von April bis November im Südosten des Landes und von Mai bis Oktober im Südwesten, durchschnittliche Temperaturen ganzjährig um 27° C.

Klassifizierung nach „Troll":
14

Kurzbeschreibung:
Tropisch-wechselfeuchtes Klima, heftige Regenfälle in den Regenzeiten von Mai bis Oktober, Durchschnittstemperatur ganzjährig um 27° C.

Klassifizierung nach „Troll":
13

32

Guyana

Haiti

Guyana — STAAT

Lage: Südamerika   Fläche: 214 969 qkm   Weltrang: 82

Hauptstadt: Georgetown (234 000 E.)
Weitere wichtige Städte: New Amsterdam, Mahdia, Linden,
                    Bartica, Lethem, Kaituma
Angrenzende Länder:
Westen: Venezuela
Süden und Südwesten: Brasilien
Osten: Suriname

Haiti — STAAT

Lage: Mittelamerika, Karibik   Fläche: 27 750 qkm   Weltrang: 143

Hauptstadt: Port-au-Prince (753 000 E.)
Weitere wichtige Städte: Cap Haitien, Goaives

Angrenzende Länder:
Osten: Dominikanische Republik

BEVÖLKERUNG

Guyana

Einwohner: 835 000   Weltrang: 151

Religionen: 34 % Protestanten
            33 % Hindus, 8 % Moslems
            20 % Katholiken
Sprachen: Englisch (Amtssprache)
           Hindi, Urdu, Indianische Sprachen

Bevölkerungsdichte: 3,9 E/qkm	Bevölkerungswachstum: 0,6 %
Lebenserwartung: 66 Jahre	Analphabetenanteil: <5,0 %
Einwohner pro Arzt: 2 552	Kindersterblichkeit: 5,9 %

Haiti

Einwohner: 7 168 000   Weltrang: 89

Religionen: 80 % Katholiken
            10 % Protestanten
            Voodo-Kulte bei 70 % der Bevölkerung verbreitet
Sprachen: Französisch und Kreolisch (Amtssprachen)

Bevölkerungsdichte: 258 E/qkm	Bevölkerungswachstum: 2,0 %
Lebenserwartung: 58 Jahre	Analphabetenanteil: 55,0 %
Einwohner pro Arzt: 7 143	Kindersterblichkeit: 12,4 %

WIRTSCHAFT

Guyana

Wirtschaft in Stichworten:
– Landwirtschaft: Zuckerrüben, Reis, Tabak, Gemüse,
  Obst, Sojabohnen, Viehzucht
– Holzwirtschaft
– Industrie: Zucker-und Tabakwarenfabriken, Bekleidung,
  Diamantengewinnung
– Bodenschätze: Bauxit, Diamanten, Gold
– Export: Zucker, Reis, Rum, Bauxit, Diamanten, Holz
– Tourismus im Aufbau
Energieverbrauch: 350 kg ÖE/Einw.
Bruttosozialprodukt: 590 US$/Einw.
Anteil der Erwerbstätigen:
Landwirtschaft: 21 %, Industrie + Dienstleistungen: 79 %

Haiti

Wirtschaft in Stichworten:
– Landwirtschaft: Früher spielten Kaffee- und Zuckerrohranbau
  eine bedeutende Rolle; Mais, Hirse, Reis, Gemüse
– Industrie ohne große Bedeutung
– Bodenschätze: Bauxit, Kupfer
– Export: Handwerkliche Produkte, Kaffee

Energieverbrauch: 29 kg ÖE/Einw.
Bruttosozialprodukt: 250 US$/Einw.
Anteil der Erwerbstätigen:
Landwirtschaft: 63 %, Industrie: 9 %, Dienstleistungen: 28 %

LANDESNATUR

Guyana

Abgesehen von dem eingepolderten Küstentiefland und dem
schmalen Savannenstreifen besteht Guyana aus einem un-
gleichmäßigem Plateau, im Süden und Südwesten mit Höhen
von 900 bis 1 300 m, an der Grenze zu Venezuela bis 2 810 m
hoch.
In den Küstenebenen leben und arbeiten 90 % der Bevölkerung.
Im Landesinneren erstrecken sich weite tropische Regenwälder,
die 70 % der Landfläche bedecken.
Der Großteil des Landes ist noch nicht erschlossen und birgt
wertvolle Bodenschätze.

Gebirge/Berge: Roraima (2 810 m), Avangana (2 040)

Flüsse/Seen: Essequibo, Cuyuni, Berbice, Demerara

Haiti

Westlicher Teil der gebirgigen Insel Hispaniola, der zweitgrößten
Insel der Großen Antillen.
Mehrere Gebirgszüge, die zum amerikanischen Kordillerensy-
stemgehören und dazwischenliegende Ebenen gliedern das Land
vonNorden nach Süden: Massif du Nord, Montagnes Noires,
Chaine de Matheux und Montagnes du Trou d'Eau, Massif de la
Selle undMassif de la Hotte. Die höchsten Erhebungen liegen im
Süden.
An der Westküste wird eine große Bucht von zwei Halbinseln im
Norden und Süden eingerahmt.
Tropischer Regenwald nur noch im nördlichen Küstentiefland
und an der Südküste der Südwesthalbinsel.

Gebirge/Berge: Massif de la Selle (2 680 m),
               Massif de la Hotte (2 414 m)

Flüsse/Seen: Artibonite; Etang Saumâtre (Salzsee)

KLIMA

Guyana

Kurzbeschreibung:
Tropisch-immerfeuchtes Klima mit Durchschnittstemperatur
ganzjährig um 27°C, Hauptregenzeiten von April bis August und
Dezember bis Februar, durchschnittliche Jahresniederschlagsmen-
ge 2 000 bis 3 000 mm.
Da das Wasser schlecht versickert, gibt es in der Regenzeit häufig
Überschwemmungen.

Klassifizierung nach „Troll":
15

Haiti

Kurzbeschreibung:
Tropen, sommerfeucht.
Häufig Wirbelstürme.

Klassifizierung nach „Troll":
14, 15

33

Honduras | Indien

Lage: Mittelamerika Fläche: 112 088 qkm Weltrang: 101	Lage: Südasien Fläche: 3 287 263 qkm Weltrang: 7

Hauptstadt: Tegucigalpa (718 500 E.)
Weitere wichtige Städte: San Pedro Sula, El Progreso, Danli

Hauptstadt: Neu-Delhi (302 000 E.)
Weitere wichtige Städte: Bombay (Mumbai), Delhi, Kalkutta,
　　　　　　　　　　　　Madras, Bangalore, Poona, Kanpur,
　　　　　　　　　　　　Jaipur, Patna

Angrenzende Länder:
Nordwesten: Guatemala
Süden: Nicaragua
Südosten: Nicaragua
Westen: El Salvador

Angrenzende Länder:
Nordwesten: Pakistan
Norden: China, Nepal, Bhutan
Osten: Bangladesch, Myanmar

BEVÖLKERUNG

Einwohner: 5 924 000　Weltrang: 95
Religionen: 90 % Katholiken
　　　　Minderheiten:
　　　　Anglikaner, Baptisten, Bahai
Sprachen:　Spanisch (Amtssprache)
　　　　Englisch (teilw. Verkehrssprache)
　　　　Indianische Sprachen

Einwohner: 929 358 000　Weltrang: 2
Religionen: 80 % Hindus
　　　　1 % Moslems
　　　　Minderheiten: Christen, Sikhs, Buddhisten
Sprachen:　Hindi und Englisch (Amtssprachen)
　　　　17 weitere Sprachen als Amtssprachen

Honduras		Indien	
Bevölkerungsdichte: 49 E/qkm	Bevölkerungswachstum: 9,9 %	Bevölkerungsdichte: 283 E/qkm	Bevölkerungswachstum: 1,9 %
Lebenserwartung: 69 Jahre	Analphabetenanteil: 27,0 %	Lebenserwartung: 62 Jahre	Analphabetenanteil: 48,0 %
Einwohner pro Arzt: 1 266	Kindersterblichkeit: 2,0 %	Einwohner pro Arzt 2 439	Kindersterblichkeit: 11,5 %

WIRTSCHAFT

Wirtschaft in Stichworten:
– Landwirtschaft: Mais, Hirse, Bohnen, Reis, Kaffee, Bananen
– Fischfang
– Industrie: Kleinbetriebe Textilien, Möbel, Schuhe,
　Chemikalien, Zement
– Bodenschätze: Zink, Gold, Silber, Blei
– Export: Kaffee, Bananen, Zucker, Edelholz, Fischereiprodukte

Wirtschaft in Stichworten:
– Landwirtschaft: Reis, Weizen, Tee, Kaffee, Jute,
　Baumwolle, Zuckerrohr, Hirse, Erdnüsse
– Aufbau einer leistungsfähigen Industrie
　(vor allem Stahlerzeugung, Fahrzeugbau)
– reiche Bodenschätze
– Export: Textilien, Edelsteine, Leder, Eisen, Tee, Gewürze
– Tourismus

Energieverbrauch: 204 kg ÖE/Einw.
Bruttosozialprodukt: 600 US$/Einw.

Energieverbrauch: 248 kg ÖE/Einw.
Bruttosozialprodukt: 340 US$/Einw.

Anteil der Erwerbstätigen:
Landwirtschaft: 43 %, Industrie: 19 %, Dienstleistungen: 38 %

Anteil der Erwerbstätigen:
Landwirtschaft: 65 %, Industrie: 18 %, Dienstleistungen: 17 %

LANDESNATUR

Der amerikanische Anteil des circumpazifischen Ringes durchläuft als Hochlandrücken im südlichen Teil des Landes auch Honduras und verbindet so das System der Rocky Mountains im Norden mit dem Andenmassiv in Südamerika.
Nach Norden und besonders nach Nordosten hin schließt sich eine breite Küstenebene an.
Die Ebene des Nordens wird von tiefen Flusstälern durchschnitten, deren Wasser zur Karibik fließen.
Das Hochland weist Gras- und Laubwaldgebiete auf, bei denen trotz Rodung noch urtümliche Üppigkeit zu finden ist.

Wegen der Größe des Landes wird Indien auch als Subkontinent bezeichnet.
Hochgebirge im Norden mit vorgelagerten Tiefebenen (Indus-Tiefland und Ganges-Brahmaputra-Tiefland).
Im Süden zwischen den Ostghats und Westghats das Hochland von Dekkan.
Küstentiefländer: Malabarküste im Westen, Koromandelküste im Osten.
Regenwald an der Südwestküste und in den nördlichen Tiefebenen.

Gebirge/Berge: Izalco (2 386 m)

Gebirge/Berge: Himalaya (Kangchendzoenga 8 566 m),
　　　　　　　Anaimudi (2 698 m) an der Südspitze

Flüsse/Seen:　Zur Karibik: Ulúa, Agun, Patuca
　　　　　　Zum Pazifik: Choluteca

Flüsse/Seen:　Indus, Ganges, Brahmaputra, Narmada,
　　　　　　Godavari, Krishna; Stauseen

KLIMA

Kurzbeschreibung:
Nur in den Höhenlagen wird das feuchtheiße Klima etwas abgemildert.
Die Niederschläge sind im Norden am höchsten, hier können im Sommer auch Wirbelstürme auftreten.

Kurzbeschreibung:
Tropisches Klima (an den Küsten feucht, im Hochland trockener), starke Monsunregen im Sommer.
Im Nordwesten Subtropen (sehr trocken, Wüste Tharr).

Klassifizierung nach „Troll":
Höhenlagen: 13
An Hängen: 14
Ebenen: 15

Klassifizierung nach „Troll":
Südwestküste: 14, 15; Hochland von Dekkan: 12, 13;
Nordwesten: 9, 10; Ostküste: 13, 14; Nordosten: 14

34

Indonesien

Irak

STAAT

Lage: Südostasien   Fläche: 1 904 443 qkm   Weltrang: 15

Hauptstadt: Jakarta (8 229 000 E.)
Weitere wichtige Städte: Surabaya, Medan, Palembang,
                                          Bandung, Padang
Angrenzende Länder:
Norden: Malaysia
Osten: Papua- Neuguinea,

Lage: Vorderasien   Fläche: 438 317 qkm   Weltrang: 57

Hauptstadt: Bagdad (4 044 000 E.)
Weitere wichtige Städte: Al-Basrah, Al-Mawsil, Erbil, An Najaf

Angrenzende Länder:
Norden: Türkei
Nordwesten: Syrien
Westen: Jordanien
Osten: Iran
Südosten: Kuwait
Süden und Südwesten: Saudi-Arabien

BEVÖLKERUNG

Einwohner: 194 755 000   Weltrang: 4
Religionen: 87 % Moslems
               10 % Christen
               2 % Hindus
               Buddhisten, Anhänger von Naturreligionen
Sprachen: Indonesisch (Amtssprache)
               Javanisch
Bevölkerungsdichte: 102 E/qkm   Bevölkerungswachstum: 1,7 %
Lebenserwartung: 64 Jahre   Analphabetenanteil: 16,0 %
Einwohner pro Arzt: 7 143   Kindersterblichkeit: 7,5 %

Einwohner: 20 097 000   Weltrang: 47
Religionen: 95 % Moslems (Islam ist Staatsreligion)
               4 % Christen
               Minderheiten:
               Nestorianer, Jesiden, Juden
Sprachen: Arabisch (Amtssprache)
               Kurdisch, Türkisch, Aserbaidschanisch
Bevölkerungsdichte: 46 E/qkm   Bevölkerungswachstum: 2,7 %
Lebenserwartung: 67 Jahre   Analphabetenanteil: 42,0 %
Einwohner pro Arzt: 1 667   Kindersterblichkeit: 7,1 %

WIRTSCHAFT

Wirtschaft in Stichworten:
– Landwirtschaft: Reis, Mais, Soja, Gewürze, Maniok
– Industrie: Chemikalien, elektronische Bauelemente,
  Reifen, Textilien, Tropenholz
– Bodenschätze: Erdöl, Erdgas, Zinn, Nickel, Bauxit,
  Kupfer, Eisenerz
– Export: Erdöl, Erze, Erdgas, Kaffee, Tee, Tabak, Gewürze, Holz
– Tourismus: Fernreisetourismus aus Europa, Amerika und
  Japan; Kulturtourismus und Erlebnisreisen
Energieverbrauch: 366 kg ÖE/Einw.
Bruttosozialprodukt: 980 US$/Einw.
Anteil der Erwerbstätigen:
Landwirtschaft: 50 %, Industrie: 15 %, Dienstleistungen: 35 %

Wirtschaft in Stichworten:
– Landwirtschaft: Datteln, Baumwolle, Weizen, Gerste, Reis,
  Tabak, Obst, Gemüse; Viehzucht
– Industrie: Produkte der Petrolchemie, Baumaterialien, Textilien
– Bodenschätze: Erdöl, Erdgas, Schwefel, Phosphat
– Export: Erdöl, Datteln, Baumwolle, Zement,
  Viehzuchtprodukte

Energieverbrauch: 1 213 kg ÖE/Einw.
Bruttosozialprodukt: <3 035 US$/Einw.
Anteil der Erwerbstätigen:
Landwirtschaft: 18 %, Industrie + Dienstleistungen: 82 %

LANDESNATUR

Die Inseln Indonesiens liegen auf einer Meeresfläche von
8 Mio. qkm. Sie sind Bestandteil einer überfluteten Fortsetzung
des asiatischen Festlandes. Die Molukken und Neuguinea sind
die nördliche Fortsetzung Australiens.
Die Inselkette von Sumatra bis Timor hat das Barisangebirge
als Rückgrat. Nördlich davon liegen sumpfige, waldbedeckte
Tiefländer.
Kalimantan: Höhenzüge im Norden, Tiefländer im Süden.
Sulawesi besteht aus stark gegliederten, gebirgigen Halbinseln
um einen Hochlandkern gruppiert. Neuguinea ist ähnlich gegliedert wie Kalimantan: Berge im Norden, sumpfiges Tiefland im
Süden.
Erdbebengefährdet und tätige Vulkane.

Am Nordrand der Arabischen Halbinsel gelegenes Land, dessen
fruchtbares Kerngebiet (Mesopotamien) zwischen den Flüssen
Euphrat und Tigris liegt.
Nur im Süden ist es mit einem kleinen „Zipfel", dem Schatt-el-
Arab, mit dem Persischen Golf verbunden.
Im Norden und Nordosten bilden die über 4 000 m hohen Berg-
ketten von Kurdistan die Grenze zur Türkei und zum Iran.
Wüste und Wüstensteppe beherrschen etwa zwei Drittel des
Landes, das durch reiche Erölvorkommen gesegnet ist.

Gebirge/Berge: Neuguinea: Puncak Jaya (5 033 m);
                 Kalimantan: Iran Gebirge (2 988 m);
                 Sumatra: (Kerinci 3 805 m);
                 Java: (Semeru 3 676 m);
                 Sulawesi: Rantekombola (3 455 m)

Gebirge/Berge: Taurus, Zagros-Gebirge (Haji-Ibrahim 3 600 m)

Flüsse/Seen: Auf Sumatra: Inderagir, Musi
               Auf Kalimantan: Kapuas, Kayan, Mahakam

Flüsse/Seen: Euphrat, Tigris, Sab,
               Habbanijasee, Thartharsee

KLIMA

Kurzbeschreibung:
Immerfeuchtes, tropisches Regenwaldklima mit ganzjährig hohen
Temperaturen und Niederschlägen, die dem jahreszeitlich wech-
selnden Monsunsystem zuzuordnen sind.
Kühler in den Hochlagen, im Hochgebirge auf Neuguinea ist
sogar Schneefall möglich.

Klassifizierung nach „Troll":
Überwiegend: 15
Süden: 14

Kurzbeschreibung:
Wüstenklima mit heißen, trockenen Sommern und kühlen
Wintern.
Nach Südwesten geht es in Steppenklima über.
Im Norden herrscht Gebirgsklima.

Klassifizierung nach „Troll":
Norden: 9
Sonst: 10

Iran   Irland

STAAT

Iran

Lage: Vorderasien   Fläche: 1 648 000 qkm   Weltrang: 17

Hauptstadt: Teheran (6 475 600 E.)
Weitere wichtige Städte: Meschhed, Isfahan, Täbris, Schiras,
         Rescht, Kerman
Angrenzende Länder:
Norden: Turkmenistan, Aserbaidschan, Armenien
Nordwesten: Türkei
Osten: Afghanistan, Pakistan
Westen: Irak

Irland

Lage: Westeuropa   Fläche: 70 285 qkm   Weltrang: 118

Hauptstadt: Dublin (478 500 E.)
Weitere wichtige Städte: Cork, Limerick, Kilkenny, Waterford,
         Dundalk, Galway
Angrenzende Länder:
Norden: Nordirland

BEVÖLKERUNG

Iran

Einwohner: 64 120 000   Weltrang: 15
Religionen: Islam ist Staatsreligion
         99 % Moslems (90 % Schiiten, 8 % Sunniten)
         Minderheiten:
         Christen, Juden, Parsen, Mandäer
Sprachen: Persisch (Amtssprache), weitere iranische Sprachen
         Arabisch, Armenisch
Bevölkerungsdichte: 39 E/qkm   Bevölkerungswachstum: 3,2 %
Lebenserwartung: 69 Jahre   Analphabetenanteil: 48,0 %
Einwohner pro Arzt: 2 685   Kindersterblichkeit: 4,0 %

Irland

Einwohner: 3 586 000   Weltrang: 122
Religionen: 88 % Katholiken
         3 % Anglikaner
         Minderheiten:
         Juden, Presbyterianer
Sprachen: Irisch und Englisch (Amtssprachen)
Bevölkerungsdichte: 50 E/qkm   Bevölkerungswachstum: 0,1 %
Lebenserwartung: 76 Jahre   Analphabetenanteil: <5,0 %
Einwohner pro Arzt: 633   Kindersterblichkeit: 0,7 %

WIRTSCHAFT

Iran

Wirtschaft in Stichworten:
- Landwirtschaft: Getreide; am Kaspischen Meer: Reis,
  Baumwolle, Jute, Tabak, Obst
- Industrie: Hauptsächlich Nahrungsmittel
- Bodenschätze: Erdöl, Erdgas, Eisenerz, Kupfer,
  Chrom, Zink, Blei
- Export: Erdöl und Erdölprodukte, Teppiche, Baumwolle,
  Felle, Leder, Obst

Energieverbrauch: 1505 kg ÖE/Einw.
Bruttosozialprodukt: <3 035 US$/Einw.

Anteil der Erwerbstätigen:
Landwirtschaft: 26 %, Industrie: 29 %, Dienstleistungen: 45 %

Irland

Wirtschaft in Stichworten:
- Landwirtschaft: Getreide, Zuckerrüben, Kartoffeln; Viehzucht
  (Rinder, Schafe, Schweine)
- Industrie: Bier, Whiskey, Molkereiprodukte, Textilien,
  Lederwaren, Glas, chemische Produkte, Maschinen
- Bodenschätze: Torf, Zink, Blei
- Export: Vieh, Fleisch, Molkereiprodukte, Textilien, Maschinen
- Tourismus

Energieverbrauch: 3 137 kg ÖE/Einw.
Bruttosozialprodukt: 14 710 US$/Einw.

Anteil der Erwerbstätigen:
Landwirtschaft: 11 %, Industrie: 28 %, Dienstleistungen: 61 %

LANDESNATUR

Iran

Herzstück des Landes ist ein halbarides Hochland (durchschnittlich 1 200 m hoch), das von Gebirgszügen umgeben ist: Elburs im Norden, Zagros und Mekran im Süden.
Der Iran hat eine kurze Küstenlinie am Kaspischen Meer und eine ausgedehnte Küstenlinie am Persischen Golf.
Wüsten, Steppen und Salzebenen herrschen vor.
Erdbebengefährdet und tätige Vulkane.

Gebirge/Berge: Elbursgebirge (Demawend 5 604 m),
         Zagrosgebirge (Sardeh-Kuh 4 548 m),
         Kuh-e-Taftan (4 042 m)

Flüsse/Seen: Atrek, Karun, Karkheh; Urumiensee

Irland

Irlands Küste ist ringsum steile Felsküste, die im Westen besonders stark gegliedert ist.
Im Zentrum der Insel liegt eine von der Eiszeit überformte Tiefebene von geringer Meereshöhe.
Bedeutende Erhebungen stellen nur die Wicklow Mountains im Osten und die Mac gilly cuddy's Reeks im Südwesten dar.
Viele kleinere Seen und Sumpfgebiete.
Wegen der vorwiegend baumarmen Weidelandschaft wird die Insel als „Grüne Insel" bezeichnet.

Gebirge/Berge: Carrantuohill (1 041 m),
         Wicklow Mountains (926 m)

Flüsse/Seen: Shannon, Liffey, Clare, Blackwater,
         Lough Corrib, Lough Ree, Lough Derg

KLIMA

Iran

Kurzbeschreibung:
Klimabereich von kontinental bis subtropisch.
Ganzjährig feucht nur am Kaspischen Meer.
Wüsten- und Steppenklima im Innern mit abnehmenden Niederschlägen von West nach Ost.
Milde Winter und heiße, feuchte Sommer in den Tieflandsgebieten des Südens.

Klassifizierung nach „Troll":
Überwiegend: 10
Schmaler Streifen im Süden: 11
Schmaler Streifen im Norden: 9a

Irland

Kurzbeschreibung:
Ozeanisches Klima.
Die Westwinde bringen vom Atlantik reichliche Niederschläge.
Im Sommer ist es relativ kühl, die Winter sind mild (Einfluss des Golfstroms).
Die aus diesen Klimafaktoren hervorgegangene Vegetation hat Irland den Beinamen „Grüne Insel" eingebracht.

Klassifizierung nach „Troll":
4a

Island

Israel

Island	Israel
Lage: Nordeuropa Fläche: 103 000 qkm Weltrang: 105	Lage: Vorderasien Fläche: 21 946 qkm Weltrang: 149

Island

Hauptstadt: Reykjavik (105 500 E.)
Weitere wichtige Städte: Kopavogur, Hafnarfjördur, Akureyri, Keflavik

Angrenzende Länder:
Insel im nördlichen Atlantik

Israel

Hauptstadt: Jerusalem (578 800 E.)
Weitere wichtige Städte: Tel Aviv-Jaffa, Haifa, Holon, Bat Yam, Jerusalem, Beerscheba

Angrenzende Länder: Norden: Libanon
Nordosten: Syrien
Osten: Jordanien
Südwesten: Ägypten

Island

Einwohner 268 000   Weltrang: 167

Religionen: 93 % Lutheraner
1 % Katholiken
Kleine protestantische Gemeinschaften

Sprachen: Isländisch (Amtssprache)
Bevölkerungsdichte: 2,6 E/qkm   Bevölkerungswachstum: 1,1 %
Lebenserwartung: 79 Jahre   Analphabetenanteil: 1,0 %
Einwohner pro Arzt: 355   Kindersterblichkeit: 0,5 %

Israel

Einwohner: 5 521 000   Weltrang: 98

Religionen: 81 % Juden
14 % Moslems
3 % Christen
2 % Drusen
Sprachen: Hebräisch und Arabisch (Amtssprachen)
Bevölkerungsdichte 252 E/qkm   Bevölkerungswachstum: 2,7 %
Lebenserwartung: 77 Jahre   Analphabetenanteil: 5,0 %
Einwohner pro Arzt: 345   Kindersterblichkeit: 0,9 %

Island

Wirtschaft in Stichworten:
– Landwirtschaft: Auf nur 1% des Bodens: Kartoffeln, Futterrüben, Hafer, Treibhäuser für Gemüse und Blumen, mit Erdwärme geheizt; Viehzucht
– Fischfang
– Industrie: fischverarbeitende Betriebe
– Export: Fisch, Fischprodukte, Schafwolle, Aluminium
– zunehmender Tourismus

Energieverbrauch: 7 932 kg ÖE/Einw.
Bruttosozialprodukt: 25 950 US$/Einw.
Anteil der Erwerbstätigen:
Landwirtschaft: 10 %, Industrie: 25 %, Dienstleistungen: 65 %

Israel

Wirtschaft in Stichworten:
– Landwirtschaft: Zitrusfrüchte, Wein, Gemüse, Baumwolle, Getreide; Geflügel-und Milchwirtschaft
– Industrie: Maschinen, Waffen, elektronische Geräte, Computer
– Bodenschätze: Phosphat, Brom, Pottasche
– Export: Maschinen, Waffen, chem. Produkte, Metalle, Zitrusfrüchte, Gemüse, Blumen
– Tourismus: v.a. Jerusalem, Badeferien in Elat u. am Mittelmeer, Badekur am Toten Meer
Energieverbrauch: 2 717 kg ÖE/Einw.
Bruttosozialprodukt: 15 920 US$/Einw.
Anteil der Erwerbstätigen:
Landwirtschaft: 4 %, Industrie: 29 %, Dienstleistungen: 67 %

Island

Die Insel ist vulkanischen Ursprungs und im Inneren stark vergletschert. 30 noch tätige Vulkane, Erdbeben, 700 heiße Quellen und Geysire sind typische Zeichen vulkanischer Aktivität.
Die Küsten sind, außer im Süden, durch tief ins Land eingreifende Fjorde stark gegliedert. Der Golfstrom erwärmt die Küsten und hält die Häfen eisfrei.
10 % des Landes sind eisbedeckt. Das größte zusammenhängende Eisschild bildet der mächtige Vatnajökull, Rest einer eiszeitlichen Inlandeismasse.
Island gehört zu den subpolaren Tundrenzonen, über die Hälfte der Insel ist vegetationsfrei, bis 300 m wachsen Birken.

Gebirge/Berge: Hvannadalshnukur (2 119 m),
Hofsjökull (1 765 m), Langjökull (1675 m)

Flüsse/Seen: Thjorsa, Jökulsa a Fjöllum, Tungnaa

Israel

Israel läßt sich in vier Landschaftsgebiete gliedern:
1. Den fruchtbaren, dicht besiedelten Streifen der Ebenen an der Mittelmeerküste.
2. Das in der Mitte liegende Gebirgsland, das sich von Galiläa im Norden bis Judäa im Zentrum erstreckt.
3. Das große Grabental (Syrischer Graben), das entlang der Ostgrenze zum Golf von Akaba hin verläuft.
4. Die Negevwüste im Süden.
Im Negev und im südlichen Jordangraben findet man echte Wüstenvegetation, im Beer Sheva niedrige Buschvegetation mit Zwergsträuchern, in der Hulaebene mediterrane Pflanzengemeinschaften.

Gebirge/Berge: Hochland von Galiläa (Meron 1 208 m),
Har Saggi (1 006 m), Baal Hazor (1 016 m)

Flüsse/Seen: Jordan, Saridaa, Faria, Trockenflüsse;
See Genezareth, Totes Meer (-396 m = tiefste Depresssion der Erde)

Island

Kurzbeschreibung:
Kühlgemäßigtes ozeanisches Klima, den größten Teil des Jahres liegt Island im Bereich des nordatlantischen Luftdruckminimums (Islandtief) mit heftigen Winden und Stürmen.

Klassifizierung nach „Troll":
2

Israel

Kurzbeschreibung:
Übergang vom Mitteelmeerklima im Küstengebiet zum Wüstenklima im Hinterland und im Süden.

Klassifizierung nach „Troll":
An der Küste: 7
Im Osten und Südosten: 9

Italien

STAAT

Lage: Südeuropa   Fläche: 301 302 qkm   Weltrang: 69

Hauptstadt: Rom (2 662 000 E.)
Weitere wichtige Städte: Mailand, Neapel, Turin, Genua, Bologna, Florenz, Bari, Palermo, Venedig
Angrenzende Länder:
Norden: Schweiz, Österreich
Nordwesten: Frankreich
Osten: Slowenien

BEVÖLKERUNG

Einwohner: 57 204 000   Weltrang: 21
Religionen: 90 % Katholiken
Minderheiten:
Protestanten, Juden
Sprachen: Italienisch (Amtssprache)
Deutsch, Französisch
Sprachen der Minderheiten
Bevölkerungsdichte: 190 E/qkm   Bevölkerungswachstum: 0,1 %
Lebenserwartung: 78 Jahre   Analphabetenanteil: <5,0 %
Einwohner pro Arzt: 211   Kindersterblichkeit: 0,8 %

WIRTSCHAFT

Wirtschaft in Stichworten:
– Landwirtschaft: Wein, Oliven, Früchte, Gemüse;
Viehzucht (Rinder, Schweine, Schafe, Ziegen, Geflügel)
– Industrie: Fahrzeuge, Maschinenbau, Textilien, Schuhe,
Chemikalien, Nahrungsmittel, Fischfang
– Bodenschätze: Erdgas, Eisenerz, Zink, Quecksilber,
Schwefel, Marmor
– Export: Maschinen, Fahrzeuge, Schuhe, Textilien,
chemische Produkte, Wein
– Tourismus: Wichtiger Devisenbringer
Energieverbrauch: 2 707 kg ÖE/Einw.
Bruttosozialprodukt: 19 020 US$/Einw.
Anteil der Erwerbstätigen:
Landwirtschaft: 8 %, Industrie: 32 %, Dienstleistungen: 60 %

LANDESNATUR

Die Apenninen mit bis zu 2 900 m Höhe bilden das Rückgrat der ins Mittelmeer hineinragenden Halbinsel mit der typischen Stiefelform.
Zu beiden Seiten des Rückgrats hat die Erosion durch das fließende Wasser breite Küstenebenen geschaffen.
Der Norden wird dominiert vom Alpenbogen mit den zahlreichen großen eiszeitlichen Seen und der weiträumigen Poebene, dem heutigen industriellen Kernland.
Vor der Küste liegen die großen Inseln Sardinien und Sizilien.
Erdbebengefährdet und tätige Vulkane.
Mittelmeervegetation (Macchie).

Gebirge/Berge: Alpen (in den Grajischen Alpen:
Gran Paradiso 4 061 m), Abruzzen
(Gran Sasso d'Italia 2 914 m), Ätna (3 340 m),
Monte Cimone (2 165 m), Vesuv (1 277 m)

Flüsse/Seen: Po, Etsch, Eisack, Tiber, Arno; Comersee, Luganersee, Gardasee, Trasimenischer See, Bolsenasee

KLIMA

Kurzbeschreibung:
Mittelmeerklima.
Die Alpen wirken als Klimascheide und halten die rauhen Einflüsse aus dem Norden fern.
Die Po-Ebene hat lange, warme Sommer, aber auch Kälte im Winter.Weiter nach Süden zu wird das Winterregenklima immer ausgeprägter.
Die Höhenlagen der Apenninen haben relativ viel Niederschlag, auch als Schnee im Winter.

Klassifizierung nach „Troll":
Überwiegend: 7
Im südlichen Sizilien: 9

Jamaica

Lage: Karibik   Fläche: 10 991 qkm   Weltrang: 159

Hauptstadt: Kingston (107 800 E.)
Weitere wichtige Städte: Montego Bay, Spanish Town, Portmore

Angrenzende Länder:
Die Insel gehört zu den Großen Antillen.

Einwohner: 2 522 000   Weltrang: 132
Religionen: 56 % Protestanten
5 % Katholiken, 5 % Rastafari
Minderheiten von Bahai, Muslimen, Juden
Sprachen: Englisch (Amtssprache)
Kreolisch

Bevölkerungsdichte: 230 E/qkm   Bevölkerungswachstum: 0,9 %
Lebenserwartung: 74 Jahre   Analphabetenanteil: 15,0 %
Einwohner pro Arzt 7 143   Kindersterblichkeit: 1,3 %

Wirtschaft in Stichworten:
– Landwirtschaft: Zuckerrüben, Kakao, Bananen, Pfeffer,
Kaffee, Zitrusfrüchte, Wintergemüse, Blumen
– Industrie: Chem. Erzeugnisse, Fahrzeugteile, Maschinen,
Aluminium
– Bodenschätze: Bauxit, Gips
– Export: Bauxit, Tonerde, Zucker, Bananen Rum, Kaffee,
Kakao, Pfeffer
– Tourismus: Palmengesäumte Traumstrände,
1,6 Millionen Touristen jährlich
Energieverbrauch: 1 083 kg ÖE/Einw.
Bruttosozialprodukt: 1 510 US$/Einw.
Anteil der Erwerbstätigen:
Landwirtschaft: 25 %, Industrie: 43 %, Dienstleistungen: 32 %

Jamaica gehört zu den Großen Antillen.
Die Insel ist, abgesehen von den Küstenebenen, Bergland mit der höchsten Erhebung im Osten (Blue Mountain Peak). Etwa 75 % der Insel umfassen Kalkplateaus bis 900 m Höhe. Diese sind stark verkarstet und es befinden sich in den Karsthohlformen bedeutende Bauxitlager.
Die ursprüngliche Vegetation (immergrüner Regen-, Berg- und Nebelwald) ist nur noch in den höheren Lagen der Blue Mountains zu finden. Grasfluren bedecken weitgehend die Kalksteinplateaus.
An den Küsten bestimmen Mangroven und Kokospalmen, an den Flüssen Galeriewälder das Vegetationsbild.

Gebirge/Berge: Blue Mountain Peak (2 256 m);

Flüsse/Seen: Minho

Kurzbeschreibung:
Tropisch-wechselfeuchtes Klima mit gleichbleibenden Temperaturen in den Ebenen um 27° C und im Gebirge um 18° C. Die Niederschläge sind an der Nordküste am höchsten, die Trockenzeit dauert von November bis April.
Häufig treten Wirbelstürme auf.

Klassifizierung nach „Troll":
14

Japan

STAAT

Lage: Ostasien Fläche: 377 750 qkm   Weltrang: 60

Hauptstadt: Tokyo (7 968 000 E.)
Weitere wichtige Städte: Hiroschima, Kobe, Osaka, Fukuoka,
Nagoja, Kioto, Jokohama, Kitakiuschu
Angrenzende Länder:
Inselgruppe vor der Ostküste Asiens

BEVÖLKERUNG

Einwohner: 125 213 000   Weltrang: 8
Religionen: 86,0 % Schintoisten
73,0 % Buddhisten
9,0 % Mischreligionen, 0,8 % Christen
Viele Japaner gehören mehreren Religionen an.
Sprachen: Japanisch (Amtssprache)

Bevölkerungsdichte: 332 E/qkm Bevölkerungswachstum: 0,4 %
Lebenserwartung: 80 Jahre Analphabetenanteil: <5,0 %
Einwohner pro Arzt: 610 Kindersterblichkeit: 0,6 %

WIRTSCHAFT

Wirtschaft in Stichworten:
– Landwirtschaft: Reis, Gerste, Weizen, Gemüse, Obst,
Tee, Tabak; Seidenraupenzucht
– Industrie: Maschinen, Kraftfahrzeuge, Schiffe, optische Geräte,
Stahl, Unterhaltungselektronik, Textilien, Fischfang
– Bodenschätze: Geringe Mengen Steinkohle, Eisenerz, Blei, Zink
– Export: Fahrzeuge, Elektrogeräte, Maschinen,
optische Geräte, Textilien
– Tourismus
Energieverbrauch: 3 856 kg ÖE/Einw.
Bruttosozialprodukt: 39 640 US$/Einw.
Anteil der Erwerbstätigen:
Landwirtschaft: 5 %, Industrie: 34 %, Dienstleistungen: 61 %

LANDESNATUR

An das Kernland, die Hauptinseln Kiuschu, Schikoku, Hondo
und Hokkaido, schließen sich im Süden die Riukiu-Inseln und im
Norden die Kurilen an. Die japanischen Inseln sind durch Meeresbuchten reich gegliedert, im Inneren sehr gebirgig, mehr als
580 Gipfel liegen über 2 000 m. Vulkanismus (36 aktive Vulkane),
zahlreiche heiße Quellen und Bruchtektonik (ca. 5 000 Beben pro
Jahr) haben das Großrelief entscheidend geprägt.
Die Pflanzenwelt ist überaus artenreich. Die Wälder (zwei Drittel
der Gesamtfläche) bestehen im Süden aus immergrünen Zypressen und Kiefern, im Norden aus winterkahlen Laubbäumen und
Nadelhölzern mit reichlich Unterholz.

Gebirge/Berge: Fudschijama (3 776 m), Jari (3 190 m),
Asahi (2 290 m)

Flüsse/Seen: Kitokami, Mogami, Ione, Kiso; Biwasee

KLIMA

Kurzbeschreibung:
Das Klima ist gekennzeichnet durch den Wechsel der Monsun-
winde, im Sommer aus Südosten, im Winter aus Nordwesten, die
beide den ihnen zugewandten Gebirgen reichliche Niederschläge
bringen, im Winter z.T. als Schnee. Der Süden ist subtropisch
heiß, der Norden warm- bis kühlgemäßigt.
Im Hoch- und Spätsommer treten häufig verheerende Taifune
auf.
Den Süden erwärmt die Kuro-Schyo-Meeresströmung, im Norden wirkt der Oya-Schyo und der Kurilenstrom abkühlend.
Klassifizierung nach „Troll":
Im Norden: 4b
Im Süden: 8

Jemen

STAAT

Lage: Vorderasien Fläche: 536 869 qkm   Weltrang: 48

Hauptstadt: Sanaa (927 000 E.)
Weitere wichtige Städte: Aden, Tais, Ahwar, Hodeida, El-Mukalla

Angrenzende Länder:
Norden: Saudi-Arabien
Osten: Oman

BEVÖLKERUNG

Einwohner: 15 272 000   Weltrang: 56
Religionen: 99 % Moslems (Islam ist Staatsreligion)

Sprachen: Hocharabisch (Amtssprache)
Jemenitisch, Beduinendialekte

Bevölkerungsdichte: 28 E/qkm Bevölkerungswachstum: 4,2 %
Lebenserwartung: 51 Jahre Analphabetenanteil: 62,0 %
Einwohner pro Arzt 4 348 Kindersterblichkeit: 11,0 %

WIRTSCHAFT

Wirtschaft in Stichworten:
– Landwirtschaft: Getreide, Kartoffeln, Gemüse, Wein,
Weizen, Baumwolle, Kaffee; nomadische Viehzucht
– Fischfang
– Industrie im Aufbau (Erdölverarbeitung)
– Bodenschätze: Erdöl, Salz
– Export: Fischereiprodukte, Erdöl

Energieverbrauch: 206 kg ÖE/Einw.
Bruttosozialprodukt: 260 US$/Einw.
Anteil der Erwerbstätigen:
Landwirtschaft: 57 %, Industrie: 10 %, Dienstleistungen: 33 %

LANDESNATUR

Hochland im Süden der Arabischen Halbinsel.
Tieflandsstreifen an der Küste.
Westküste: Rotes Meer, Südküste: Golf von Aden.
Halbwüsten und Wüsten an der Küste, im Hochland
Dornsavannen.
Im Südosten des Landes liegt das Wadi Hadramaut, das auf
200 km parallel zur Küste verläuft. Es hat sich bis zu 300 m in
den Kalkstein eingeschnitten und wendet sich als Wadi Masila
der Küste zu.

Gebirge/Berge: Hadur Schuaib (3 760 m)

Flüsse/Seen: Wadis; Salzseen

KLIMA

Kurzbeschreibung:
Tropen, im Süden und Landesinneren sehr trocken.
Beständig hohe Temperaturen.
Regen nur an den Gebirgshängen.
In der Küstenebene am Roten Meer herrscht feuchtheißes Klima.

Klassifizierung nach „Troll":
Vorwiegend: 11
Im Bereich der West- und Nordwestküste: 13, 14

Jordanien

Jugoslawien

STAAT

Lage: Vorderasien   Fläche: 88 946 qkm   Weltrang: 111

Hauptstadt: Amman (1 272 000 E.)
Weitere wichtige Städte: Az-Zarka, Irbid, Ar-Rusayfah, Akaba,
                         Karak, Madaba
Angrenzende Länder:
Norden: Syrien
Nordosten: Irak
Osten und Süden: Saudi-Arabien
Westen: Israel

Lage: Südosteuropa   Fläche: 102 173 qkm   Weltrang: 106

Hauptstadt: Belgrad (1 169 000 E.)
Weitere wichtige Städte: Novi Sad, Nis, Pristina, Subotica

Angrenzende Länder:
Norden: Ungarn
Osten: Rumänien, Bulgarien
Süden: Makedonien, Albanien
Westen: Bosnien-Herzegowina, Kroatien

BEVÖLKERUNG

Einwohner: 4 212 000   Weltrang: 115

Religionen: 93 % sunnitische Moslems
            Minderheiten von Christen
Sprachen: Hocharabisch (Amtssprache)
          Englisch (Bildungssprache)
          Beduinendialekte

Bevölkerungsdichte: 47 E/qkm	Bevölkerungswachstum:	4,7 %
Lebenserwartung: 69 Jahre	Analphabetenanteil:	13,0 %
Einwohner pro Arzt: 649	Kindersterblichkeit:	2,5 %

Einwohner: 10 518 000   Weltrang: 67

Religionen: 44 % Serbisch-Orthodoxe
            31 % Katholiken, 12% Moslems
            Protestantische u. jüdische Minderheiten
Sprachen: Serbisch (Amtssprache)
          Albanisch, Montenegrinisch, Magyarisch

Bevölkerungsdichte: 103 E/qkm	Bevölkerungswachstum:	0,5 %
Lebenserwartung: 72 Jahre	Analphabetenanteil:	7,0 %
Einwohner pro Arzt: 533	Kindersterblichkeit:	2,3 %

WIRTSCHAFT

Wirtschaft in Stichworten:
- Landwirtschaft: Obst, Gemüse, Getreide,
  Viehzucht (Schafe, Ziegen)
- Industrie: Lebensmittel, Textilien, Zement,
  Elektroartikel, Düngemittel
- Bodenschätze: Phosphat, Kali
- Export: Chemikalien, Phosphate, Lebensmittel, Pottasche
- Tourismus (Kulturstätten)

Energieverbrauch: 1 067 kg ÖE/Einw.
Bruttosozialprodukt: 1 510 US$/Einw.

Anteil der Erwerbstätigen:
Landwirtschaft: 5 %, Industrie: 23 %, Dienstleistungen: 72 %

Wirtschaft in Stichworten:
- Landwirtschaft: Weizen, Mais, Zuckerrüben, Wein; Viehzucht
- Industrie: Seit 1991 um 15 % zurück gegangen,
  Bergbau, Erdölförderung
- Bodenschätze: Erdgas, Braunkohle, Kupfer, Gold, Silber, Blei,
  Bauxit, Asbest, Magnesit
- Export: Maschinen, chem. Produkte, Textilien,
  Bergbauprodukte, Tabak

Energieverbrauch: 1 110 kg ÖE/Einw.
Bruttosozialprodukt: <3 035 US$/Einw.

Anteil der Erwerbstätigen:
Landwirtschaft: 27 %, Industrie + Dienstleistungen: 73 %

LANDESNATUR

Das öde Land wird durch den Jordangraben in das west- und ostjordanische Bergland geteilt. Dieses geht weiter nach Osten in die eintönigen Tiefländer der jordanischen Wüste über. Die Westgrenze zu Israel verläuft entlang der Jordansenke, in der auch das Tote Meer liegt, mit 400 m unter dem Meeresspiegel der tiefste Punkt der Erde.
Insgesamt ist nur ein Zehntel des Staatsgebietes keine Wüste, wobei das Jordantal und das nördliche Hügelland am fruchtbarsten sind.

Gebirge/Berge: Dschebel Ram (1 754 m)

Flüsse/Seen: Jordan, Wadi el-Araba; Totes Meer

Die Landfläche Jugoslawiens ist fast vollständig von einem kahlen, wasserarmen, verkarsteten Gebirge, dem Dinarischen Gebirge überzogen. Ausnahme sind der Kosovo im Süden und die Wojwodina im Norden. Das Tiefland nördlich von Donau und Save besitzt Löss-und Auenböden, die reiche Ernten liefern. Die jugoslawische Adriaküste gehört landschaftlich zum Mittelmeerraum.

Gebirge/Berge: Dinarische Alpen: Durmitor (2 522 m),
               Lovcen (1 749 m)

Flüsse/Seen: Donau, Morava, Save, Theiß, Drina, Piva, Lim,
                Tara; Skutarisee

KLIMA

Kurzbeschreibung:
Wüstenklima mit trockenen, heißen Sommern und milden Wintern.
Niederschläge fallen nur im Winterhalbjahr. Im höheren Bergland sind Schneefälle und Frost nicht selten.
Zwischen April und Oktober kommt es häufig zu Wasserknappheit.

Klassifizierung nach „Troll":
Westen: 9
Osten: 10

Kurzbeschreibung:
Gemäßigt-kontinentales Klima im Binnenland,
mediterranes Klima an der Küste,
die Niederschläge im Winter gehen im Gebirge in Schnee über.

Klassifizierung nach „Troll":
An der Küste: 7
Im Binnenland: 4b

Kambodscha

Kamerun

Lage: Südostasien Fläche: 181 035 qkm Weltrang: 88

Hauptstadt: Phnom Penh (900 000 E.)
Weitere wichtige Städte: Batdambang, Siemreab, Kampot,
 Kampong Cham, Kampong Chhnang
Angrenzende Länder:
Norden: Laos
Norden und Nordwesten: Thailand
Osten und Südosten: Vietnam

Lage: Zentralafrika Fläche: 4 754 42 qkm Weltrang: 52

Hauptstadt: Jaunde (800 000 E.)
Weitere wichtige Städte: Douala, Garoua, Maroua

Angrenzende Länder:
Norden: Nigeria, Tschad
Osten: Zentralafrika
Süden: Kongo (Zaire), Gabun, Äquatorialguinea

Einwohner: 10 024 000 Weltrang: 74
Religionen: 89 % Buddhisten (Buddhismus ist Staatsreligion)
 Schafiitische Sunniten
 Minderheit von Christen
Sprachen: Khmer (Amtssprache)
 Französisch (Bildungs- und Handelssprache)
 Vietnamesisch, Chinesisch
Bevölkerungsdichte: 55 E/qkm Bevölkerungswachstum: 3,0 %
Lebenserwartung: 53 Jahre Analphabetenanteil: 65,0 %
Einwohner pro Arzt: 27 000 Kindersterblichkeit: 17,4 %

Einwohner: 13 288 000 Weltrang: 61
Religionen: 53 % Christen
 22 % Muslime
 Anhänger von Naturreligionen
Sprachen: Französisch, Englisch (Amtssprachen),
 Bantu,
 Ful und andere afrikanische Sprachen
Bevölkerungsdichte: 28 E/qkm Bevölkerungswachstum: 2,9 %
Lebenserwartung: 57 Jahre Analphabetenanteil: 37,0 %
Einwohner pro Arzt: 12 500 Kindersterblichkeit: 10,6 %

Wirtschaft in Stichworten:
– Landwirtschaft: Reisanbau (9/10 der Bevölkerung), Mais,
 Kautschuk, Pfeffer, Zuckerrohr; Viehzucht (Rinder)
– Fischerei im Großen See
– kaum Industrie
– wenig mineralische Ressourcen
– Export: Holz, Kautschuk

Energieverbrauch: 52 kg ÖE/Einw.
Bruttosozialprodukt: 270 US$/Einw.

Anteil der Erwerbstätigen:
Landwirtschaft: 69 %, Industrie + Dienstleistungen: 31 %

Wirtschaft in Stichworten:
– Landwirtschaft: Mais, Gemüse, Tee, Hirse, Maniok, Kakao,
 Kaffee, Bananen, Gummibäume; Viehzucht
– Industrie befindet sich im Aufbau
– Bodenschätze: Erdöl, Erdgas, Bauxit
– Export: Erdöl, Aluminium, Kaffee, Kakao, Bananen, Holz

Energieverbrauch: 103 kg ÖE/Einw.
Bruttosozialprodukt: 650 US$/Einw.

Anteil der Erwerbstätigen:
Landwirtschaft: 57 %, Industrie + Dienstleistungen: 43 %

Die Hauptfläche Kambodschas bildet eine seenreiche Zentrallandschaft, die im Norden durch Ausläufer des Korat-Plateaus, im Osten von der Annamitischen Kordillere, dem Mekong-Delta im Süden und dem Kardomom- und Elefantengebirge im Westen begrenzt wird. Dieses fruchtbare Tieflandbecken nimmt etwa zwei Drittel des Landesgebietes ein.
Im Zentrum liegt der Tonle Sap (Großer See), dessen Fläche sich im Sommer aufgrund der erhöhten Wassermassen des Mekong verdreifacht.
Die Küste im Westen ist flach und buchtenreich. Hier sind Mangrovenwälder, im Landesinnern tropische Regenwälder vorherrschend.

Gebirge/Berge: Annamitische Kordillere,
 Kardomom- und Elefantengebirge

Flüsse/Seen: Mekong (4 200 km); Tonle Sap (Großer See)

Der größte Teil des Landes sind Hochländer (600–1200 m).
Daneben hat Kamerun noch Anteil am Benue- und Tschadbecken im Norden.
Im Westen verläuft die Kamerunlinie, eine vulkanische Störungszone, der mehrere höhere Vulkanmassive aufsitzen (z.B. Kamerunberg, ein noch tätiger Vulkan).
Im Küstentiefland im Süden breiten sich tropische Regenwälder aus. Die nördlichen Savannengebiete werden ab und zu von Dürreperioden heimgesucht, feuchte Grassavanne ist im mittleren Teil des Landes anzutreffen.

Gebirge/Berge: Kamerunberg (4 070 m), Oku (3 008 m),
 Adamaura (2 500 m), Mandara (1 494 m)

Flüsse/Seen: Sanaga, Benue; Tschadsee

Kurzbeschreibung:
Tropisch warm und feucht mit geringen jahreszeitlichen Temperaturunterschieden.
Der Monsun prägt das Klima, wobei von Mai bis Oktober ein regenreicher Südwest-Monsun, ansonsten ein trockener Nordost-Monsun vorherrscht.

Klassifizierung nach „Troll":
14

Kurzbeschreibung:
Das Klima ist im größten Teil des Landes tropisch, nach Norden hin wird es wechselfeucht und trockener. Die Niederschläge nehmen vom Tschadseegebiet (500 mm jährlich) zur Küste hin zu (Doualard 4 000 mm); der Kamerunberg ist mit 10 000 mm eines der niederschlagreichsten Gebiete der Erde.

Klassifizierung nach „Troll":
Von Nord nach Süd: 12, 13, 14, 15

Kanada

Kap Verde

Kanada

Lage: Nordamerika   Fläche: 9 958 319 qkm   Weltrang: 2

Hauptstadt: Ottawa (314 000 E.)
Weitere wichtige Städte: Montreal, Calgary, Toronto, Winnipeg,
                    Edmonton, Vancouver, Quebec, Halifax
Angrenzende Länder:
Süden: USA
Nordwesten: USA (Alaska)

Kap Verde

Lage: Westafrika   Fläche: 4 033 qkm   Weltrang: 164

Hauptstadt: Praia (83 000 E.)
Weitere wichtige Städte: Vila do Porto Nova, Mindelo,
                    Palmeira, Vila de Sal-Rei
Angrenzende Länder:
Inselgruppe im Atlantischen Ozean

Einwohner: 29 606 000   Weltrang: 33

Religionen: 40 % Katholiken, 7 % United Church
          4 % Anglikaner, 3 % Presbyterianer
          Lutheraner, Baptisten, Orthodoxe
Sprachen: Englisch und Französisch (Amtssprachen)
          Sprachen der nationalen Minderheiten
Bevölkerungsdichte: 2,9 E/qkm   Bevölkerungswachstum: 1,3 %
Lebenserwartung: 78 Jahre   Analphabetenanteil: <5,0 %
Einwohner pro Arzt: 446   Kindersterblichkeit: 0,8 %

Einwohner: 380 000   Weltrang: 162

Religionen: 96 % Katholiken
          1 % Protestanten
          Anhänger von Naturreligionen
Sprachen: Portugiesisch (Amtssprache)
          Crioulo
Bevölkerungsdichte: 94 E/qkm   Bevölkerungswachstum: 2,0 %
Lebenserwartung: 66 Jahre   Analphabetenanteil: 28,0 %
Einwohner pro Arzt: 4 929   Kindersterblichkeit: 7,3 %

Wirtschaft in Stichworten:
– Hochentwickelte Landwirtschaft im Süden
  (Weizen, Gerste, Mais); Viehzucht
– Holzwirtschaft
– industrieller und wirtschaftlicher Kernraum
  am Sankt-Lorenz-Strom
– reiche Bodenschätze
– Export: Weizen, Holz, Papier, Erze, Erdöl, Erdgas,
  Maschinen, Fahrzeuge
– Tourismus (Vielfalt der Naturlandschaft)
Energieverbrauch: 7 854 kg ÖE/Einw.
Bruttosozialprodukt: 19 380 US$/Einw.
Anteil der Erwerbstätigen:
Landwirtschaft: 4 %, Industrie: 22 %, Dienstleistungen: 74 %

Wirtschaft in Stichworten:
– Landwirtschaft: Bananen, Mais, Zuckerrohr, Kaffee
– Fischfang
– Salzgewinnung
– wenig entwickelte Industrie (Verarbeitung der einheimischen
  Erzeugnisse)
– Export: Fisch, Bananen, Salz, Kaffee
– Tourismus
Energieverbrauch: 307 kg ÖE/Einw.
Bruttosozialprodukt: 960 US$/Einw.
Anteil der Erwerbstätigen:
Landwirtschaft: 41 %, Industrie: 25 %, Dienstleistungen: 34 %

Der Kanadische Schild (Rumpf eines alten, abgetragenen Falten-
gebirges) nimmt fast 50 % der Fläche ein. Wälder, Flüsse und
Seen kennzeichnen die gleichförmige hügelige Landschaft, die
von der Eiszeit überformt wurde.
Der Westen ist Gebirgsland (Rocky Mountains, Küstengebirge).
Die Hudsonbay reicht tief ins Land hinein, sie ist im Winter mit
Packeis bedeckt.
Vor der Nordküste viele Inseln (Baffininsel, Victoria Insel u. a.).
Der überwiegende Teil des Landes ist mit Nadelwäldern bedeckt.
An der Nordküste Tundra (Barren Grounds), im Bereich der
Great Plains Prärien.

Gebirge/Berge: Rocky Mountains (Mount Robson 3 954 m),
             Küstengebirge (Mount Logan 6 050 m),
             Mackenziegebirge (2 972 m)

Flüsse/Seen: Sankt-Lorenz-Strom, Saskatchewan, Mackenzie;
             Grosser Bärensee, Grosser Sklavensee,
             Winnipegsee, Athabaskasee.

Die Inselgruppe ist vulkanischen Ursprungs.
Das Archipel besteht aus 10 größeren Inseln (9 bewohnt) und
5 kleineren Inseln. Die Inseln sind in einem nach Westen geöffne-
ten Halbkreis angeordnet.
Im Norden die „Inseln über dem Winde": Santo Antão, São
Vicente, Santa Lucia, São Nicolau, Sal, Boa Vista. Im Süden die
„Inseln unter dem Winde": Brava, Fogo, São Tiago, Maio.
Artenarme Vegetation, spärlicher Waldwuchs an den Berghän-
gen.
Die Inseln, die dem Festland am nähesten liegen (Sal, Boa Vista,
Maio) sind teilweise mit Dünensand bedeckt.

Gebirge/Berge: Höchste Erhebung auf der Insel Fogo:
             Vulkankegel Pico de Cano (2 829 m)

Flüsse/Seen: Wenig dauerhafte Wasserläufe

Kurzbeschreibung:
Subpolares Klima im Norden (die Hudsonbai ist der „Eiskeller"
Nordamerikas). Nach Süden gemäßigter, dennoch kontinental
(im Einflussbereich der Großen Seen etwas milder).
Seeklima an der Pazifikküste. Hier fallen an der Luvseite der
Gebirge die meisten Niederschläge, die landeinwärts nach Osten
abnehmen.
Im Bereich der Prärien besonders trocken (Steppenklima).

Klassifizierung nach „Troll":
Im Norden: 2
Überwiegend: 3
Im Bereich der Großen Seen: 4b

Kurzbeschreibung:
Wechselfeuchtes tropisches Klima, durch den Nordostpassat
geprägt.
Geringe und unregelmäßige Niederschläge, an den Passat-
Luvseiten etwas stärker.
Im Winter reicht der Harmattan (trockener, heißer Nordostwind
in Westafrika) bis zur Inselgruppe. Er trocknet die Böden aus.

Klassifizierung nach „Troll":
13

Kasachstan

Katar

Lage: Zentralasien   Fläche: 2 717 300 qkm   Weltrang: 9

Hauptstadt: Almaty (1 176 000 E.)
Weitere wichtige Städte: Karaganda, Tschimkent, Semipalatinsk,
                  Pawlodar, Ust-Kamenogorsk
Angrenzende Länder:
Norden: Russland
Süden: Turkmenistan, Usbekistan, Kirgistan
Osten: China

Lage: Vorderasien   Fläche: 11 437 qkm   Weltrang: 157

Hauptstadt: Doha (293 000 E.)
Weitere wichtige Städte: Ar-Rayyan, Al-Wakrah, Umm Silalait

Angrenzende Länder:
Süden: Saudi-Arabien (Grenze ist nicht festgelegt)
Südosten: Arabische Emirate

Einwohner: 1 660 6000   Weltrang: 53

Religionen: 50 % Moslems
            50 % Christen (Russisch-orthodox)
Sprachen: Kasachisch (Amtssprache)
            Vorwiegend Russisch
            Sprachen der Minderheiten
Bevölkerungsdichte: 6,1 E/qkm   Bevölkerungswachstum: 0,5 %
Lebenserwartung: 70 Jahre   Analphabetenanteil: <5,0 %
Einwohner pro Arzt: 250   Kindersterblichkeit: 4,7 %

Einwohner: 642 000   Weltrang: 155

Religionen: 92 % sunnit. Moslems (Islam ist Staatsreligion)
            Hindus, Christen
            Minderheiten von Bahai
Sprachen: Arabisch (Amtssprache), Englisch (Handelssprache)
            Urdu, Persisch
Bevölkerungsdichte: 56 E/qkm   Bevölkerungswachstum: 5,8 %
Lebenserwartung: 71 Jahre   Analphabetenanteil: 21,0 %
Einwohner pro Arzt: 660   Kindersterblichkeit: 2,3 %

Wirtschaft in Stichworten:
– Landwirtschaft: Baumwolle, Weizen; Schafzucht
– Industriezentren im Bereich der Großräume um Karaganda
  und Ust-Kamenogorsk
– reiche Bodenschäze
– Export: Metalle, Metallwaren, Mineralölprodukte, Baumwolle

Energieverbrauch: 3 371 kg ÖE/Einw.
Bruttosozialprodukt: 1 330 US$/Einw.
Anteil der Erwerbstätigen:
Landwirtschaft: 24 %, Industrie: 30 %, Dienstleistungen: 46 %

Wirtschaft in Stichworten:
– Landwirtschaft: Oasenwirtschaft (Gemüse, Datteln);
  Kamelzucht
– Fischfang: Garnelen
– Industrie: Eisen- und Stahlwerke, Zement- und Düngemittel-
  fabriken, petrochemische Betriebe; Fremdarbeiter
– Bodenschätze: Erdöl, Erdgas
– Export: Erdöl, Flüssiggas
– bedeutendes Bankenzentrum
Energieverbrauch: 12 597 kg ÖE/Einw.
Bruttosozialprodukt: 11 600 US$/Einw.
Anteil der Erwerbstätigen:
Landwirtschaft: 3 %, Industrie: 32 %, Dienstleistungen: 65 %

Der westliche Teil gehört zur Kaspischen Senke, der nördliche
Teil zur westsibirischen Tiefebene. Zwischen der nördlichen Tief-
ebene und dem Balchaschsee liegt das Kasachische Bergland mit
Höhen bis zu 1 500 m.
Nach Süden senkt sich das Land wieder und wird von Wüsten,
Halbwüsten und Steppen eingenommen: Tiefland von Turan,
Kysylkum, Betpak-Dala (Hungersteppe), Mujunkum.
An der Südostgrenze hat Kasachstan Anteil am Hochgebirge des
Tian Shan und erreicht Höhen bis fast 5 000 m.
Weite Gebiete sind Wüsten und Steppen, viele Flüsse versickern
oder verdunsten.

Gebirge/Berge: Saifijskij Alatau (4 951 m),
              im Kasachischen Bergland: Kisilrai (1 565 m)

Flüsse/Seen: Ural, Emba, Irtysch, Syrdarja;
              Kaspisches Meer, Aralsee (Wasserfläche nimmt
              ab), Balchaschsee, Alakolsee

Die wüstenhafte Halbinsel, die 170 km in den Persischen Golf
vorspringt und eine Breite von 80 km hat, ist eine flache Kalk-
steinebene. An der Westküste erheben sich einige Hügel, im
Süden herrschen Salzpfannen und Sanddünen vor. Das ganze
Gebiet ist steinig und unfruchtbar. Nur eine spärliche Vegetation
ist anzutreffen, es gibt wenige Oasen, das Grundwasser ist salzig.

Gebirge/Berge:

Flüsse/Seen:

Kurzbeschreibung:
Streng kontinentales Klima (heiße Sommer, kalte Winter, extrem
trocken).
Im südlichen Bereich Wüstenklima.
Ausreichende Niederschläge nur im Norden und im südlichen
Hochgebirge.

Klassifizierung nach „Troll":
Norden: 4b, 5
In weiten Landesteilen: 6

Kurzbeschreibung:
Wüstenklima mit hoher Luftfeuchtigkeit.
Die Sommer sind allgemein heiß (35° C) mit hoher Luftfeuchtig-
keit. Gelegentlich treten im Winter Schauer auf. Die Winternächte
sind oft kalt, hervorgerufen durch den kalten Nordostwind
(Schamal).

Klassifizierung nach „Troll":
10

43

Kenia

Kirgistan

STAAT

Lage: Ostafrika Fläche: 582 646 qkm Weltrang: 45

Hauptstadt: Nairobi (1 505 000 E.)
Weitere wichtige Städte: Mombasa, Kisumu, Nakuru, Machakos,
Eldoret, Nyeri, Meru, Kitale, Thika

Angrenzende Länder:
Norden: Äthiopien
Nordwesten: Sudan
Osten: Somalia
Westen: Uganda
Südwesten: Tansania

Lage: Zentralasien Fläche: 198 500 qkm Weltrang: 85

Hauptstadt: Bischkek (628 000 E.)
Weitere wichtige Städte: Osch, Dschalal Abad, Tokmak

Angrenzende Länder:
Norden: Kasachstan
Westen: Usbekistan
Südwesten: Tadschikistan
Südosten: China

BEVÖLKERUNG

Einwohner: 26 688 000 Weltrang: 36
Religionen: 60 % Anhänger von Naturreligionen
26 % Katholiken
7 % Protestanten, 6% Moslems
Minderheiten: Hindus und Juden
Sprachen: Kisuaheli (Amtssprache) über 30 afrikan. Sprachen
Englisch (Handels- und Verwaltungssprache)
Bevölkerungsdichte: 46 E/qkm Bevölkerungswachstum: 2,9 %
Lebenserwartung: 55 Jahre Analphabetenanteil: 22,0 %
Einwohner pro Arzt: 20 000 Kindersterblichkeit: 9,0 %

Einwohner: 4 515 000 Weltrang: 108
Religionen: Vorwiegend Moslems
Orthodoxe und buddhistische Minderheiten

Sprachen: Kirgisisch und Russisch (Amtssprachen)
Sprachen der Minderheiten
Bevölkerungsdichte: 23 E/qkm Bevölkerungswachstum: 1,2 %
Lebenserwartung: 70 Jahre Analphabetenanteil: <5,0 %
Einwohner pro Arzt: 310 Kindersterblichkeit: 5,4 %

WIRTSCHAFT

Wirtschaft in Stichworten:
– Landwirtschaft: Mais, Kaffee, Tee
– Industrie: Lebens- und Genussmittelindustrie,
Zementherstellung, Erdölverarbeitung
– Bodenschätze: Magnesit, Salz, Gold, Erdöl
– Export: Nahrungsmittel, Industriebedarf, Agrarprodukte
– Tourismus (Wildparks, Indischer Ozean)

Energieverbrauch: 110 kg ÖE/Einw.
Bruttosozialprodukt: 280 US$/Einw.

Anteil der Erwerbstätigen:
Landwirtschaft: 76 %, Industrie + Dienstleistungen: 24 %

Wirtschaft in Stichworten:
– Landwirtschaft: Getreide, Tabak, Baumwolle, Mohn; Viehzucht
– Industrie: Lebensmittel, Textilien, Leder
– Bodenschätze: Erdöl, Erdgas, Kohle
– Export: Brennstoffe, Metalle, Elektrizität

Energieverbrauch: 606 kg ÖE/Einw.
Bruttosozialprodukt: 700 US$/Einw.

Anteil der Erwerbstätigen:
Landwirtschaft: 36 %, Industrie: 27 %, Dienstleistungen: 37 %

LANDESNATUR

Das Land steigt von der Küste des Indischen Ozeans nach
Nordwesten zu ausgedehnten Hochländern an, überragt von
einzelnen Vulkanen und dem Aberdare-Gebirge, das den Ostrand
des ostafrikanischen Grabensystems bildet.
Über weite Gebiete des Nordens und Ostens breiten sich trockene
Dornsavannen aus, die nach Nordosten in trostloses Wüstenland
übergehen. Hier kommt es häufig zu Dürreperioden.
Kostbarster Naturschatz ist der artenreiche Tierbestand. Viele
Nationalparks (z.B. der Tsavo-Nationalpark) sind Touristen
attraktionen.

Gebirge/Berge: Mount Kenia (5 194 m), Aberdare-Gebirge,
Cherangany-Gebirge

Flüsse/Seen: Tana, Galana, Athi, Kerio;
Turkanasee, Victoriasee, Rudolfsee, Baringosee

Hochgelegenes Gebirgsland, 75 % des Landes liegen über
1 500 m. Viele Gebirgsketten schließen Hochflächen mit
tiefeingeschnittenen Flussläufen ein.
Halbwüsten und Steppen.

Gebirge/Berge: Gebirgsketten des Tian Shan im Südosten
(Chan-Tengri 6 995 m) und des Pamir-Alai-
Systems im Südwesten

Flüsse/Seen: Naryn, Surhob; größter See: Issykkul

KLIMA

Kurzbeschreibung:
Äquatorialklima mit geringen Temperaturschwankungen.
Tropisch-wechselfeucht mit zwei Regenzeiten im südlichen
Küstentiefland und im Hochland.
Im Landesinnern werden die Temperaturen durch die Höhenlage
gemildert.

Klassifizierung nach „Troll": 12
Südwesten: 13

Kurzbeschreibung:
Gemäßigte Zone (winterkalt und sommertrocken).
Wenig Niederschläge, vor allem auf den Hochflächen
und in Beckenlandschaften.

Klassifizierung nach „Troll":
5, 6

Kiribati

Kolumbien

STAAT

Kiribati

Lage: Ozeanien   Fläche: 810,5 qkm   Weltrang: 170

Hauptstadt: Bairiki (2 230 E.)
Weitere wichtige Städte:

Angrenzende Länder:
Inselgruppe im Pazifischen Ozean

Kolumbien

Lage: Südamerika   Fläche: 1 141 748 qkm   Weltrang: 25

Hauptstadt: Bogota (5 238 000 E.)
Weitere wichtige Städte: Cali, Medellin, Barranquilla,
                          Cartagena, Tunja
Angrenzende Länder:
Nordosten: Venezuela
Nordwesten: Panama
Osten: Brasilien, Venezuela
Süden: Peru, Brasilien
Südwesten: Ecuador

BEVÖLKERUNG

Kiribati

Einwohner: 79 000   Weltrang: 180
Religionen: 53 % Katholiken
            39 % Protestanten
            2 % Bahai

Sprachen: Gilbertesisch und Englisch (Amtssprachen)

Bevölkerungsdichte: 95 E/qkm   Bevölkerungswachstum: 2,0 %
Lebenserwartung: 60 Jahre   Analphabetenanteil: 10,0 %
Einwohner pro Arzt: 4 483   Kindersterblichkeit: 7,7 %

Kolumbien

Einwohner: 36 813 000   Weltrang: 30
Religionen: 95 % Katholiken
            Minderheiten :
            Protestanten
            Juden
Sprachen: Spanisch (Amtssprache)
            Indianische Sprachen

Bevölkerungsdichte: 32 E/qkm   Bevölkerungswachstum: 1,8 %
Lebenserwartung: 70 Jahre   Analphabetenanteil: 9,0 %
Einwohner pro Arzt: 1 064   Kindersterblichkeit: 3,6 %

WIRTSCHAFT

Kiribati

Wirtschaft in Stichworten:
– Landwirtschaft: Kokosnüsse, Brotfruchtbaum, Bananen, Kopra
– Fischfang
– Industrie: Phosphatindustrie
  (verliert immer mehr an Bedeutung)
– Bodenschätze: früher Phosphatabbau
– Export: Kopra, Fisch

Energieverbrauch: 103 kg ÖE/Einw.
Bruttosozialprodukt: 920 US$/Einw.
Anteil der Erwerbstätigen:
Landwirtschaft: k.A., Industrie: k.A., Dienstleistungen: k.A.

Kolumbien

Wirtschaft in Stichworten:
– Landwirtschaft: Bananen, Zucker, Koka, Kannabis, Kaffee;
  Mais und Kartoffeln im Hochland
– Holzwirtschaft
– Industrie: Holzverarbeitung, Konsumgüterindustrie
– Bodenschätze: Steinkohle, Eisenerz, Erdöl, Erdgas,
  Gold, Silber, Kupfer, Smaragde
– Export: Erdöl, Erdölprodukte, Kaffee, Kohle, Gold, Blumen
– Tourismus im Aufbau
Energieverbrauch: 622 kg ÖE/Einw.
Bruttosozialprodukt: 1 910 US$/Einw.
Anteil der Erwerbstätigen:
Landwirtschaft: 26 %, Industrie: 30 %, Dienstleistungen: 44 %

LANDESNATUR

Kiribati

Das Inselarchipel gehört zu Mikronesien: Gilbert-Inseln im
Westen, Phönixinseln, Lineinseln im Osten.
Die insgesamt über 30 kleinen Koralleninseln erstrecken sich
über eine Fläche von etwa 5 Millionen qkm.
Die Inseln sind Korallenatolle, die den untermeerischen
Vulkangipfeln des circumpazifischen Ringes aufgelagert sind.
Riffe trennen die Atolle mit geringer Höhe über dem Meeres-
spiegel von der offenen See.
Spärliche Vegetation: Kokospalmen, Bananenstauden.

Gebirge/Berge:

Flüsse/Seen:

Kolumbien

Im Westen zwei parallele Gebirgsketten der Anden, die durch
den Fluss Magdalena getrennt werden. Im Mündungsbereich
liegt das Karibische Tiefland.
Östlich an die Kordilleren schließt sich eine Ebene an, die südost-
wärts zur peruanischen und brasilianischen Grenze abfällt, sowie
im Nordosten zum Orinoco (Tieflandebene „Llanos").
Das Gebiet der Anden ist stark erdbebengefährdet.
Regenwald im Südosten, nach Norden anschließend Savannen,
in höheren Berglagen Tundra und Nebelwälder.

Gebirge/Berge: Anden (Huila 5 750 m, Nevado del Ruiz 5 400 m)
                Pico Cristobal Colon (5 780 m)

Flüsse/Seen: Magdalena, Cauca, Guaviare, Caqueta,
                Meta, Putumayo

KLIMA

Kiribati

Kurzbeschreibung:
Das feuchtheiße Tropenklima weist aufgrund der Südverlagerung
der ITC eine ausgeprägte Regenzeit von November bis April auf.

Klassifizierung nach „Troll":
15

Kolumbien

Kurzbeschreibung:
Hochgebirgsklima in den Andenkordilleren.
Wechselfeuchtes tropisches Klima in der nordwestlichen Ebene
zur Karibik.
Tropischer Regenwald an der Pazifikküste, in den zentralen
Tälern und im Amazonasbecken.
Savannenklima in den nordöstlichen Llanos.

Klassifizierung nach „Troll":
Süden und Zentrum: 15
Nordwesten und Nordosten: 14

Komoren | Kongo

Komoren	Kongo
Lage: Ostafrika Fläche: 1 862 qkm Weltrang: 168	Lage: Zentralafrika Fläche: 342 000 qkm Weltrang: 62
Hauptstadt: Moroni (234 000 E.) Weitere wichtige Städte: Mutsamudu (Nzwani), Fomboni (Mwali)	Hauptstadt: Brazzaville (938 000 E.) Weitere wichtige Städte: Pointe-Noire, Nkayi, Owando, Mossendjo
Angrenzende Länder: Inselgruppe in der Straße von Mosambik	Angrenzende Länder: Norden: Zentralafrika Nordwesten: Kamerun Westen: Gabun Südwesten: Cabinda (Angola) Osten und Südosten: Kongo (Zaire)

STAAT

BEVÖLKERUNG

Komoren	Kongo

Einwohner: 499 000   Weltrang: 158
Religionen: 99 % Moslems (Islam ist Staatsreligion)
               1 % Katholiken
	Einwohner: 2 633 000 Weltrang: 130
	Religionen: 54 % Katholiken
	               Anhänger von Naturreligionen
	               Minderheiten:
	               Protestanten, Moslems

Sprachen: Komorisch und Französisch (Amtssprachen)	Sprachen: Französisch (Amtssprache) Lingala u.a. afrikanische Sprachen
Bevölkerungsdichte: 261 E/qkm Bevölkerungswachstum: 2,8 % Lebenserwartung: 57 Jahre Analphabetenanteil: 43,0 % Einwohner pro Arzt: 10 000 Kindersterblichkeit: 12,4 %	Bevölkerungsdichte: 7,7 E/qkm Bevölkerungswachstum: 3,1 % Lebenserwartung: 51 Jahre Analphabetenanteil: 25,0 % Einwohner pro Arzt: 3 571 Kindersterblichkeit: 10,8 %

WIRTSCHAFT

Komoren	Kongo
Wirtschaft in Stichworten: – Landwirtschaft: Kaffee, Süßkartoffeln, Bananen, Maniok – Industrie: Vanille, Gewürze – Bodenschätze: keine – Export: Vanille, Parfumessenzen, Gewürze, Sisal, Kopra – Tourismus: Beträchtliche Einnahmen durch den Tourismus	Wirtschaft in Stichworten: – Landwirtschaft: Kaffee, Kakao, Zuckerrohr – Forstwirtschaft (Edelhölzer) – kaum nennenswerte Industrie (Verarbeitung landwirtschaftlicher Produkte) – Bodenschätze: Erdöl, Erdgas – Export: Rohöl (80 %), Edelhölzer
Energieverbrauch: 37 kg ÖE/Einw. Bruttosozialprodukt: 470 US$/Einw.	Energieverbrauch: 331 kg ÖE/Einw. Bruttosozialprodukt: 680 US$/Einw.
Anteil der Erwerbstätigen: Landwirtschaft: 78 %, Industrie + Dienstleistungen: 22 %	Anteil der Erwerbstätigen: Landwirtschaft: 58 %, Industrie: 12 %, Dienstleistungen: 30 %

LANDESNATUR

Komoren	Kongo
Zwischen dem Norden Madagaskars und dem afrikanischen Festland gelegen, stellen die Komoren eine Inselgruppe vulkanischen Ursprungs dar mit vier Hauptinseln und vielen kleinen Inseln und Riffen. Die Hänge sind mit Regenwald bestanden, jedoch schreitet die Erosion stark voran.	Land beiderseits des Äquators. Hinter der schmalen, flachwelligen Küstenebene erstrecken sich von tiefen Tälern durchbrochene bewaldete Bergketten und weite Plateaus. Nach Osten hin werden diese zum Teil von Savannen eingenommen. Ansonsten herrscht dichter tropischer Regenwald vor. Im Norden hat das Land Anteil am Kongobecken, einer riesigen von üppigen Urwäldern bedeckten Sumpfniederung.
Gebirge/Berge: Kartala (2 361 m)	Gebirge/Berge: Mayombé-Massiv, Monts de la Lékéti (1 040 m)
Flüsse/Seen:	Flüsse/Seen: Kongo (4 320 km), Ubangi, Sangha, Alima, Niari

KLIMA

Komoren	Kongo
Kurzbeschreibung: Das Klima ist heiß mit jährlichen Regenperioden während der Südwanderung der ITC.	Kurzbeschreibung: Im Norden herrscht feuchtheißes äquatoriales Klima. Im Süden ist es tropisch-wechselfeucht mit einer Trockenzeit von Juni bis September.
Klassifizierung nach „Troll": 14	Klassifizierung nach „Troll": Norden: 15 Süden: 14

Kongo (Zaire)

Lage: Zentralafrika	Fläche: 2 344 885 qkm	Weltrang: 12

Hauptstadt: Kinshasa (3 804 000 E.)
Weitere wichtige Städte: Lubumbashi, Kisangani, Mbuji-Mayi, Matadi, Kananaga, Kikwit, Bandundo, Mbandaka

Angrenzende Länder:
Norden: Zentralafrika
Nordosten: Sudan
Osten: Uganda, Ruanda, Burundi, Tansania
Südosten: Sambia; Südwesten: Angola
Westen: Kongo

Einwohner: 43 848 000 Weltrang: 26
Religionen: 42 % Katholiken, 25 % Protestanten
    15 % Andere christliche Glaubensgemeinschaften
    Anhänger von Naturreligionen
Sprachen: Französisch (Amtssprache)
    Insgesamt über 400 weitere Sprachen,
    z. B.: Chiluba, Kikongo, Lingala, Kisuaheli
Bevölkerungsdichte: 18,7 E/qkm Bevölkerungswachstum: 3,2 %
Lebenserwartung: 52 Jahre Analphabetenanteil: 33,0 %
Einwohner pro Arzt: 1 4286 Kindersterblichkeit: 18,5 %

Wirtschaft in Stichworten:
– Landwirtschaft: Kaffee, Kakao, Tee, Kautschuk, Baumwolle, Bananen, Palmöl
– Industrie: Ölraffinerien, Herstellung von Industriediamanten
– Bodenschätze: Kupfer, Zink, Gold, Erdöl, Diamanten, Cobalt, Mangan, Silber
– Export: Kupfer, Diamanten, Cobalt, Erdöl, Kaffee, Kakao, Palmöl

Energieverbrauch: 45 kg ÖE/Einw.
Bruttosozialprodukt: 120 US$/Einw.
Anteil der Erwerbstätigen:
Landwirtschaft: 64 %, Industrie: 16 %, Dienstleistungen: 20 %

Das Kongobecken ist die zentrale Landschaft, die von der Asandeschwelle im Norden, der Lundaschwelle im Süden, der zentralafrikanischen Schwelle im Osten und der Niedergueaschwelle im Westen eingerahmt wird.
Der Kongo entspringt im Süden und sammelt in einem großen Bogen nach Norden und dann nach Westen seine Nebenflüsse. Kurz vor seiner Mündung in den Atlantik durchbricht er mit den Livingstonefällen die Niederguineaschwelle.
Das Land hat nur einen 50 km breiten Küstenstreifen am Atlantik. Neben riesigen Sumpfgebieten gibt es im Kongobecken noch eines der größten Regenwaldgebiete der Erde. Im Süden (in der Landschaft Shaba) herrschen Baum- und Strauchsavanne vor.

Gebirge/Berge: Ruwenzori (5 109 m),
    an der Grenze zu Ruanda: Karisimbi (4 507 m)

Flüsse/Seen: Kongo, Ubangi, Kasai, Uelle;
    Albertsee, Eduardsee, Kivusee, Tanganjikasee, Mwerusee

Kurzbeschreibung:
Tropisches Klima im Norden mit Niederschlägen zu allen Jahreszeiten und Niederschlagsmengen von über 1 500 mm im Jahr. Jahreszeitlich wenig schwankende Temperaturen zwischen +23° C und +28° C.
Die Niederschläge nehmen nach Süden ab.

Klassifizierung nach „Troll":
Norden: 15
Süden und Osten: 14

Korea (Nord)

Lage: Ostasien	Fläche: 120 538 qkm	Weltrang: 97

Hauptstadt: Pjöngjang (2 355 000 E.)
Weitere wichtige Städte: Hamhung, Wönsan, Nampo, Tschongdschin, Sinwidschu

Angrenzende Länder:
Norden: China
Nordosten: Russland,
Süden: Korea (Süd)

Einwohner: 23 867 000 Weltrang: 38
Religionen: 68 % konfessionslos
    Buddhismus, Konfuzianismus
    Schamanismus, Christentum
Sprachen: Koreanisch (Amtssprache)
    Russisch, Chinesisch (z.T. als Handelssprachen)
Bevölkerungsdichte: 198 E/qkm Bevölkerungswachstum: 1,8 %
Lebenserwartung: 72 Jahre Analphabetenanteil: 5,0 %
Einwohner pro Arzt: 370 Kindersterblichkeit: 3,0 %

Wirtschaft in Stichworten:
– Landwirtschaft: Reis, Gerste, Hirse, Weizen, Sojabohnen
– Industrie: Schwer- und Textilindustrie, Düngemittel, chemische Industrie
– Bodenschätze: Eisenerz, Steinkohle, Wolfram, Graphit, Gold, Zink, Blei
– Export: Erze, Steinkohle, Magnesiumpulver, chem. Produkte, Rohseide

Energieverbrauch: 1 129 kg ÖE/Einw.
Bruttosozialprodukt: >766 US$/Einw.
Anteil der Erwerbstätigen:
Landwirtschaft: 30 %, Industrie + Dienstleistungen: 70 %

Nordkorea umfasst den nördlich des 38. Breitengrades gelegenen Teil der Halbinsel und die angrenzenden Teile des asiatischen Festlandes bis zum Fluss Tumen.
Das Land ist größtenteils gebirgig, im Norden mit stark zerklüfteten Bergketten (über 2 500 m hoch). Nur hinter der stark gegliederten Westküste weist das Land größere Ebenen und Tiefländer auf, die landwirtschaftlich genutzt werden. Von den höchsten Erhebungen nahe der Ostküste fällt das Land allmählich nach Westen ab.
Drei Viertel des Landes sind mit Nadelwäldern bedeckt, im Süden auch Mischwälder.

Gebirge/Berge: Paektusan-Gebirge (Baitousan mit 2 744 m), Myohanggebirge

Flüsse/Seen: Yalu Jiang, Tumen, Taedong, Imjin

Kurzbeschreibung:
Kühlgemäßigtes Klima mit kalten, langen Wintern und vorherrschenden Nordwestwinden, die aber wenig Regen bringen.
Im Sommer drehen die Winde auf Südost und bringen vom Pazifik feuchtwarme Luft (Sommermonsun) ins Land. Zwei Drittel der Niederschläge fallen zwischen Juni und September.
Im Herbst treten gelegentlich Taifune auf.

Klassifizierung nach „Troll":
4b
Hochgebirgsklima

STAAT · **BEVÖLKERUNG** · **WIRTSCHAFT** · **LANDESNATUR** · **KLIMA**

Korea (Süd)	Kroatien

Korea (Süd)

Lage: Ostasien   Fläche: 99 392 qkm   Weltrang: 107

Hauptstadt: Seoul (10 229 000 E.)
Weitere wichtige Städte: Pusan, Tägu, Inschön, Ulsan, Tädschön

Angrenzende Länder:
Norden: Korea (Nord)

Kroatien

Lage: Südosteuropa   Fläche: 56 538 qkm   Weltrang: 124

Hauptstadt: Zagreb (931 000 E.)
Weitere wichtige Städte: Split, Rijeka, Osijek, Zadar, Pula,
                          Karlovak

Angrenzende Länder:
Nordwesten: Slowenien
Nordosten: Ungarn
Osten: Jugoslawien
Süden und Osten: Bosnien-Herzegowina

BEVÖLKERUNG

Korea (Süd)

Einwohner: 44 851 000   Weltrang: 25

Religionen: 28 % Christen
            22 % Buddhisten
            14 % Konfuzianer
            Schamanismus
Sprachen: Koreanisch (Amtssprache)
Bevölkerungsdichte: 451 E/qkm   Bevölkerungswachstum: 0,9 %
Lebenserwartung: 72 Jahre   Analphabetenanteil: <5,0 %
Einwohner pro Arzt: 1 205   Kindersterblichkeit: 0,9 %

Kroatien

Einwohner: 4 778 000   Weltrang: 107

Religionen: 77 % Katholiken
            11 % Serbisch-Orthodoxe
            1 % Protestanten
            1 % Moslems
Sprachen: Kroatisch (Amtssprache)
Bevölkerungsdichte: 85 E/qkm   Bevölkerungswachstum: 0,2 %
Lebenserwartung: 72 Jahre   Analphabetenanteil: 3,0 %
Einwohner pro Arzt: 356   Kindersterblichkeit·   1,4 %

WIRTSCHAFT

Korea (Süd)

Wirtschaft in Stichworten:
– Landwirtschaft: Reis, Weizen, Sojabohnen, Obst, Gemüse
– Fischfang
– vielseitige exportorientierte Industrie: Fahrzeugbau, Schiffe,
  Stahlproduktion, chem. Industrie
– Export: Stahl, Metalle, Schiffe, Kraftfahrzeuge, Maschinen,
  Textilien, Bekleidung, Schuhe, Elektroartikel

Energieverbrauch: 2 982 kg ÖE/Einw.
Bruttosozialprodukt: 9 700 US$/Einw.

Anteil der Erwerbstätigen:
Landwirtschaft: 14 %, Industrie: 33 %, Dienstleistungen: 53 %

Kroatien

Wirtschaft in Stichworten:
– Landwirtschaft: Wein, Getreide, Hackfrüchte, Feigen, Oliven
– Fischfang
– Industrie: Nach dem Bürgerkrieg kommt die Industrie nur
  mühsam in Gang
– Bodenschätze: Bauxit, Braunkohle, Erdöl, Erdgas, Eisenerz
– Export: Wein, Olivenöl, Schiffe, chem. Erzeugnisse, Maschinen
– Tourismus: Nach Bürgerkrieg langsam wieder aufkommend

Energieverbrauch: 1 395 kg ÖE/Einw.
Bruttosozialprodukt: 3 250 US$/Einw.

Anteil der Erwerbstätigen:
Landwirtschaft: 5 %, Industrie: 40 %, Dienstleistungen: 55 %

LANDESNATUR

Korea (Süd)

Das Land ist überwiegend gebirgig. Es gleicht einem riesigen
Block, der vom schroffen Gebirgskamm im Osten zur Westküste
hin abfällt. Nur ein Viertel des Landes ist in den Niederungen
im Südosten und Westen als Kulturland nutzbar.
Als natürliche Vegetation findet man vorwiegend Mischwälder
mit Eichen, Ahorn, Buchen und Kiefern, an der Südküste immergrüne subtropische Vegetation.

Gebirge/Berge: Halla-san (1 950 m)

Flüsse/Seen: Han, Kum, Naktong

Kroatien

Kroatien ist wie ein Bumerang geformt und gliedert sich in drei
verschiedene Regionen:
1. Die landschaftlich schöne, zerklüftete dalmatinische Adriaküste mit zahllosen vorgelagerten Inseln (z.B. Krk, Rab, Cres)
   und Halbinseln = Dalmatinisch-Kroatien.
2. Die fruchtbaren, von bewaldeten Gebirgen umrahmten Flussniederungen der Save, Donau und Drau = Niederkroatien.
3. Das felsige, verkarstete Hochland mit bizarren Höhlen- und
   Gletschertöpfen = Hochkroatien.

Gebirge/Berge: Dinarische Alpen (1 913 m), Velebit (1 758 m),
               Kapela (1 533 m)

Flüsse/Seen: Save, Drau, Donau, Kupa; Plitvicer Seen

KLIMA

Korea (Süd)

Kurzbeschreibung:
Kühlgemäßigtes Monsunklima, nur an der Südküste subtropisch.
Die Monate Juli und August stehen unter dem Einfluss des
Sommermonsuns.

Klassifizierung nach „Troll":
Im Norden: 4b
Im Süden: 8

Kroatien

Kurzbeschreibung:
Mittelmeerklima mit trockenen Sommern an der Adriaküste.
Gemäßigtes Kontinentalklima mit Niederschlägen in allen
Monaten im Norden.
Kalte Fallwinde im Velebitgebirge.

Klassifizierung nach „Troll":
An der Adriaküste: 7
Im Norden und Landesinnern: 4b

Kuba

Kuwait

Lage: Mittelamerika, Karibik   Fläche: 110 860 qkm   Weltrang: 103

Lage: Vorderasien   Fläche: 17 818 qkm   Weltrang: 153

Hauptstadt: Havanna (2 176 000 E.)
Weitere wichtige Städte: Santiago de Cuba, Camagüey,
                                    Holguin, Santa Clara
Angrenzende Länder:
Inselgruppe in der Karibik

Hauptstadt: Kuwait (193 000 E.)
Weitere wichtige Städte: Hawalli, Ahmadi, As-Salimiyah

Angrenzende Länder:
Norden und Westen: Irak
Süden: Saudi- Arabien

Einwohner: 11 010 000   Weltrang: 64
Religionen: 39 % Katholiken
              56 % konfessionslos
              Verschiedene protestantische Kirchen

Einwohner: 1 664 000   Weltrang: 141
Religionen: 95 % sunnit. Moslems
              2 % Christen
              Hinduistische Minderheiten

Sprachen: Spanisch (Amtssprache)

Sprachen: Hocharabisch (Amtssprache)
              Englisch (Handelssprache)

Bevölkerungsdichte: 99 E/qkm	Bevölkerungswachstum: 0,9 %		
Lebenserwartung: 76 Jahre	Analphabetenanteil: <5,0 %		
Einwohner pro Arzt: 332	Kindersterblichkeit: 1,0 %		

Bevölkerungsdichte: 93 E/qkm	Bevölkerungswachstum: -0,3 %		
Lebenserwartung: 75 Jahre	Analphabetenanteil: 21,0 %		
Einwohner pro Arzt: 515	Kindersterblichkeit: 1,4 %		

Wirtschaft in Stichworten:
- Landwirtschaft: Zuckerrohr, Tabak, Zitrusfrüchte, Kaffee
- Fischfang
- Industrie: Tabak, Nahrungsmittel, Stahlerzeugnisse,
  Elektrogeräte, Maschinenbau, Düngemittel
- Bodenschätze: Nickel, Cobalt, Chrom
- Export: Zucker, Zitrusfrüchte, Rum, Nickel, Chrom, Tabak, Fisch
- Tourismus im Aufbau

Wirtschaft in Stichworten:
- Landwirtschaft: unbedeutend; geringe Viehhaltung
- Fischfang: Garnelen
- Industrie im Aufbau: Erdölverarbeitung
- Bodenschätze: Erdöl, Erdgas
- Export: Erdöl, Erdölprodukte, Erdgas, Garnelen

Energieverbrauch: 923 kg ÖE/Einw.
Bruttosozialprodukt: <3 035 US$/Einw.
Anteil der Erwerbstätigen:
Landwirtschaft: 18 %, Industrie: 44 %, Dienstleistungen: 38 %

Energieverbrauch: 8 622 kg ÖE/Einw.
Bruttosozialprodukt: 17 390 US$/Einw.
Anteil der Erwerbstätigen:
Landwirtschaft: 2 %, Industrie: 28 %, Dienstleistungen: 70 %

Kuba gehört zu den Großen Antillen.
Drei Gebirgsrücken durchziehen die weiten Tiefebenen der
Hauptinsel, wobei die Sierra del Cristal im Osten und besonders
die Sierra Maestra im Südosten die größten Erhebungen aufwei-
sen.
Eine etwas niedrigere zentrale Bergkette durchzieht die Insel in
West-Ost-Richtung.
Die Küsten sind stark gegliedert und Korallenriffe und Mangro-
venwälder prägen ihr Gesicht.
Etwa 1 500 kleine Inseln umrahmen die Hauptinsel.
Die Insel ist erdbebengefährdet.

Kuwait liegt inmitten einer eintönigen Küstenebene, die flach
zum Persischen Golf einfällt. Das ganze Land ist vorwiegend
Kies- oder Sandwüste, die keine Möglichkeit für landwirtschaftliche Nutzung bietet.
Das Trinkwasser muss vom Schatt-el-Arab herbeigeschafft oder
durch Meerwasserentsalzung hergestellt werden.
Klima und Böden ermöglichen keine nennenswerte Vegetation,
lediglich salzharte Pflanzen in der Küstenregion.

Gebirge/Berge: Pico Turquino (1 974 m)

Gebirge/Berge: Ash Shakayah (290 m)

Flüsse/Seen:

Flüsse/Seen: Wadis

Kurzbeschreibung:
Wechselfeuchtes Klima der Tropen mit Trockenzeit von Dezem-
ber bis März und Niederschlagsmaxima im Juni und Oktober.
Gelegentliche Kaltlufteinbrüche im Winter.
Wirbelstürme (Hurrikane) vor allem im Sommer und Herbst.

Kurzbeschreibung:
Wüstenklima mit hoher Luftfeuchtigkeit. Es gibt nur zwei Jahreszeiten, nämlich die heiße von Mai bis September mit mittleren
Temperaturen um 32° C und die kalte von November bis April
mit mittleren Temperaturen bis 13° C absinkend. Niederschläge
fallen nur im Winter.

Klassifizierung nach „Troll":
In den nördlichen Teilen der Insel: 14
Besonders im Südosten: 15

Klassifizierung nach „Troll":
10

Laos

Lesotho

Laos	Lesotho
Lage: Südostasien Fläche: 236 800 qkm Weltrang: 81	Lage: Südafrika Fläche: 30 355 qkm Weltrang: 138

Hauptstadt: Vientiane (442 000 E.)
Weitere wichtige Städte: Savannakhet, Luang Prabang, Pakse

Hauptstadt: Maseru (170 000 E.)
Weitere wichtige Städte: Teyateyaneng, Mafeteng, Leribe

Angrenzende Länder:
Norden: China
Nordwesten: Myanmar (Birma)
Westen: Thailand
Süden: Kambodscha
Osten: Vietnam

Angrenzende Länder:
Das Land liegt innerhalb des Staatsgebietes von Südafrika

Einwohner: 4 882 000   Weltrang: 105
Religionen: 58 % Buddhisten
            34 % Anhänger von Stammesreligionen
            2 % Christen
            1 % Moslems
Sprachen: Lao (Amtssprache), Französisch
            Chinesisch, Vietnamesisch

Bevölkerungsdichte: 21 E/qkm	Bevölkerungswachstum: 3,1 %
Lebenserwartung: 52 Jahre	Analphabetenanteil: 43,0 %
Einwohner pro Arzt: 4 545	Kindersterblichkeit: 13,4 %

Einwohner: 1 980 000   Weltrang: 140
Religionen: 44 % Katholiken
            30 % Protestanten
            Moslems
            Anhänger von Naturreligionen
Sprachen: Sesotho und Englisch (Amtssprachen)

Bevölkerungsdichte: 65 E/qkm	Bevölkerungswachstum: 2,4 %
Lebenserwartung: 62 Jahre	Analphabetenanteil: 29,0 %
Einwohner pro Arzt: 25 000	Kindersterblichkeit: 15,4 %

Wirtschaft in Stichworten:
– Landwirtschaft: Reis (Hauptanbauprodukt), Mais,
  Kartoffeln, Maniok, Kaffee, Tee
– wenig entwickelte Industrie
– Export: Fertigwaren, Holz, Tee, Kaffee, Elektrizität

Wirtschaft in Stichworten:
– Landwirtschaft: Mais, Gerste, Hirse, Weizen, Hülsenfrüchte;
  Viehzucht (Schafe, Ziegen, Rinder)
– wenig entwickelte Industrie (auf die Hauptstadt konzentriert)
– Export: Bekleidung, Lederwaren, Diamanten
– Tourismus (Spielkasino)
– wirtschaftlich hängt das Land sehr stark vom allseitig
  umgebenden Südafrika ab

Energieverbrauch: 38 kg ÖE/Einw.
Bruttosozialprodukt: 350 US$/Einw.

Energieverbrauch: k.A.
Bruttosozialprodukt: 770 US$/Einw.

Anteil der Erwerbstätigen:
Landwirtschaft: 77 %, Industrie + Dienstleistungen: 23 %

Anteil der Erwerbstätigen:
Landwirtschaft: 39 %, Industrie + Dienstleistungen: 61 %

Zwei Drittel des Binnenstaates sind zerschnittenes und unwegsames Gebirgsland. Zwischen den Gebirgskämmen liegen Hochflächen.
Im Osten hat Laos Anteil an der Annamitischen Kordillere.
Im breiteren Nordteil liegt das Tranninh-Plateau ("Ebene der Tonkrüge").
Im Süden des Landes breitet sich eine Tieflandebene am Mekong aus.
Der Mekong bildet die Grenze zu Thailand und Myanmar, er ist die Lebensader des Landes.
Tropischer Regenwald, Monsunwald. Teilweise Savannen auf Hochflächen und in regenarmen Beckenlandschaften.

Gebirge/Berge: Phou Bia (2 817 m), Phou Xai Lai Lieng (2 711 m)

Flüsse/Seen: Mekong, Nam Ngum;
               Stauseen

Im Westen schmaler Saum des "Unterlandes" (Hauptsiedlungsgebiet). Nach Osten schroffer Anstieg zum menschenleeren Hochplateau.
80 % des Landes liegen zwischen 2 700 m und 3 100 m.
Im Osten Steilabfall der Drakensberge zur Ostküste. Hier liegen die höchsten Berge Südafrikas.
Der Oranje bildet bis zu 1 000 m tiefe Talschluchten.
Abwechslungsreiche Landschaft: Canyonartige Flusstäler, zertalte Hochebenen und charakteristische Tafelberge.
Alpine Grasfluren oberhalb der Baumgrenze.

Gebirge/Berge: Drakensberge mit der höchsten Erhebung:
               Thabana Ntlenyana (3 482 m)

Flüsse/Seen: Oranje, Caledon River

Kurzbeschreibung:
Tropisches Monsunklima.
Regenzeit von Mai bis Oktober.
An den Luvseiten der Gebirge hohe Niederschläge.

Klassifizierung nach "Troll":
Überwiegend: 14
Im Nordosten: 8

Kurzbeschreibung:
Subtropisches Klima, durch die Höhenlage gemäßigt.
Kaltes Höhenklima mit Schnee im Winter und Gewitterstürmen im Sommer.
Regenzeit von Oktober bis April.

Klassifizierung nach "Troll":
8, 9

Lettland | Libanon

STAAT

Lettland	Libanon
Lage: Nordosteuropa Fläche: 64 589 qkm Weltrang: 122	Lage: Vorderasien Fläche: 10 452 qkm Weltrang: 160

Hauptstadt: Riga (827 000 E.)
Weitere wichtige Städte: Dünaburg, Libau, Mitau

Angrenzende Länder:
Norden: Estland
Süden: Litauen
Südosten: Weißrussland
Osten: Russland

Hauptstadt: Beirut (1 910 000 E.)
Weitere wichtige Städte: Tripoli, Zahlah, Sidon, Baalbek, Tyrus

Angrenzende Länder:
Norden und Osten: Syrien
Süden: Israel

BEVÖLKERUNG

Einwohner: 2 516 000   Weltrang: 133
Religionen: 55 % Lutheraner
                    24 % Katholiken
                    9 % Russisch-Orthodoxe
Sprachen: Lettisch (Amtssprache)
                    Russisch

Einwohner: 4 005 000   Weltrang: 118
Religionen: 60 % Moslems
                    (32 % Schiiten, 21 % Sunniten, 7 % Drusen)
                    40 % Christen
Sprachen: Hocharabisch (Amtssprache)
                    Armenisch, Kurdisch
                    Englisch/Französisch (Handels- u. Bildungssprachen)

Lettland		Libanon	
Bevölkerungsdichte: 40 E/qkm	Bevölkerungswachstum: -0,4 %	Bevölkerungsdichte: 383 E/qkm	Bevölkerungswachstum: 2,3 %
Lebenserwartung: 69 Jahre	Analphabetenanteil: <5,0 %	Lebenserwartung: 69 Jahre	Analphabetenanteil: 8,0 %
Einwohner pro Arzt: 280	Kindersterblichkeit: 2,6 %	Einwohner pro Arzt: 2 174	Kindersterblichkeit: 4,0 %

WIRTSCHAFT

Wirtschaft in Stichworten:
– Landwirtschaft: Kartoffeln, Gerste, Flachs, Gemüse ; Viehzucht
– Fischfang
– Industrie: Wichtigster Standort ist Riga (Maschinenbau,
   Schiffbau, Elektroindustrie)
– Bodenschätze: Torf, Bernstein
– Export: Holzprodukte, Textilien und Bekleidung

Energieverbrauch: 1 569 kg ÖE/Einw.
Bruttosozialprodukt: 2 270 US$/Einw.

Anteil der Erwerbstätigen:
Landwirtschaft: 19 %, Industrie: 25 %, Dienstleistungen: 56 %

Wirtschaft in Stichworten:
– Landwirtschaft: Zitrusfrüchte, Oliven, Bananen, Obst, Wein
– Industrie: Textilien, Bekleidung, Ölraffinerien, chem. Industrie
– Export: Bekleidung, Nahrungs- und Genussmittel,
   Edelmetallwaren

Energieverbrauch: 964 kg ÖE/Einw.
Bruttosozialprodukt: 2 660 US$/Einw.

Anteil der Erwerbstätigen:
Landwirtschaft: 7 %, Industrie: 24 %, Dienstleistungen: 69 %

LANDESNATUR

Grundmoränen, Endmoränen und Sanderflächen kennzeichnen
die Landschaft des Ostseestaates. Der Rigaische Meerbusen reicht
weit ins Land hinein.
Flache Ausgleichsküsten mit Strandseen und Dünengürteln.
Die Mitau-Rigaische Ebene ist die zentrale Ebene des Landes.
Westlich davon liegt die Kurländische Halbinsel (landschaftlich
reizvoll), östlich davon die Livländischen Höhen.
Waldflächen (Kiefern) besonders auf der Kurländischen Halbinsel
und im Nordosten des Landes.
Ausgedehnte Sumpfgebiete und Moore.

Gebirge/Berge: Höchste Erhebung ist der Gaisingberg (311 m)
                      an der Grenze zu Estland.

Flüsse/Seen: Düna, Venta, Gauja; Lubahnsee

Gliederung von Westen nach Osten in vier Landschaften,
die sich parallel zur Küstenlinie erstrecken:
– Schmale Küstenebene
– Libanongebirge
– Beqa-Ebene
– Antilibanon
Die Beqa-Ebene gehört zum syrisch-ostafrikanischen
Grabensystem.
Mittelmeervegetation (Garrigue, Macchie); Zedernwälder.

Gebirge/Berge: Libanon (Kurna As Sauda 3 088 m),
                      Antilibanon (2 629 m)

Flüsse/Seen: Al Asi (Orontes), Al Litani (Leontes), Jordan

KLIMA

Kurzbeschreibung:
Ozeanisch-kontinentales Übergangsklima.
Die Temperaturunterschiede zwischen den östlichen Landesteilen
und der Westküste sind im Winter größer als im Sommer.
Niederschläge fallen hauptsächlich im Sommer.

Klassifizierung nach „Troll":
4b

Kurzbeschreibung:
Mittelmeerklima.
An der Küste heiße Sommer (hohe Luftfeuchtigkeit) und warme
Winter. Im Libanongebirge bleibt der Schnee von Dezember bis
Mai liegen.
In der Beqa-Ebene Winterfrost und sehr heiße, trockene Sommer
(teilweise Wüstenrandklima).
Starke Niederschläge an den Luvseiten der Gebirgsketten.

Klassifizierung nach „Troll":
Vorwiegend: 7

Liberia

Libyen

Lage: Westafrika   **Fläche:** 97 754 qkm   **Weltrang:** 108

Hauptstadt: Monrovia (668 000 E.)
Weitere wichtige Städte: Gbarnga, Buchanan

Angrenzende Länder:
Norden: Guinea
Nordwesten: Sierra Leone
Osten: Côte d'Ivoire

Lage: Nordafrika   **Fläche:** 1 775 500 qkm   **Weltrang:** 16

Hauptstadt: Tripolis (591 000 E.)
Weitere wichtige Städte: Bengasi, Misurata, Derna, Tobruk

Angrenzende Länder:
Westen: Algerien, Tunesien
Süden: Niger, Tschad
Südosten: Sudan
Osten: Ägypten

Einwohner: 2 733 000   **Weltrang:** 129

Religionen: 70 % Anhänger von Naturreligionen
                20 % Moslems
                10 % Christen
Sprachen: Englisch (Amtssprache)
                Golla, Kpelle, Mande (Stammessprachen)
Bevölkerungsdichte: 30 E/qkm   **Bevölkerungswachstum:** 2,2 %
Lebenserwartung: 56 Jahre   **Analphabetenanteil:** 61,0 %
Einwohner pro Arzt: 9 324   **Kindersterblichkeit:** 21,6 %

Einwohner: 5 407 000   **Weltrang:** 100

Religionen: 97 % Moslems (Islam ist Staatsreligion)
                Christliche Minderheiten
Sprachen: Hocharabisch (Amtssprache)
                Berbersprachen
Bevölkerungsdichte: 3 E/qkm   **Bevölkerungswachstum:** 3,6 %
Lebenserwartung: 64 Jahre   **Analphabetenanteil:** 36,0 %
Einwohner pro Arzt: 962   **Kindersterblichkeit:** 6,3 %

Wirtschaft in Stichworten:
– Landwirtschaft: Kautschuk, Kaffee, Kakao; Viehzucht (Rinder)
– Tropenhölzer
– Fischfang
– Industrie: Grundgüterindustrie
– Bodenschätze: Eisenerz, Diamanten, Gold
– Export: Eisenerz, Kautschuk, Edelhölzer, Kaffee,
  Kakao, Diamanten
– Tourismus ohne große Bedeutung

Energieverbrauch: 41 kg ÖE/Einw.
Bruttosozialprodukt: <765 US$/Einw
Anteil der Erwerbstätigen:
Landwirtschaft: 68 %, Industrie: 8 %, Dienstleistungen: 24 %.

Wirtschaft in Stichworten:
– Landwirtschaft: Gemüse, Weizen, Hirse, Oliven,
  Zitrusfrüchte, Datteln; Viehzucht
– Industrie: Raffinerien, Chemie-, Zement-, Papier-, Textilfabriken
– Bodenschätze: Erdöl, Erdgas
– Export: Erdöl, Erdgas, Raffinerieprodukte, Häute,
  Felle, Olivenöl

Energieverbrauch: 2 499 kg ÖE/Einw.
Bruttosozialprodukt: <385 US$/Einw.
Anteil der Erwerbstätigen:
Landwirtschaft: 15 %, Industrie: 33 %, Dienstleistungen: 52 %

Sümpfe und Mangrovenwälder kennzeichnen die Küste, hinter der landeinwärts ein welliges Hügelland, bedeckt vom tropischen Regenwald, langsam Höhe erreicht und zu einer Hochebene emporsteigt, die im Nordosten an die Ausläufer des Mount Nimba grenzt.
Hier geht auch der Regenwald in die Feuchtsavanne über.
Die Küste nennt man „Pfefferküste" (die Kolonialmächte gliederten die Guineaküste nach den vorwiegend gehandelten Gütern).

Gebirge/Berge: Wutivi (1 380 m)

Flüsse/Seen: Mano, St. John, St. Paul, Cowallly

Libyen reicht von der Mittelmeerküste bis in die zentrale Sahara und zum Tibesti-Gebirge hinein. Plateaulandschaften, von Schichtstufen voneinander abgesetzt, prägen den Norden des Landes.
Im Süden findet man Schichtstufenlandschaften mit Zeugenbergen.
Das Innere des Landes gliedert sich in mehrere Becken, die durch Schwellen voneinander getrennt sind.
Der Küstenstreifen mit mediterraner Vegetation (Pinien, Ölbäume, Zypressen, Akazien) und der Steilanstieg zu den Hochplateaus sind der eigentliche Lebensraum. Sonst ist das Land zu 90 % mit Sand-, Kies- und Steinwüsten bedeckt, in denen einige Oasen liegen.

Gebirge/Berge: Tibesti-Gebirge (Pico Bette mit 2 286 m)

Flüsse/Seen: Trockenflüsse; Salzseen

Kurzbeschreibung:
Liberia hat das typische feuchtheiße Klima der inneren Tropen mit einer kurzen Trockenzeit im Juli und August.

Klassifizierung nach „Troll":
Küste: 15
Norden und Nordosten: 14

Kurzbeschreibung:
Wüstenklima mit seltenen, z.T. ausbleibenden Niederschlägen und extremen Temperaturen (tagsüber sehr heiß, nachts sehr kalt).
Mittelmeerklima im Nordosten und Nordwesten an der Küste der Cyrenaika mit Winterregen.
Wüstenwind Ghibli führt zu Sandstürmen.

Klassifizierung nach „Troll":
Im Norden: 9
Im Süden: 10
Im Nordwesten und Nordosten: 8

Liechtenstein

Litauen

Lage: Mitteleuropa   Fläche: 160 qkm   Weltrang: 188

Hauptstadt: Vaduz (5 060 E.)
Weitere wichtige Städte: Schaan, Balzers, Triesen, Eschen

Angrenzende Länder:
Westen und Süden: Schweiz
Osten: Österreich

Lage: Nordosteuropa   Fläche: 653 000 qkm   Weltrang: 121

Hauptstadt: Wilna (576 000 E.)
Weitere wichtige Städte: Kaunas, Schaulen, Panevezys, Memel

Angrenzende Länder:
Norden: Lettland
Osten: Weißrussland
Südwesten: Polen, Russland

Einwohner: 31 000   Weltrang: 188
Religionen: 83 % Katholiken
            7 % Protestanten

Sprachen: Deutsch (Amtssprache)
           Alemanischer Dialekt

Bevölkerungsdichte: 194 E/qkm   Bevölkerungswachstum: 1,4 %
Lebenserwartung: 72 Jahre   Analphabetenanteil: <5,0 %
Einwohner pro Arzt: 957   Kindersterblichkeit: k.A.

Einwohner: 3 715 000   Weltrang: 120
Religionen: 81 % Katholiken
            Minderheiten:
            Orthodoxe, Protestanten
Sprachen: Litauisch (Amtssprache)
           Russisch, Polnisch, Belorussisch

Bevölkerungsdichte: 57 E/qkm   Bevölkerungswachstum: 0,5 %
Lebenserwartung: 70 Jahre   Analphabetenanteil: <5,0 %
Einwohner pro Arzt: 230   Kindersterblichkeit: 1,9 %

Wirtschaft in Stichworten:
– Landwirtschaft spielt heute keine bedeutende Rolle mehr
– Industrie: Arzneimittel, Präzisionsgeräte, Keramik
– Export: Briefmarken, Maschinen, Transportausrüstungen,
  Präzisionsgeräte
– Tourismus
– Bedeutendste Einnahmequellen: Briefmarken, Bankwesen

Energieverbrauch: 3048 kg ÖE/Einw.
Bruttosozialprodukt: >9 386 US$/Einw.
Anteil der Erwerbstätigen:
Landwirtschaft: 2 %, Industrie: 46 %, Dienstleistungen: 52 %

Wirtschaft in Stichworten:
– Landwirtschaft: Getreide, Obst, Gemüse;
  Milch-und Mastviehhaltung
– Forstwirtschaft
– Industrie: Papier, Textil, Nahrungsmittel
– Bodenschätze: Bernstein, Torf, Erdöl
– Export: Elektrotechnische Geräte, Maschinen, Textilien,
  Nahrungsmittel

Energieverbrauch: 2 030 kg ÖE/Einw.
Bruttosozialprodukt: 1 900 US$/Einw.
Anteil der Erwerbstätigen:
Landwirtschaft: 24 %, Industrie: 28 %, Dienstleistungen: 48 %

Die Talebene des Alpenrheins (im Westen des Landes) nimmt
ein Drittel der Landesfläche ein.
Die Nebenflüsse des Rheins haben im Mündungsbereich
Schwemmfächer aufgeschüttet.
Laub-, Misch- und Fichtenwälder an den Hängen, Alpweiden.

Gebirge/Berge: Alpen; Naafkopf (2 570 m) und Falknis (2 560 m)
               an der Südgrenze zur Schweiz;
               Rappenstein (2 221 m), Schönberg (2 104 m).

Flüsse/Seen: Rhein (Alpenrhein), Samina

Weite Niederungen, hohe Sanddünen an der Ostseeküste und
seenreiche Hügelketten im Norden und Südosten sind die
bestimmenden Landschaftsmerkmale Litauens. In der Landesmitte durchziehen viele Flüsse die sumpfige und moorige
Landschaft.
Die natürliche Vegetation umfasst Birken-, Eichen- und Kiefernwälder, Wiesen, Sümpfe und Moore.

Gebirge/Berge: Juozapines (294 m)

Flüsse/Seen: Memel, Venta, Neris

Kurzbeschreibung:
Gemäßigtes Klima; je weiter man ins Gebirge kommt, desto
kühler und regenreicher.
Klimatisch begünstigt sind die Sonnenhänge.
Das Alpenrheintal bildet eine Föhngasse (mildes Talklima).
Beim Zusammentreffen von Schneeschmelze und Föhn kann
es zu Überschwemmungen kommen (früher viele Hochwasser-
katastrophen).

Klassifizierung nach „Troll":
4b

Kurzbeschreibung:
Das gemäßigte Klima geht vom maritimen im Westen zum
kontinentalen Typ über. Die Niederschläge sind im Spätherbst
am stärksten.

Klassifizierung nach „Troll":
4b

Luxemburg

Madagaskar

Lage: Westeuropa   **Fläche:** 2 586 qkm   Weltrang: 166

Hauptstadt: Luxemburg (77 400 E.)
Weitere wichtige Städte: Eschsur-Alzette, Differdingen,
Düdelingen, Sanem
Angrenzende Länder:
Norden und Nordwesten: Belgien
Osten: Deutschland
Süden: Frankreich

Lage: Südostafrika   **Fläche:** 587 041 qkm   Weltrang: 44

Hauptstadt: Antananarivo (1 053 000 E.)
Weitere wichtige Städte: Toamasino, Antsirabe, Mahajanga

Angrenzende Länder:
Inselstaat im Indischen Ozean östlich von Afrika

Einwohner: 410 000   Weltrang: 160

Religionen: 94 % Katholiken
Minderheiten:
Protestanten, Juden
Sprachen: Französisch (Amtssprache)
Deutsch, Letzebuergisch
Bevölkerungsdichte: 159 E/qkm   Bevölkerungswachstum: 1,1 %
Lebenserwartung: 76 Jahre   Analphabetenanteil: <5,0 %
Einwohner pro Arzt: 469   Kindersterblichkeit: 0,9 %

Einwohner: 13 651 000   Weltrang: 60

Religionen: 50 % Anhänger von Naturreligionen
25 % Katholiken
10 % Protestanten, 5% Moslems
Sprachen: Malagasy und Französisch (Amtssprachen)
Einheimische Idiome
Bevölkerungsdichte: 23 E/qkm   Bevölkerungswachstum: 3,1 %
Lebenserwartung: 58 Jahre   Analphabetenanteil: 20,0 %
Einwohner pro Arzt: 8 333   Kindersterblichkeit: 16,4 %

Wirtschaft in Stichworten:
– Landwirtschaft: Wein, Getreide, Futterpflanzen; Viehwirtschaft
– gut entwickelte Stahlindustrie
– Bodenschätze: Eisenerz
– Export: Produkte der metallverarbeitenden und
chemischen Industrie
– bedeutender Bankenplatz

Energieverbrauch: 9 361 kg ÖE/Einw.
Bruttosozialprodukt: 41 210 US$/Einw.

Anteil der Erwerbstätigen:
Landwirtschaft: 3 %, Industrie: 27 %, Dienstleistungen: 70 %

Wirtschaft in Stichworten:
– Landwirtschaft: Gewürze, Kaffee, Maniok
– wenig entwickelte Konsumgüterindustrie
– Bodenschätze: Graphit, Chromerz, Erdöl, Bauxit, Eisenerz
– Export: Gewürze, Kaffee, Vanille, Rohstoffe
– Tourismus

Energieverbrauch: 36 kg ÖE/Einw.
Bruttosozialprodukt: 230 US$/Einw.

Anteil der Erwerbstätigen:
Landwirtschaft: 76 %, Industrie: + Dienstleistungen: 24 %

Das Territorium Luxemburgs besteht hauptsächlich aus den
Niederungen der Sure und der Alzette.
Der malerische nördliche Teil des Landes (Ösling), der ein 400 bis
500 m hohes Plateau mit sauren, kargen Böden bildet, umschließt
die südlichen Ausläufer der Ardennen und der Eifel.
Das fruchtbare, stufenförmige Hügelland im Süden (Gutland)
gehört zum lothringischen Stufenland und wird zunehmend
weidewirtschaftlich genutzt.
Seine Sandstein- und Kalkschichten weisen außerdem ergiebige
Erzvorkommen auf.

Gebirge/Berge: Wemperhardt (559 m)

Flüsse/Seen: Mosel, Sure, Alzette, Clerf, Wiltz, Our, Chiers

Viertgrößte Insel der Welt.
Das Innere wird von zum Teil steil aufragenden, in Nord-Süd-
Richtung verlaufenden Gebirgszügen und ausgedehnten Hoch-
flächen beherrscht.
Nach Osten fallen die Regenwälder der Plateaus jäh zur feucht-
tropischen Küste ab, nach Westen gehen sie in flachwelliges, von
Trockenwäldern und Dornsavannen bestimmtes Stufenland über.
Einzigartig sind die überaus artenreiche Natur sowie die traum-
haft schönen Strände.

Gebirge/Berge: Ambre-Gebirge (1 475 m), Ankaratra (2 643 m),
Tsaratanana (Maromokotro 2 876 m),
Andringitra-Gebirge (2 656 m)

Flüsse/Seen: Betsiboka, Ikopa, Mangoky, Onilahy

Kurzbeschreibung:
Gemäßigt-ozeanisches Klima mit relativ langen Wintern.
Dabei unterscheidet sich der rauhere Nordteil vom wärmeren
Süden mit geringem Niederschlag.

Klassifizierung nach „Troll":
4b

Kurzbeschreibung:
Tropisches Klima, wobei die Ostabdachung zu allen
Jahreszeiten Niederschlag erhält.
Den übrigen Teil kennzeichnet ein Wechsel zwischen
winterlicher Trocken- und sommerlicher Regenzeit.
Im Hochland herrscht gemäßigtes Klima.

Klassifizierung nach „Troll":
Westen: 12
Osten: 15

Makedonien

Lage: Südosteuropa　　　Fläche: 27 713 qkm　　　Weltrang: 146

Hauptstadt: Skopje (444 000 E.)
Weitere wichtige Städte: Bitola, Prilep, Kumanova, Tetovo

Angrenzende Länder:
Norden: Jugoslawien
Osten: Bulgarien
Süden: Griechenland
Westen: Albanien

Einwohner: 2 119 000　　　　　　　　　　Weltrang: 138
Religionen: Mehrheitl. Mazedonisch-Orthodoxe
　　　　　　　Moslems, Katholiken

Sprachen:　Mazedonisch (Amtssprache)
　　　　　　Albanisch, Türkisch
　　　　　　Sprachen der Minderheiten

Bevölkerungsdichte: 82 E/qkm　Bevölkerungswachstum:　0,7 %
Lebenserwartung:　72 Jahre　Analphabetenanteil:　　11,0 %
Einwohner pro Arzt: 430　　Kindersterblichkeit:　　3,1 %

Wirtschaft in Stichworten:
– Landwirtschaft: Weizen, Gerste, Reis, Tabak, Früchte,
　Baumwolle; Milchviehhaltung
– Industrie: Stahl- und Textilindustrie
– Bodenschätze: Blei, Zink, Kupfer, Silber, Chrom, Antimon
– Export: Tabak, Früchte, Bekleidung, Schuhe

Energieverbrauch: 1 279 kg ÖE/Einw.
Bruttosozialprodukt: 860 US$/Einw.

Anteil der Erwerbstätigen:
Landwirtschaft: 9 %, Industrie: 49 %, Dienstleistungen: 42 %

Der größte Teil Makedoniens wird von einem Hochplateau
(600–900 m) beherrscht. Das übrige Land ist gebirgig mit Höhen
über 2 000 m, in das fruchtbare und überflutete Beckenlandschaften eingelassen sind.
Das Innere des Landes wird immer wieder von Erdbeben
erschüttert.
Der Süden hat mittelmeerischen Charakter.

Gebirge/Berge: Korab (2 764 m), Perister (2 600 m)

Flüsse/Seen:　　Vardar, Crna, Drin;
　　　　　　　　Ohridsee, Prespasee, Doiransee

Kurzbeschreibung:
Das Klima unterliegt mediterranen und kontinentalen Einflüssen,
mit starken Regenfällen im Sommer und größeren Schneefällen
im Winter vor allem in den Randgebirgen. Die inneren Becken
sind trockener.

Klassifizierung nach „Troll":
4b

Malawi

Lage: Südostafrika　　Fläche: 118 484 qkm　　　　　Weltrang: 99

Hauptstadt: Lilongwe (396 000 E.)
Weitere wichtige Städte: Blantyre, Mzuzu, Zomba

Angrenzende Länder:
Norden und Nordosten: Tansania
Westen: Sambia
Osten, Süden und Südwesten: Mosambik

Einwohner: 9 757 000　　　　　　　　　　Weltrang: 77
Religionen: 75 % Christen (Katholiken und Protestanten)
　　　　　　　10 % Anhänger von Naturreligionen
　　　　　　　Minderheiten: Moslems, Bahai
Sprachen:　Chichewa und Englisch (Amtssprachen)
　　　　　　Chitumbuka (Verkehrssprache)

Bevölkerungsdichte: 82 E/qkm　Bevölkerungswachstum:　3,1 %
Lebenserwartung:　45 Jahre　Analphabetenanteil:　　44,0 %
Einwohner pro Arzt: 50 000　Kindersterblichkeit:　　21,9 %

Wirtschaft in Stichworten:
– Landwirtschaft: Tee, Zuckerrohr, Tabak, Mais
– bescheidene Industrie (vor allem Holz und Verarbeitung
　der Agrarprodukte)
– arm an Bodenschätzen
– Export: Tabak, Zucker, Tee

Energieverbrauch: 39 kg ÖE/Einw.
Bruttosozialprodukt: 170 US$/Einw.

Anteil der Erwerbstätigen:
Landwirtschaft: 86 %, Industrie + Dienstleistungen: 14 %

Mit seinen Seen, Flüssen, Wasserfällen, Wäldern, parkähnlichen
Graslandschaften und Bergen besitzt Malawi eine große land-
schaftliche Vielfalt.
Der größte Teil des Landes besteht aus weiten Hochebenen, die
westlich des Njassasees, der ein Fünftel der Staatsfläche ausmacht, und beiderseits des Shire zum Njassagraben abfallen.
Einzelne Inselberge überragen die Rumpfflächen.

Gebirge/Berge: Mulanje-Massiv

Flüsse/Seen:　　Shire; Njassasee (Malawisee),
　　　　　　　　Chiutasee, Chilwasee

Kurzbeschreibung:
Tropisch-wechselfeuchtes Klima, das durch die Höhenlage und
die große Wasserfläche beeinflusst wird.
Von November bis März herrscht eine ausgeprägte Regenzeit.
Im nördlichsten Hochland sind die Niederschläge dabei am
ergiebigsten.

Klassifizierung nach „Troll":
13

Malaysia

Malediven

STAAT

Lage: Südostasien   Fläche: 329 758 qkm   Weltrang: 65

Hauptstadt: Kuala Lumpur (1 145 000 E.)
Weitere wichtige Städte: Ipoh, George Town, Johor, Baharu,
                Melaka, Petaling Jaya, Tawai, Kelang
Angrenzende Länder:
Norden: Thailand
Süden und Südosten: Indonesien

Lage: Südasien   Fläche: 298 qkm   Weltrang: 185

Hauptstadt: Male (63 000 E.)
Weitere wichtige Städte:

Angrenzende Länder:
Inselgruppe im Indischen Ozean südwestlich von Indien
und Sri Lanka

BEVÖLKERUNG

Einwohner: 20 140 000   Weltrang: 46
Religionen: 53 % sunnitische Moslems (Islam ist Staatsreligion)
        17 % Buddhisten, 12 % Chinesische Religionen
        7 % Hindus, 7 % Christen, Anhänger von Naturreligionen
Sprachen: Malaiisch (Amtssprache), Zahlreiche austronesische
        Sprachen, Englisch (Verkehrs- und Bildungssprache)
        Chinesisch, Asli, Tamil u.a.
Bevölkerungsdichte: 61 E/qkm   Bevölkerungswachstum: 2,5 %
Lebenserwartung: 71 Jahre   Analphabetenanteil: 17,0 %
Einwohner pro Arzt: 2 564   Kindersterblichkeit: 1,3 %

Einwohner: 253 000   Weltrang: 169
Religionen: Fast 100 % sunnitische Moslems
        (Islam ist Staatsreligion)

Sprachen: Maldivisch (Amtssprache)
        Englisch (Verkehrs- und Bildungssprache)

Bevölkerungsdichte: 849 E/qkm   Bevölkerungswachstum: 3,2 %
Lebenserwartung: 63 Jahre   Analphabetenanteil: 7,0 %
Einwohner pro Arzt: 5 377   Kindersterblichkeit: 7,7 %

WIRTSCHAFT

Wirtschaft in Stichworten:
– Landwirtschaft: Palmöl, Kautschuk,
– Holzwirtschaft
– Industrie: Maschinen, Kfz, elektronische Bauteile,
  Gummi- und Ölerzeugnisse
– Bodenschätze: Zinn, Erdöl, Erdgas, Bauxit
– Export: weltweit führender Zinnproduzent, drittgrößter
  Hersteller von Mikrochips, Spitzenstellung bei Naturkautschuk
  und Palmöl
– Tourismus
Energieverbrauch: 1 699 kg ÖE/Einw.
Bruttosozialprodukt: 3 890 US$/Einw.
Anteil der Erwerbstätigen:
Landwirtschaft: 21 %, Industrie: 32 %, Dienstleistungen: 47 %

Wirtschaft in Stichworten:
– Landwirtschaft: Hirse, Kokosnüsse, Maniok
– Fischfang
– wenig entwickelte Industrie
– Export: Thunfisch, Fischkonserven, Bekleidung
– Tourismus als Haupteinnahmequelle

Energieverbrauch: 139 kg ÖE/Einw.
Bruttosozialprodukt: 990 US$/Einw.
Anteil der Erwerbstätigen:
Landwirtschaft: 25 %, Industrie: 22 %, Dienstleistungen: 53 %

LANDESNATUR

Malaysia wird durch das Südchinesische Meer in die Halbinsel
von Westmalaysia und in Ostmalaysia getrennt, das den Nordteil
der Insel Borneo einnimmt und aus den Staaten Sabah und
Sarawak besteht. Beide Teile liegen über 600 km voneinander
entfernt, ähneln sich aber im Landschaftsbild.
Steile, mit Dschungel überzogene Bergketten, riesige Plantagen
mit Kautschukbäumen und Ölpalmen, breite Flusstäler und
ausgedehnte Schwemmlandebenen sowie kilometerlange weiße
Strände kennzeichnen den zunehmend auch als Reiseziel
beliebten Staat.
Die dichten Regenwälder bringen eine außergewöhnliche
Pflanzenvielfalt hervor.

Gebirge/Berge: Crockerkette/Ostmalaysia (Kinabalu 4 101 m)

Flüsse/Seen: Pahang, Rajang

Kette von 19 Inselgruppen im Indischen Ozean südwestlich von
Indien und Sri Lanka.
Es handelt sich dabei um Atolle mit Korallenriffen, die die Gipfel
eines im Meer versunkenen Vulkangebirges umgeben.
Insgesamt sind es fast 2 000 Inseln, von denen aber nur 220
bewohnt sind.
Weiße Korallenstrände und blaugrüne, glasklare Küstengewässer
mit Palmen erinnern an ein idyllisches Inselparadies.
Die barriereartigen Riffe sind der einzige Schutz vor den manch-
mal recht heftigen Wirbelstürmen.

Gebirge/Berge:

Flüsse/Seen:

KLIMA

Kurzbeschreibung:
Tropisch-immerfeuchtes Monsunklima mit ganzjährig hohen
Temperaturen und hohen Niederschlägen zu allen Jahreszeiten.

Klassifizierung nach „Troll":
15

Kurzbeschreibung:
Tropisch heiß und feucht mit einer jährlichen Durchschnittstemperatur von 27° C.
Vor allem der Südwest-Monsun bringt von April bis November
hohe Niederschläge.

Klassifizierung nach „Troll":
15

Mali

Malta

Lage: Westafrika   Fläche: 1 240 192 qkm   Weltrang: 23

Hauptstadt: Bamako (745 800 E.)
Weitere wichtige Städte: Timbuktu, Segu, Mopti, Kulikoro,
Kidal, Kayes, Sansanding, Taudeni
Angrenzende Länder:
Norden: Algerien
Osten: Niger
Süden: Cote d'Ivoire, Burkina Faso
Südwesten: Guinea
Westen: Senegal, Mauretanien

Lage: Südeuropa   Fläche: 315,6 qkm   Weltrang: 184

Hauptstadt: Valletta (9 100 E.)
Weitere wichtige Städte: Auf Malta: Birkirkara, Qormi
Auf Cozo: ir Rabat (Victoria)
Angrenzende Länder:
Inselgruppe im Mittelmeer

BEVÖLKERUNG

Einwohner: 9 788 000   Weltrang: 76

Religionen: 80 % Moslems
18 % Anhänger von Naturreligionen
1 % Christen
Sprachen: Französisch (Amtssprache)
Bambara, Manding, Arabisch, Ful

Bevölkerungsdichte: 7,9 E/qkm	Bevölkerungswachstum: 2,8 %
Lebenserwartung: 47 Jahre	Analphabetenanteil: 69,0 %
Einwohner pro Arzt: 20 000	Kindersterblichkeit: 21,0 %

Einwohner: 372 000   Weltrang: 164

Religionen: 93 % Katholiken
Protestantische Minderheiten

Sprachen: Maltesisch und Englisch (Amtssprachen)
Italienisch als Umgangssprache

Bevölkerungsdichte: 1 179 E/qkm	Bevölkerungswachstum: 0,8 %
Lebenserwartung: 77 Jahre	Analphabetenanteil: 14,0 %
Einwohner pro Arzt: 890	Kindersterblichkeit: 1,2 %

WIRTSCHAFT

Wirtschaft in Stichworten:
– Landwirtschaft: Getreide, Baumwolle, Erdnüsse;
Viehzucht (Rinder, Ziegen, Schafe)
– Flussfischerei
– Industrie: wenig entwickelt
– Bodenschätze: Phosphat, Salz, Gold
– Export: Baumwolle, Vieh, Häute, Felle, Trockenfisch, Erdnüsse
– Tourismus: Ist reduziert auf Abenteurer und Extremtouristen.

Energieverbrauch: 22 kg ÖE/Einw.
Bruttosozialprodukt: 250 US$/Einw.
Anteil der Erwerbstätigen:
Landwirtschaft: 84 %, Industrie + Dienstleistungen: 16 %

Wirtschaft in Stichworten:
– Landwirtschaft: Kartoffeln, Tomaten (der Trockenfeldbau ist
wenig ertragreich)
– Industrie: Maschinen- und Fahrzeugbau,
Textilien und Bekleidung
– Export: Kartoffeln, Blumen, Schuhe, Textilien
– Tourismus

Energieverbrauch: 2 511 kg ÖE/Einw.
Bruttosozialprodukt: <9 385 US$/Einw.
Anteil der Erwerbstätigen:
Landwirtschaft: 2 %, Industrie: 26 %, Dienstleistungen: 72 %

LANDESNATUR

Mali liegt in der Sahelzone am Südrand der Sahara. Die Landschaft besteht meist aus Ebenen und Plateaus, nur im Nordosten ragt der Adrar der Iforas heraus.
Im Süden durchfließt der Niger das eintönige Land.
Viele Seen und Sümpfe in der Landschaft Massina entlang des Niger.
Vegetationszonen von Norden nach Süden: Wüste, Trockensavanne, Feuchtsavanne.

Das Maltesische Archipel besteht aus drei größeren bewohnten Inseln (Malta, Cozo, Comino) und einigen kleineren, unbewohnten Inseln.
Flache Nordküste, steile Süd- und Südwestküste (bis zu 500 m hohe Kliffs).
Langgestreckte Sandstrände im Norden.
Großer Wassermangel auf den Karstgebieten, weitgehend baumlos. Verbreitet Strauchvegetation (Garrigue).
Im Tertiär bestand zwischen Europa und Afrika eine Landbrücke, die durch Meeresspiegelanstieg überschwemmt wurde. Heute ragen nur noch die Inseln Maltas aus dem Mittelmeer.

Gebirge/Berge: Hambori Tondo (1 155 m),
Adrar der Iforas (853 m)

Flüsse/Seen: Niger, Bani, viele Wadis

Gebirge/Berge: Höchste Erhebung: 253 m

Flüsse/Seen: Wegen des Wassermangels keine ganzjährig
wasserführenden Flüsse.

KLIMA

Kurzbeschreibung:
Wüstenklima der Sahara im Norden (fast keine Niederschläge), große Temperaturschwankungen zwischen Tag und Nacht.
Anschließend nach Süden wechselfeuchtes Klima mit einer Regenzeit im Sommer.
Nur im Süden ausreichend Niederschlag zur Ausprägung der Savanne.
Im Frühjahr weht der Harmattan, ein heißer, trockener Nordostwind in Westafrika.

Klassifizierung nach „Troll":
Von Norden nach Süden: 10, 11, 12, 13

Kurzbeschreibung:
Mittelmeerklima mit wolken- und regenarmen Sommern.
Winterregen von Oktober bis März.
Angenehme Wassertemperaturen (Bademöglichkeit von April bis Dezember).

Klassifizierung nach „Troll":
7

57

Marokko

Marshallinseln

Marokko

Lage: Nordwestafrika   Fläche: 458 730 qkm   Weltrang: 54

Hauptstadt: Rabat (1 386 000 E.)
Weitere wichtige Städte: Casablanca (Ab-Dar-el-Beida), Fès,
Tétuan, Marrakesch, Agadir, Tanger, Safi,
Ujda
Angrenzende Länder:
Osten und Südosten: Algerien
Süden: Sahara

Marshallinseln

Lage: Ozeanien   Fläche: 181,3 qkm   Weltrang: 187

Hauptstadt: Rita (17 700 E.)
Weitere wichtige Städte: Ebeye, Jaluit

Angrenzende Länder:
Inselgruppe im Pazifischen Ozean

BEVÖLKERUNG

Einwohner: 26 562 000   Weltrang: 37

Religionen: 89 % Moslems (Islam ist Staatsreligion)
Minderheiten: Christen, Juden
Sprachen: Hocharabisch (Amtssprache), Berbersprachen
Französisch und Spanisch (Handels- u. Bildungssprachen)

Bevölkerungsdichte: 58 E/qkm	Bevölkerungswachstum:	2,0 %
Lebenserwartung: 65 Jahre	Analphabetenanteil:	56,0 %
Einwohner pro Arzt: 4 415	Kindersterblichkeit:	7,5 %

Einwohner: 56 000   Weltrang: 185

Religionen: Christen (überwiegend Katholiken)

Sprachen: Englisch (Amtssprache)
Mikronesische Sprachen

Bevölkerungsdichte: 287 E/qkm	Bevölkerungswachstum:	3,0 %
Lebenserwartung: 63 Jahre	Analphabetenanteil:	9,0 %
Einwohner pro Arzt: 2 217	Kindersterblichkeit:	9,2 %

WIRTSCHAFT

Wirtschaft in Stichworten:
– Landwirtschaft: Gerste, Weizen, Gemüse, Zitrusfrüchte,
Baumwolle
– Industrie: Textil-, Auto- und Zellstoffindustrie
(in kleinem Umfang)
– Bodenschätze: Phosphat, Blei, Zink, Eisenerz, Mangan
– Export: im Phosphatabbau weltweit führend, Nahrungsmittel
und Investitionsgüter
– Tourismus als wesentlicher Devisenbringer

Energieverbrauch: 327 kg ÖE/Einw.
Bruttosozialprodukt: 1 110 US$/Einw.
Anteil der Erwerbstätigen:
Landwirtschaft: 36 %, Industrie: 28 %, Dienstleistungen: 36 %

Wirtschaft in Stichworten:
– Landwirtschaft: Kokosnüsse, Bananen, Tomaten,
Melonen, Brotfrucht
– Fischfang
– Industrie: Fisch- und Kopraverarbeitung; Handwerk
– Export: Kopra, Fisch
– Tourismus: Wachsende Einnahmequelle

Energieverbrauch: keine Angaben
Bruttosozialprodukt: 2 500 US$/Einw.
Anteil der Erwerbstätigen:
Landwirtschaft: k.A., Industrie: k.A., Dienstleistungen: k.A.

LANDESNATUR

Land der Gegensätze. Hohe, schneebedeckte Berge im Atlas, die
trockene, heiße Sahara im Süden und die grünen Küstenebenen
am Mittelmeer und am Atlantik drücken dies aus.
Das Atlasgebirge, das den Staat in nordöstlicher Richtung durchzieht, bildet das Rückgrat und fächert zur algerischen Grenze in
einzelne Hochebenen auf.
Der Mittelmeerküste ist das Rif vorgelagert, im Südwesten
schließt der Antiatlas zur Sahara hin ab. Zum Atlantik hin fällt
das Gebirge in einem stufigen Tafelland zur Küste ab.
Hier finden sich auch die fruchtbarsten Regionen und die
bedeutendsten Städte des Landes.

Gebirge/Berge: Hoher Atlas (Dschebel Tubkal 4 165 m,
Dschebel M'Goun 4 071 m), Rif-Gebirge (2 448 m),
Mittlerer Atlas, Antiatlas (bis 2 000 m)

Flüsse/Seen: Moulouya, Sebou, Oumer-Rbia,
Tensift, Sous, Loukoa

Die Inselgruppe gehört zu Indonesien.
Sie besteht aus zwei parallelen Ketten (5 Hauptinseln, über
30 Korallenatolle) und einer Vielzahl kleiner und kleinster
Inseln und Riffe.
Die Inseln sind auf die vulkanischen Gipfel des untermeerischen
Systems des circumpazifischen Ringes aufgelagert.

Gebirge/Berge:

Flüsse/Seen:

KLIMA

Kurzbeschreibung:
Subtropisch mit abnehmenden Niederschlägen zum Landes-
inneren hin. Im Norden herrscht Mittelmeerklima mit heißen,
trockenen Sommern und milden, feuchten Wintern.
Im Trockenraum um Marrakesch sind die Sommer heißer
und die Winter milder.
An der Atlantikküste wirkt sich der Kanarenstrom kühlend aus.
Im Atlas fällt im Winter viel Schnee.
Südlich des Antiatlas herrscht saharisches Klima.

Klassifizierung nach „Troll":
Norden: 7
Süden: 9

Kurzbeschreibung:
Die Inseln haben feuchtheißes Tropenklima mit ganzjährig
hohen Niederschlägen.
Im nördlichen Bereich sind die ansonsten hohen Temperaturen
etwas niedriger.

Klassifizierung nach „Troll":
15

Mauretanien | Mauritius

STAAT

Mauretanien

Lage: Nordwestafrika   Fläche: 1 030 700 qkm   Weltrang: 28

Hauptstadt: Nouakchott (480 400 E.)
Weitere wichtige Städte: Atar, Akjult, F'Dèrick, Nouadhibou,
Aiun-el-Atruss
Angrenzende Länder:
Nordosten: Algerien
Nordwesten: Sahara
Osten: Mali
Süden: Senegal, Mali

Mauritius

Lage: Südostafrika   Fläche: 2 040 qkm   Weltrang: 167

Hauptstadt: Port Louis (145 500 E.)
Weitere wichtige Städte: Beau Bassin, Vacoas, Curepipe,
Quatre Bornes
Angrenzende Länder:
Inselgruppe im Indischen Ozean

BEVÖLKERUNG

Mauretanien

Einwohner: 2 274 000   Weltrang: 136
Religionen: Fast 100 % Moslems (Islam ist Staatsreligion)
Christliche Minderheiten
Sprachen: Hocharabisch (Amtssprache)
Französisch (Bildungssprache und Geschäftssprache)
Niger- u. Kongosprachen

Bevölkerungsdichte: 2,2 E/qkm   Bevölkerungswachstum: 2,5 %
Lebenserwartung: 53 Jahre   Analphabetenanteil: 62,0 %
Einwohner pro Arzt: 16 667   Kindersterblichkeit: 19,5 %

Mauritius

Einwohner: 1 128 000   Weltrang: 146
Religionen: 53 % Hindus, 30 % Christen, 13 % Moslems
Minderheiten von Buddhisten
Sprachen: Englisch (Amtssprache)
Mauretanisch
Indische Sprachen
Französisch als Bildungssprache

Bevölkerungsdichte: 553 E/qkm   Bevölkerungswachstum: 1,0 %
Lebenserwartung: 71 Jahre   Analphabetenanteil: 17,0 %
Einwohner pro Arzt: 1 176   Kindersterblichkeit: 2,3 %

WIRTSCHAFT

Mauretanien

Wirtschaft in Stichworten:
– Landwirtschaft: Hirse, Mais, Rüben, Reis,
Hülsenfrüchte, Bataten, Datteln, Wassermelonen, Erdnüsse;
Viehzucht (Rinder, Kamele, Schafe, Ziegen)
– Fischfang
– Industrie: Fischverarbeitung, Eisenund Kupferbergbau
– Bodenschätze: Eisenerz
– Export: Eisenerz, Fischereierzeugnisse, Viehzuchtprodukte

Energieverbrauch: 103 kg ÖE/Einw.
Bruttosozialprodukt: 460 US$/Einw.
Anteil der Erwerbstätigen:
Landwirtschaft: 63 %, Industrie: 12 %, Dienstleistungen: 25 %

Mauritius

Wirtschaft in Stichworten:
– Landwirtschaft: Zuckerrohr, Bananen, Tee, Tabak, Feldfrüchte
– Fischfang
– Industrie: Zuckerherstellung, Düngemittel, Textilien,
Plastik- und Elektroartikel
– Export: Zucker, Tee, Tabak, Textilien
– Tourismus

Energieverbrauch: 387 kg ÖE/Einw.
Bruttosozialprodukt: 3 380 US$/Einw.
Anteil der Erwerbstätigen:
Landwirtschaft: 14 %, Industrie: 36 %, Dienstleistungen: 50 %

LANDESNATUR

Mauretanien

Das Land ist eben, mit einem tief gelegenen Küstenstreifen im
Westen und den Sanddünen der Sahara im Zentrum und im
Osten.
Die flachen Ebenen werden teilweise von Inselbergen
unterbrochen.
Savanne an der Küste, sonst vorwiegend Halbwüsten und
Wüsten.

Gebirge/Berge: Kédia d' Jdjil (917 m)

Flüsse/Seen: Senegal (Grenzfluss zu Senegal), viele Wadis;
Nèma

Mauritius

Die Hauptinsel Mauritius gehört zu den Maskarenen und ist
vulkanischen Ursprungs.
Weitere Inseln sind Rodriges, Cargados-Carajos-Inseln und die
Agalega-Inseln; sie liegen weit von der Hauptinsel entfernt.
Das Landesinnere von Mauritius nehmen Hochflächen
(300–600 m) ein, die von einzelnen Bergen überragt werden.
Die Insel besitzt eine steile und zerklüftete Felsküste und ist von
einem Korallenriff umgeben.
Wald und Strauchvegetation in höheren Gebirgslagen, sonst
vorwiegend Kulturland.

Gebirge/Berge: Piton Rivière Noire (813 m), Pieter Both (803 m),
Bambou Mountains (612 m)

Flüsse/Seen: Poste, Grand; kleinere Seen

KLIMA

Mauretanien

Kurzbeschreibung:
Heißes und trockenes Klima im größten Teil des Landes.
Nur im Sahel tritt gelegentlich im Spätsommer Niederschlag auf.
An der Küste gelegentlich Nebelbildung durch den kalten
Kanarenstrom.

Klassifizierung nach „Troll":
Überwiegend: 10
Im äußersten Süden: 11

Mauritius

Kurzbeschreibung:
Ganzjährig warme Zone (Tropen).
Regenzeit von Dezember bis Juni.
Die Niederschläge nehmen von Osten (Südostpassat) nach
Westen ab.
Tropische Wirbelstürme zur Regenzeit (Mauritiusorkane).

Klassifizierung nach „Troll":
15

Mexiko

Mikronesien

Lage: Mittelamerika   Fläche: 1 958 201 qkm   Weltrang: 14

Hauptstadt: Mexiko (11 708 000 E.)
Weitere wichtige Städte: Léon, Monterrey, Tampico, Chihuahua,
                    Puebla, Guadalajara, Veracruz, Acapulco

Angrenzende Länder:
Norden: USA
Südosten: Guatemala, Belize

Lage: Ozeanien   Fläche: 700 qkm   Weltrang: 173

Hauptstadt: Kolonia (6 200 E.)
Weitere wichtige Städte: Palikir (Regierungssitz), Weno

Angrenzende Länder:
Inselwelt im westlichen Pazifik

Einwohner: 91 831 000   Weltrang: 11

Religionen: 90 % Katholiken
            5 % Protestanten
            Minderheiten: Bahai, Juden
Sprachen: Spanisch (Amtssprache)
            Indianische Sprachen
Bevölkerungsdichte: 47 E/qkm   Bevölkerungswachstum: 2,1 %
Lebenserwartung: 71 Jahre   Analphabetenanteil: 10,0 %
Einwohner pro Arzt: 621   Kindersterblichkeit: 3,2 %

Einwohner: 107 000   Weltrang: 177

Religionen: 60 % Katholiken
            Protestantische Minderheiten

Sprachen: Englisch (Amtssprache)
            Mikronesische und polynesische Sprachen
Bevölkerungsdichte: 153 E/qkm   Bevölkerungswachstum: 2,2 %
Lebenserwartung: 64 Jahre   Analphabetenanteil: 19,0 %
Einwohner pro Arzt: 3 084   Kindersterblichkeit: 2,8 %

Wirtschaft in Stichworten:
– Landwirtschaft: Kaffee, Zuckerrohr, Baumwolle;
  Viehwirtschaft im Norden
– Fischfang (Thunfisch, Garnelen)
– Industrie: verarbeitende Industrie, Maschinen- und
  Fahrzeugbau, chemische Industrie
– Bodenschätze: Erdöl, Silber, Zink, Kupfer, Blei, Eisenerz
– Export: weltweit führender Silberlieferant, Kfz, Erdöl,
  Produkte der verarbeitenden und Agrarindustrie
– Tourismus (Kulturstätten)
Energieverbrauch: 1 561 kg ÖE/Einw.
Bruttosozialprodukt: 3 320 US$/Einw.
Anteil der Erwerbstätigen:
Landwirtschaft: 26 %, Industrie: 23 %, Dienstleistungen: 51 %

Wirtschaft in Stichworten:
– Landwirtschaft: Maniok, Kopra, Bananen, Zitrusfrüchte,
  Pfeffer, Taro, Kokospalmen, Zuckerrohr
– Fischfang: Reiche Thunfischgründe
– Bodenschätze: Phosphat
– Tourismus

Energieverbrauch: Keine Angaben
Bruttosozialprodukt: <3 035 US$/Einw.
Anteil der Erwerbstätigen:
Landwirtschaft: k.A., Industrie: k.A., Dienstleistungen: k.A.

Mexiko schiebt sich als breite Landzunge zwischen Pazifik und
den Golf von Mexiko und ist von vulkanischen Gebirgsketten mit
hochgelegenen Becken durchzogen. Das zentrale Hochland (Mesa
Central) wird von gewaltigen Vulkanen geprägt und von den
Zügen der Sierra Madre begrenzt.
Am Isthmus von Tehuantepec, der das Hochland mit den Bergen
an der Grenze zu Guatemala verbindet, beträgt der Abstand zwischen Atlantik und Pazifik nur 216 km. Tiefebenen gibt es nur am
Golf von Mexiko, am Pazifik und auf der Halbinsel Yucatan.
Diese ist stark verkarstet und geht nach Süden in tropischen
Regenwald über. Dagegen ist die lange Zunge der Baja California
wüstenhaft. Mexiko wird oft von Erdbeben und Vulkanaus-
brüchen heimgesucht.

Gebirge/Berge: Sierra Madre, Citlaltépetl (5 700 m),
              Popocatépetl (5 452 m),
              Nevado de Colima (4 330 m),
              Pico de Orizaba (5 760 m)

Flüsse/Seen: Rio Bravo del Norte, Rio Balsas, Yaqui, Rio Ler-
              ma, Rio Grande de Santiago; Lago del Chapala

Die föderativen Staaten von Mikronesien sind mit rund
600 Inseln und Atollen ein Teil der Inselwelt Mikronesiens. Die
Hauptinseln (Karolinen, Yap, Ponape, Kusaie) sind vulkanischen
Ursprungs und erheben sich höher über den Meeresspiegel als
die übrigen Inseln.
Die größte Insel Panape ragt mit ihrem 800 m hohen erloschenen
Vulkan am weitesten heraus.
Auf den meist aus Korallen bestehenden Inseln gedeiht durch
das feuchtwarme Klima eine üppige Vegetation. Vor allem
tropische Regenwälder bedecken weite Teile.

Gebirge/Berge:

Flüsse/Seen:

Kurzbeschreibung:
Im Norden subtropisch trocken. Sonst tropisch-wechselfeucht
mit einer Regenzeit im Sommer, auf Yucatan ganzjährig.
An der Atlantikküste fallen reichlich Niederschläge, während Tei-
le des Hochlands und die Pazifikküste im Regenschatten liegen.
Der Nordwesten ist extrem trocken.
Im Küstenflachland und in den Ausläufern der Sierra Madre
kommt es häufig zu Wirbelstürmen.
Klassifizierung nach „Troll":
Norden: 9
Nordwesten: 10
Hochland und Sierra Madre: 12
Yucatan: 13, 14, 15

Kurzbeschreibung:
Tropisch-immerfeuchtes Klima mit ganzjährigen Temperaturen
von 27° C.
Die Inselwelt ist durch Taifune stark gefährdet.

Klassifizierung nach „Troll":
15

60

Moldau

Monaco

STAAT

Lage: Südosteuropa   Fläche: 33 700 qkm   Weltrang: 136

Hauptstadt: Kischinjow (667 100 E.)
Weitere wichtige Städte: Tiraspol, Balti, Tighina, Rybnica,
Soroca, Cahula

Angrenzende Länder:
Norden und Osten: Ukraine
Süden und Westen: Rumänien

Lage: Westeuropa   Fläche: 1,95 qkm   Weltrang: 192

Hauptstadt: Monaco-Ville (1 240 E.)
Weitere wichtige Städte: Monte Carlo, La Condamine (sie bilden
mit der Hauptstadt eine vereinigte Sied-
lung)

Angrenzende Länder:
Frankreich

BEVÖLKERUNG

Einwohner: 4 344 000   Weltrang: 113
Religionen: Mehrheitlich Orthodoxe
Christliche Minderheit
Sprachen: Moldawisch (Amtssprache)
Russisch
Ukrainisch
Gagausisch
Bevölkerungsdichte: 129 E/qkm Bevölkerungswachstum: 0,4 %
Lebenserwartung: 68 Jahre Analphabetenanteil: 4,0 %
Einwohner pro Arzt: 250 Kindersterblichkeit: 3,4 %

Einwohner: 34 000   Weltrang: 187
Religionen: 90 % Katholiken
6 % Protestanten
Minderheiten: Orthodoxe, Juden
Sprachen: Französisch (Amtssprache)
Monegassisch
Italienisch und Englisch als Umgangssprache
Bevölkerungsdichte: 17436 E/qkm Bevölkerungswachstum: 1,3 %
Lebenserwartung: 78 Jahre Analphabetenanteil: <5,0 %
Einwohner pro Arzt: 490 Kindersterblichkeit: k.A.

WIRTSCHAFT

Wirtschaft in Stichworten:
– Landwirtschaft: Mais, Gemüse, Obst, Wein,
Sonnenblumen, Tabak
– Industrie: Nahrungs-, Genussmittel- und Textilindustrie
– kaum Bodenschätze
– Export: Landwirtschaftliche Erzeugnisse, Maschinen, Apparate

Energieverbrauch: 1 095 kg ÖE/Einw.
Bruttosozialprodukt: 920 US$/Einw.

Anteil der Erwerbstätigen:
Landwirtschaft: 35 %, Industrie: 28 %, Dienstleistungen: 37 %

Wirtschaft in Stichworten:
– Industrie: Arzneimittel, Kosmetika, Kunststoffe
– drei Viertel der Staatseinnahmen aus Gewinnen des
Dienstleistungssektors (Bank- und Finanzwesen, Tourismus)
– Export: Kosmetik, pharmazeutische Artikel,
Elektronik, Kunststoffe
– Tourismus (Spielbank)

Energieverbrauch: keine Angaben
Bruttosozialprodukt: >9 386 US$/Einw.

Anteil der Erwerbstätigen:
Landwirtschaft: 0 %, Industrie: 25 %, Dienstleistungen: 75 %

LANDESNATUR

Das moldawische Staatsgebiet umfasst Nord- und Mittelbessarabien zwischen den Flüssen Pruth und Dnjestr bis zum Nordrand der Niederungen von Donau und Schwarzem Meer.
Es handelt sich um ein welliges, von mehreren Flüssen und Schluchten durchbrochenes Flachland, das sich nach Süden neigt. Die Ausläufer der Wolynisch-Podolischen Höhen durchziehen das Land, dessen Zentrum von Laubwald geprägt ist.
Im Norden und Süden gibt es Steppengebiete.

Gebirge/Berge: Dnjestr- oder Soroki-Höhen (347 m),
Balaneschty (430 m)

Flüsse/Seen: Pruth, Dnjestr, Byk, Reut, Kogalnik;
Dubasari-Stausee

Der kleine Staat liegt auf einem schmalen Streifen zwischen der Mittelmeerküste (französische Riviera) und den Seealpen.
Durch Aufschüttungen vor der Küste wurde Neuland gewonnen (Erweiterung der Staatsfläche um ein Fünftel).
Mediterrane Vegetation (Magnolie, Oleander), teilweise exotische Vegetation (im Jardin Exotique).

Gebirge/Berge: Seealpen; Tête de Chien (504 m) im
französischen Hinterland.

Flüsse/Seen:

KLIMA

Kurzbeschreibung:
Gemäßigtes Landklima.
Die Sommer sind lang und warm, die Winter mäßig kalt mit häufigen Schneestürmen.
Die insgesamt wenigen Niederschläge fallen hauptsächlich im Sommer.

Klassifizierung nach „Troll":
4b

Kurzbeschreibung:
Sehr mildes Klima wegen der schützenden Gebirgsumrahmung und der Lage am Mittelmeer (Winter 8–10° C, Sommer ca. 23° C).
Wenig Regen im Sommer, die Hauptniederschläge fallen von Oktober bis Dezember.

Klassifizierung nach „Troll":
7

Mongolei

Mosambik

Mongolei — STAAT

Lage: Zentralasien   Fläche: 1 565 000 qkm   Weltrang: 18

Hauptstadt: Ulan-Bator (680 000 E.)
Weitere wichtige Städte: Darchan, Erdene, Tschojbalsan, Bulgan,
Ghovo, Sain Schanda, Baruun Urt
Angrenzende Länder:
Norden: Russland
Süden und Osten: China

Mosambik — STAAT

Lage: Südostafrika   Fläche: 799 380 qkm   Weltrang: 34

Hauptstadt: Maputo (932 000 E.)
Weitere wichtige Städte: Nampula, Beira, Quelimane,
Nacala, Tete, Chimoio
Angrenzende Länder:
Norden: Tansania
Nordwesten: Malawi
Westen: Simbabwe, Sambia
Südwesten: Südafrika, Swasiland

BEVÖLKERUNG

Einwohner: 2 461 000   Weltrang: 134
Religionen: 90 % Buddhisten (Lamaisten)
Anhänger von Naturreligionen

Sprachen: Mongolisch (Amtssprache)
Russisch
Sprachen der Minderheiten

Bevölkerungsdichte: 1,6 E/qkm   Bevölkerungswachstum: 2,5 %
Lebenserwartung: 65 Jahre   Analphabetenanteil: 20,0 %
Einwohner pro Arzt: 389   Kindersterblichkeit: 7,4 %

Einwohner: 16 168 000   Weltrang: 54
Religionen: 70 % Anhänger von Naturreligionen
Moslems, Katholiken, Protestanten
Minderheit von Hindus
Sprachen: Portugiesisch (Amtssprache)
Kisuaheli, Bantusprachen

Bevölkerungsdichte: 20 E/qkm   Bevölkerungswachstum: 1,8 %
Lebenserwartung: 47 Jahre   Analphabetenanteil: 60,0 %
Einwohner pro Arzt: 33 333   Kindersterblichkeit: 27,5 %

WIRTSCHAFT

Wirtschaft in Stichworten:
– Landwirtschaft: Ackerbau hat geringe Bedeutung;
Viehzucht (Rinder, Pferde, Schafe, Ziegen)
– Holzwirtschaft
– Industrie: Verarbeitung der Rohstoffe
– Bodenschätze: Kupfer, Flussspat, Gold, Kohle, Molybdän, Erdöl
– Export: Vieh, Fleisch, Wolle, Leder, Felle, Gold, Erze

Energieverbrauch: 1 058 kg ÖE/Einw.
Bruttosozialprodukt: 310 US$/Einw.

Anteil der Erwerbstätigen:
Landwirtschaft: 43 %, Industrie: 16 %, Dienstleistungen: 41 %

Wirtschaft in Stichworten:
– Landwirtschaft: Baumwolle, Nüsse, Tee, Sisal, Zucker
– wenig entwickelte Konsumgüter- und Leichtindustrie
– Bodenschätze: Kohle, Uran, Kupfer, Erdöl, Erdgas
– Export: Krustentiere, Rohbaumwolle, Cashewnüsse
– bis 1975 beliebtes Touristenziel

Energieverbrauch: 40 kg ÖE/Einw.
Bruttosozialprodukt: 80 US$/Einw.

Anteil der Erwerbstätigen:
Landwirtschaft: 81 %, Industrie: 9 %, Dienstleistungen: 10 %

LANDESNATUR

Der größte Teil des Landes weist Meereshöhen über 1 000 m auf.
Im Südwesten gibt es im Altai-Gebirge die höchsten Erhebungen,
gefolgt von Bergen im zentralen Changaigebirge.
80 % des Landes sind mit trockener Grassteppe bedeckt, der Rest
ist kalte, trockene Wüste.
Im Süden beginnt die Wüste Gobi mit flachen Bergketten.
Wälder finden sich nur in den nördlichen Gebirgen.

Gebirge/Berge: Mongolischer Altai (Tabjn-Bogdo 4 362 m),
Changai-Gebirge (3 905 m), Gobi-Altai (3 957 m)

Flüsse/Seen: Salenga, Orchon, Kerulen; Uhsa-nor, Chirgis-nor

Der Staat erstreckt sich an der südostafrikanischen Küste über
mehr als 2 500 km und wird durch den Sambesi in eine breite
Nord- und eine schmale Südhälfte geteilt.
Im südlichen Landesteil breitet sich entlang der dünen- und
lagunenreichen Ausgleichsküste ein ausgedehntes Tiefland aus.
Der Norden und Nordwesten besteht aus weiten Hochländern
von etwa 1 000 m, die zu den Randschwellen des Njassagrabens
ansteigen und von abrupt aufragenden Inselbergen unterbrochen
werden.
Baumsavanne und Grasland sind die vorherrschenden
Vegetationsformen.

Gebirge/Berge: Binga (2 436 m), Namuligebirge (2 419 m)

Flüsse/Seen: Sambesi, Rovuma, Save, Limpopo, Lugenda;
Malawi-Stausee, Cabora-Bassa-Stausee

KLIMA

Kurzbeschreibung:
Das Land hat lange und extreme kalte Winter mit Schnee in
höheren Lagen.
Die geringen Niederschläge verteilen sich auf die Monate Juli
und August.

Klassifizierung nach „Troll":
Norden: 3
Überwiegend: 5
Süden: 6

Kurzbeschreibung:
Subtropisches Klima, das im Norden vom Monsun und
im Süden vom Südost-Passat bestimmt wird.
Es herrscht ein scharfer Kontrast zwischen Regen- und
Trockenzeit.
Trotz der Meernähe ist es überraschend trocken. V.a. südlich
des Sambesi kann es zu Dürren kommen.
Die Höhenlagen sind kühler und v.a. im Norden regenreicher.

Klassifizierung nach „Troll":
Norden: 13
Mitte und Südwesten: 14
Südosten: 12

Myanmar

Namibia

Lage: Südostasien   Fläche: 676 552 qkm   Weltrang: 39

Hauptstadt: Yangon (3 302 000 E.)
Weitere wichtige Städte: Pegu, Moulmein, Bassein, Myitkyina

Angrenzende Länder:
Nordwesten: Bangladesch, Indien
Nordosten: China
Osten: Laos, Thailand

Lage: Südwestafrika   Fläche: 824 292 qkm   Weltrang: 33

Hauptstadt: Windhuk (161 000 E.)
Weitere wichtige Städte: Swakopmund, Rehoboth,
                         Keetmanshoop, Tsumeb, Walfischbai
Angrenzende Länder:
Norden: Angola
Nordosten: Sambia
Osten: Botsuana
Südosten und Süden: Südafrika

Einwohner: 45 106 000   Weltrang: 24
Religionen: 87 % Buddhisten
            6 % Christen, 4 % Moslems
            2 % Anhänger von Naturreligionen, 1% Hindus
Sprachen: Birmanisch (Amtssprache),
           Englisch (Handelssprache)
           Sprache der Minderheiten
Bevölkerungsdichte: 67 E/qkm   Bevölkerungswachstum 1,8 %
Lebenserwartung: 59 Jahre   Analphabetenanteil: 17,0 %
Einwohner pro Arzt: 12 500   Kindersterblichkeit: 15,0 %

Einwohner: 1 545 000   Weltrang: 142
Religionen: 62 % Protestanten, 20 % Katholiken
            Anhänger von Naturreligionen

Sprachen: Englisch und Afrikaans (Amtssprachen)
           Deutsch
           Sprachen der Bantu und anderer Gruppen
Bevölkerungsdichte: 1,9 E/qkm   Bevölkerungswachstum: 2,7 %
Lebenserwartung: 60 Jahre   Analphabetenanteil: 60,0 %
Einwohner pro Arzt: 4 545   Kindersterblichkeit: 7,8 %

Wirtschaft in Stichworten:
– Landwirtschaft: Reis, Baumwolle, Sesam, Bohnen,
  Kautschuk-und Ölpalmenplantagen
– Industrie: Unbedeutend, nur Textilien, Baustoffe,
  Nahrungsmittel
– Bodenschätze: Erdöl, Erdgas, Kupfer, Blei, Zink, Wolfram,
  Silber, Jade, Rubine, Saphire
– Export: Reis, Teakholz, Kautschuk, Erdöl, Erze, illegal Opium

Energieverbrauch: 49 kg ÖE/Einw.
Bruttosozialprodukt: <765 US$/Einw.
Anteil der Erwerbstätigen:
Landwirtschaft: 68 %, Industrie: 11 %, Dienstleistungen: 21 %

Wirtschaft in Stichworten:
– Landwirtschaft: Mais, Hirse; Rinder- und Schafzucht
– Fischwirtschaft
– Industrie auf Nahrungsmittelproduktion beschränkt
– Bodenschätze: Diamanten, Kupfer, Uran, Blei, Zink, Gold, Silber
– Export: Diamanten, Uran, Kupfer, Agrarerzeugnisse, Fische
– Tourismus gewinnt an Bedeutung

Energieverbrauch: keine Angaben
Bruttosozialprodukt: 2 000 US$/Einw.
Anteil der Erwerbstätigen:
Landwirtschaft: 34 %, Industrie: 16 %, Dienstleistungen: 50 %

Myanmar wird durch zwei Nord-Süd ziehende Gebirgssysteme
gegliedert. Die westlichen Randgebiete des Patkai-und Arakan-
Gebirges schließen das Land gegen Indien ab. Den östlichen Teil
nimmt das Shanhochland (1 000 m, einzelne Gebirgszüge 2 600 m
hoch) ein. Beide Gebirgszüge begrenzen die 160 km breite und
1 100 kmlange Grabenzone des Irawaddibeckens, den zentralen
Raum des Landes. Dieser wird durch einen Mittelgebirgszug
zweigeteilt.
Im Süden baut der Irawaddi ein ständig wachsendes Delta auf.
Als Vegetation findet man in den niederschlagsreichen Teilen
tropische Regenwälder, an der Küste Mangroven, auf der Binnen-
seite der Gebirge Monsunwälder mit Teakhölzern.

Gebirge/Berge: Hkakabo (5 881 m), Arakangebirge (3 053 m),
               Pegugebirge (1 519 m), Patkaigebirge (3 826 m),
               Mandalay-Plateau

Flüsse/Seen: Irawadi, Salmen, Chindwin, Sittang

Das zu den trockensten Ländern gehörende Namibia kann in
drei Großlandschaften aufgeteilt werden:
In einem 80–130 km breiten Streifen erstreckt sich an der
Atlantikküste die Sand- und Felswüste der Namib. Hier fällt
oft jahrelang kein Niederschlag.
Östlich davon schließt sich die wenig Vegetation aufweisende
Landschaft des Zentralplateaus mit vereinzelten Inselbergen bis
über 2 000 m an.
Nach Osten geht das Hochland in die Wüstenlandschaft des
Kalahari-Beckens über.
Ein Tierparadies ist die 4 000 qkm große Etoschapfanne im
Norden.

Gebirge/Berge: Brandberg (2 610 m)

Flüsse/Seen: Oranje, Kunene, Okawango (alles Grenzflüsse)

Kurzbeschreibung:
Tropisches Monsunklima: Sommerliche Regenzeit (SW-Monsun)
von Mai bis Oktober, v.a. die im Luv gelegenen westlichen Rand-
gebirge erhalten Niederschläge bis zu 5 000 mm, winterliche
Trockenzeit mit kühleren Temperaturen von Januar bis März.

Klassifizierung nach „Troll":
Im Westen: 15
In der Mitte: 13
Im Osten: 14

Kurzbeschreibung:
Das Klima ist im Allgemeinen heiß und sehr trocken.
An der Küste herrscht Wüstenklima. Niederschläge resultieren
aus Seenebel bzw. Tautröpfchen.
Periodische Regenfälle sind meist auf den Norden beschränkt.
In der Namib-Wüste bleiben diese häufig jahrelang aus.

Klassifizierung nach „Troll":
10
Nordosten: 12

Nauru

Nepal

Lage: Ozeanien   Fläche: 21,3 qkm   Weltrang: 191

Hauptstadt: Yaren (4 000 E.)
Weitere wichtige Städte: Anabar, Aiwo, Iljuw

Angrenzende Länder:
Insel im Pazifischen Ozean

Lage: Südasien   Fläche: 147 181 qkm   Weltrang: 93

Hauptstadt: Kathmandu (53 5000 E.)
Weitere wichtige Städte: Wiratnagar, Lalitpur, Bhaktapur,
                                        Pokhara, Wirganj, Dharan

Angrenzende Länder:
Norden und Nordosten: China
Osten, Westen und Süden: Indien

Einwohner: 11 000   Weltrang: 191

Religionen: 60 % Protestanten
                  30 % Katholiken

Sprachen: Englisch und Naurisch (Amtssprachen)

Bevölkerungsdichte: 516 E/qkm   Bevölkerungswachstum: 1,8 %
Lebenserwartung: 52 Jahre   Analphabetenanteil: 1,0 %
Einwohner pro Arzt: 700   Kindersterblichkeit: k.A.

Einwohner: 21 456 000   Weltrang: 44

Religionen: 90 % Hindus (Hinduismus ist Staatsreligion)
                  5 % Buddhisten
                  3 % Moslems, Christliche Minderheiten
Sprachen: Nepali (Amtssprache)
                  Tibetobirmanische Sprachen

Bevölkerungsdichte: 146 E/qkm   Bevölkerungswachstum: 2,5 %
Lebenserwartung: 55 Jahre   Analphabetenanteil: 73,0 %
Einwohner pro Arzt: 16 667   Kindersterblichkeit: 11,4 %

Wirtschaft in Stichworten:
– die Landwirtschaft hat geringe Bedeutung, die meisten
  Lebensmittel müssen eingeführt werden
– keine Industrie
– Bodenschätze: Phosphat (heute ohne Bedeutung)
– Export: in geringen Mengen Kokosnüsse, Bananen, Ananas

Energieverbrauch: keine Angaben
Bruttosozialprodukt: 13 000 US$/Einw.

Anteil der Erwerbstätigen:
Landwirtschaft: k.A. Industrie: k.A., Dienstleistungen: k.A.

Wirtschaft in Stichworten:
– Landwirtschaft: Reis, Jute, Gewürze, Mais, Weizen,
  Hirse; Viehwirtschaft
– kaum Industrie
– Bodenschätze: Glimmer, Kupfer, Eisen, Gold, Kohle, Eisenerz
– Export: Teppiche, Textilien, Agrarprodukte
– Tourismus

Energieverbrauch: 28 kg ÖE/Einw.
Bruttosozialprodukt: 200 US$/Einw.

Anteil der Erwerbstätigen:
Landwirtschaft: 91 %, Industrie + Dienstleistungen: 9 %

Die Koralleninsel mit buchtenarmer Küste ist von einem
Korallenriff umgeben.
Kokospalmen, Brotfruchtbäume.
Durch jahrhundertelange Ablagerungen von Vogelexkrementen
haben sich auf der zentralen Hochfläche reiche Phosphatlager
gebildet.

Nepal weist auf relativ engem Raum riesige Höhenunterschiede
auf und gliedert sich in drei Zonen:
Das bis auf 100 m abfallende Ganges-Tiefland (Tarai) mit großen
Sümpfen und Urwaldgebieten im Süden geht weiter nördlich in
die Vorberge des Himalaya sowie den Nieder-Himalaya über.
Ganz im Norden liegt, jenseits des Kathmandu-Tales, die
Hochgebirgsregion mit den höchsten Bergen der Welt und tief
eingeschnittenen Flusstälern.
Mehr als die Hälfte Nepals ist noch von Wäldern bedeckt.

Gebirge/Berge: Höchste Erhebung: 65 m

Gebirge/Berge: Himalaya (Mount Everest 8 848 m,
                        Kangchendzönga 8 585 m, Dhaulagiri 8 172 m,
                        Annapurna 8 078 m), Mahabharat-Massiv,
                        Churia-Gebirgskette

Flüsse/Seen: Bouada Lagoon

Flüsse/Seen: Kosi, Ghaghara, Gandak

Kurzbeschreibung:
Tropisches Klima, das durch Seewinde (Passatwinde) gemildert
wird.
Die Hauptniederschläge fallen in der Monsunzeit (November
bis Februar).
Gelegentlich auch lang anhaltende Dürreperioden.

Klassifizierung nach „Troll":
15

Kurzbeschreibung:
Entsprechend der Landesnatur.
Im Hochgebirge herrscht arktisches Klima.
Im Niederhimalaya sind die Sommer subtropisch feucht,
die Winter kalt.
Tropisches Monsunklima mit ergiebigen Sommerregen
kennzeichnet das Tiefland.

Klassifizierung nach „Troll":
14

Neuseeland

Nicaragua

STAAT

Neuseeland	Nicaragua
Lage: Ozeanien Fläche: 270 534 qkm Weltrang: 73	Lage: Mittelamerika Fläche: 120 254 qkm Weltrang: 98

Hauptstadt: Wellington (331 000 E.)
Weitere wichtige Städte: Aukland, Christchurch, Dunedin,
Hamilton, Lower Hutt
Angrenzende Länder:
Inselgruppe im Pazifischen Ozean

Hauptstadt: Managua (1 000 000 E.)
Weitere wichtige Städte: Léon, Masaya, Chinandega, Granada,
Esteli, Matagalpa, Tipitapa
Angrenzende Länder:
Norden und Nordwesten: Honduras
Süden: Costa Rica

BEVÖLKERUNG

Einwohner: 3 601 000   Weltrang: 121
Religionen: 22 % Anglikaner, 16 % Presbyterianer
15 % Katholiken; Methodisten
Baptisten u. Anhänger der Maori-Kirchen
Sprachen: Englisch (Amtssprache)
Umgangssprachen der Maori

Einwohner: 4 375 000   Weltrang: 111
Religionen: 89 % Katholiken
5 % Protestanten
Anhänger von Naturreligionen
Sprachen: Spanisch (Amtssprache)
Indianische Sprachen
Englisch (Verkehrssprache)

Bevölkerungsdichte: 13 E/qkm   Bevölkerungswachstum: 1,0 %
Lebenserwartung: 76 Jahre   Analphabetenanteil: <5,0 %
Einwohner pro Arzt: 521   Kindersterblichkeit: 0,9 %

Bevölkerungsdichte: 36 E/qkm   Bevölkerungswachstum: 3,1 %
Lebenserwartung: 68 Jahre   Analphabetenanteil: 34,0 %
Einwohner pro Arzt: 2 000   Kindersterblichkeit: 6,0 %

WIRTSCHAFT

Wirtschaft in Stichworten:
– Landwirtschaft: Zitrusfrüchte, Wein, Obst, Gemüse;
Rinder- und Schafzucht
– Forstwirtschaft, Holzwirtschaft
– Textil- und holzverarbeitende Industrie,
Elektrizitätserzeugung (auf der Südinsel)
– Bodenschätze: Eisen, Kohle
– Export: Fleisch, Milchprodukte, Kiwis, Äpfel, Wein, Holz, Wolle
– Tourismus
Energieverbrauch: 4 245 kg ÖE/Einw.
Bruttosozialprodukt: 14 340 US$/Einw.
Anteil der Erwerbstätigen:
Landwirtschaft: 10 %, Industrie: 25 %, Dienstleistungen: 65 %

Wirtschaft in Stichworten:
– Landwirtschaft: Baumwolle, Kaffee, Bananen, Zucker;
Viehzucht
– Holzwirtschaft
– wenig entwickelte Industrie
– Bodenschätze: Gold, Kupfer, Zink, Blei, Silber
– Export: Kaffee, Baumwolle, Fleisch

Energieverbrauch: 300 kg ÖE/Einw.
Bruttosozialprodukt: 380 US$/Einw.
Anteil der Erwerbstätigen:
Landwirtschaft: 35 %, Industrie: 16 %, Dienstleistungen: 49 %

LANDESNATUR

Das Land besteht aus zwei langgestreckten Inseln (Nordinsel,
Südinsel), Stewart-Insel im Süden und einigen kleineren Insel-
gruppen weit im Osten (Chatham-Inseln, Bounty-Insel,
Antipoden-Insel).
Das Landschaftsbild ist vielfältig.
Nordinsel: Vulkane (teilweise noch aktiv), heiße Quellen, Geysire.
Südinsel: Steilaufragende Bergkette (Neuseeländische Alpen mit
vielen Gebirgsseen und Gletschern). Fjorde an der Südwestküste.
An der Ostküste ist der Bergkette die Canterbury-Ebene vor-
gelagert. Erdbeben und Vulkanismus.
Dschungelartiger Regenwald, immergrüner Bergwald,
Graslander.

Nicaragua liegt auf der zentralamerikanischen Landbrücke
zwischen Karibischem Meer und Stillem Ozean.
Der größte Teil des Landesinnern wird von Bergland beherrscht.
Das Tiefland an der Moskitoküste im Osten ist versumpft und
lagunenreich, dagegen prägen tropische Regenwälder das dünn
besiedelte Hinterland.
Die beiden Hauptseen, zwischen denen auch die Hauptstadt
liegt, sind in eine Hügellandschaft eingebettet, die intensiv
landwirtschaftlich genutzt wird.
Die südwestliche Begrenzung bildet ein Gebirgszug mit elf noch
tätigen Vulkanen. Im Grabenbruch, der den Westen durchzieht,
kommt es zeitweise zu Erdbeben.

Gebirge/Berge: Neuseeländische Alpen (Mt. Cook 3 754 m),
Nordinsel: Mt. Ruapehu (2 797 m),
Mt. Egmont (2 518 m)

Gebirge/Berge: Saslaya (1 990 m), Momotombo (1 191 m)

Flüsse/Seen: Zahlreiche Flüsse und viele Seen
(Lake Manapouri,Lake Taupo);
Stauseen vor allem auf der Südinsel.

Flüsse/Seen: Rio Grande, Coco;
Managuasee, Nicaraguasee

KLIMA

Kurzbeschreibung:
Gemäßigtes Klima (im Norden der Nordinsel: Subtropen;
im Süden der Südinsel: kühlgemäßigt).
Wegen der Lage im Bereich des Westwindgürtels erhalten die
Luvseiten der Gebirge ausgiebige Niederschläge.
An der Leeseite der Gebirge besteht die Gefahr von Dürre-
perioden im Sommer und strengem Frost im Winter.

Kurzbeschreibung:
Tropisch-immerfeucht mit einer kurzen Trockenzeit im Winter
an der pazifischen Seite.
An der karibischen Küste dauert die Regenzeit neun Monate an.
Dort treten häufig auch Wirbelstürme auf.
Die durchschnittliche Jahrestemperatur beträgt 27° C.
Im Gebirge ist es deutlich kühler.

Klassifizierung nach „Troll":
Nordinsel: 8
Südinsel: 4

Klassifizierung nach „Troll":
Pazifikküste: 14
Atlantikküste: 15

Niederlande

Niger

STAAT

	Niederlande	Niger

STAAT

Niederlande

Lage: Westeuropa   Fläche: 41 865 qkm   Weltrang: 132

Hauptstadt: Amsterdam (724 100 E.)
Weitere wichtige Städte: Rotterdam, Den Haag, Utrecht,
Eindhoven, Enschede, Maastricht,
Groningen, Tilburg

Angrenzende Länder:
Osten: Deutschland
Süden: Belgien

Niger

Lage: Westafrika   Fläche: 1 267 000 qkm   Weltrang: 21

Hauptstadt: Niamey (399 000 E.)
Weitere wichtige Städte: Zinder, Maradi, Tahoua, Arlit, Agadez

Angrenzende Länder:
Nordwesten: Algerien
Nordosten: Libyen
Osten: Tschad
Westen: Mali
Süden: Nigeria; Südwesten: Benin, Burkina Faso

BEVÖLKERUNG

Niederlande

Einwohner: 15 460 000   Weltrang: 55
Religionen: 36 % Katholiken
26 % Protestanten
3 % Moslems
Minderheit von Juden
Sprachen: Niederländisch (Amtssprache)
Friesisch

Bevölkerungsdichte: 369 E/qkm Bevölkerungswachstum: 0,6 %
Lebenserwartung: 78 Jahre Analphabetenanteil: <5,0 %
Einwohner pro Arzt: 398 Kindersterblichkeit: 0,8 %

Niger

Einwohner: 9 028 000   Weltrang: 79
Religionen: 80 % Moslems
15 % Naturreligionen
Christliche Minderheit
Sprachen: Französisch (Amtssprache)
Regionale Sprachen

Bevölkerungsdichte: 7,1 E/qkm Bevölkerungswachstum: 3,2 %
Lebenserwartung: 48 Jahre Analphabetenanteil: 86,0 %
Einwohner pro Arzt: 50 000 Kindersterblichkeit: 32,0 %

WIRTSCHAFT

Niederlande

Wirtschaft in Stichworten:
– Landwirtschaft: Blumen, Gemüse; Viehzucht
– Industrie: chemische Industrie, Maschinen, Mineralölprodukte,
Schiffe, Fahrzeuge
– Bodenschätze: Ergas, Erdöl, Salz
– Export: Milch- und Fleischprodukte, Motoren, Maschinen,
elektrische Apparate, chemische Produkte
– Fremdenverkehr (bedeutendes Handelszentrum)

Energieverbrauch: 4 580 kg ÖE/Einw.
Bruttosozialprodukt: 24 000 US$/Einw.

Anteil der Erwerbstätigen:
Landwirtschaft: 4 %, Industrie: 25 %, Dienstleistungen: 71 %

Niger

Wirtschaft in Stichworten:
– Landwirtschaft: Getreide, Erdnüsse, Baumwolle
– kaum Industrie (Verarbeitung landwirtschaftlicher Produkte)
– Bodenschätze: Uran, Phosphat
– Export: Uran

Energieverbrauch: 37 kg ÖE/Einw.
Bruttosozialprodukt: 220 US$/Einw.

Anteil der Erwerbstätigen:
Landwirtschaft: 86 %, Industrie + Dienstleistungen: 14 %

LANDESNATUR

Niederlande

Mehr als ein Fünftel der Fläche liegt unter dem Meeresspiegel.
Dieses Tiefland wird durch ein kompliziertes Netz von Deichen
und Gräben geschützt. Um Landwirtschaft treiben zu können,
wurden sog. Polder geschaffen, in denen der Wasserstand
kontrolliert werden kann.
Trotzdem kommt es häufig zu Überschwemmungen bzw.
Sturmfluten.
Vom Küstentiefland unterscheidet man ein sanftwelliges Hügelland, das ganz im Süden zu einem Kreideplateau ansteigt.
Zu den Niederlanden gehören auch die vor der Nordwestküste
liegenden Westfriesischen Inseln.

Gebirge/Berge: Vaalserberg (321 m)

Flüsse/Seen: Rhein, Maas, Schelde, Vechte, Meuse, Ijssel

Niger

Weite, ebene Flächen machen den größten Teil des Landes aus,
in dem es nur wenige Erhebungen gibt.
Die nördlichen zwei Drittel des Staatsgebietes liegen in der
Sahara.
Das unfruchtbare Hochland im Norden gehört zu einer Bergkette,
die sich von Algerien zum Tschad erstreckt.
Den Osten bildet eine ausgedehnte Wüste. Im Südosten liegt das
Mangaland, das durch Savannenvegetation gekennzeichnet ist.
Das Land ist zum Großteil ohne Abfluss zum Meer.
Fruchtbarer Boden existiert nur im Bereich des Niger.

Gebirge/Berge: Air (Mont Greboun 1 944 m),
Plateau von Djado

Flüsse/Seen: Niger; Tschadsee (Grenze zum Tschad)

KLIMA

Niederlande

Kurzbeschreibung:
Gemäßigtes Seeklima mit relativ kühlen Sommern und milden,
feuchten Wintern.
Die Winde kommen vorwiegend aus westlicher Richtung.
Niederschläge sind gleichmäßig über das ganze Jahr verteilt.

Klassifizierung nach „Troll":
4a

Niger

Kurzbeschreibung:
Im Norden (Sahara) herrscht Wüstenklima.
Der Süden ist tropisch-wechselfeucht mit Sommerregen.
Niederschläge fallen unregelmäßig und nehmen von
Süden nach Norden ab.
Im Bereich der Sahelzone kommt es häufig zu
Dürrekatastrophen.

Klassifizierung nach „Troll":
Norden: 10
Süden: 11

Nigeria | Norwegen

STAAT

Nigeria	Norwegen
Lage: Westafrika Fläche: 923 768 qkm Weltrang: 31	Lage: Nordeuropa Fläche: 323 877 qkm Weltrang: 66

Nigeria

Hauptstadt: Abuja (398 000 E.)
Weitere wichtige Städte: Lagos, Ibadan, Ogbomoshe, Kano,
        Oshogbo, Ilorin, Abeokuta,
        Port Harcourt
Angrenzende Länder:
Norden und Nordwesten: Niger
Nordosten: Tschad
Osten: Kamerun
Westen: Benin

Norwegen

Hauptstadt: Oslo (483 400 E.)
Weitere wichtige Städte: Bergen, Trondheim, Stavanger

Angrenzende Länder:
Osten: Schweden
Nordosten: Finnland, Russland

BEVÖLKERUNG

Nigeria

Einwohner: 103 912 000   Weltrang: 10

Religionen: 45 % Moslems, 26 % Protestanten, 12 % Katholiken
        11 % afrikanische Christen
        Anhänger von Naturreligionen
Sprachen: Englisch (Amtssprache)
        Kwa, Ful, Haussa (Umgangssprachen)
Bevölkerungsdichte: 113 E/qkm Bevölkerungswachstum: 2,9 %
Lebenserwartung: 51 Jahre Analphabetenanteil: 43,0 %
Einwohner pro Arzt: 5 882 Kindersterblichkeit: 19,1 %

Norwegen

Einwohner: 4 354 000   Weltrang: 112

Religionen: 89 % evangelische Lutheraner
        Minderheiten: andere protestantische Kirchen,
        Katholiken, Moslems
Sprachen: Norwegisch (Amtssprache)
        Lappisch
Bevölkerungsdichte: 3 E/qkm Bevölkerungswachstum: 0,5 %
Lebenserwartung: 77 Jahre Analphabetenanteil: <5,0 %
Einwohner pro Arzt: 309 Kindersterblichkeit: 0,8 %

WIRTSCHAFT

Nigeria

Wirtschaft in Stichworten:
– Landwirtschaft: Baumwolle, Kakao, Erdnüsse,
  Palmöl, Palmkerne, Kautschuk
– Industrie: Erdölraffinerie, Verarbeitung der Agrarprodukte
– Bodenschätze: Erdöl, Erdgas, Zinn, Kohle, Eisen, Uran
– Export: Erdöl, Erdölerzeugnisse, Kakao, Gummi

Energieverbrauch: 162 kg ÖE/Einw.
Bruttosozialprodukt: 260 US$/Einw.
Anteil der Erwerbstätigen:
Landwirtschaft: 45 %, Industrie: 7 %, Dienstleistungen: 48 %

Norwegen

Wirtschaft in Stichworten:
– Landwirtschaft: Kartoffeln, Gerste, Futterrüben, Gemüse
– Fischfang
– Holzwirtschaft
– Industrie: Schiffbau, Fischverarbeitung, Aluminiumhütten
– Bodenschätze: Erdöl, Erdgas, Eisenerz
– Export: Erdöl, Erdgas, Maschinen, Schiffe,
  Holz und Papier, Nahrungsmittel
– Tourismus
Energieverbrauch: 5 318 kg ÖE/Einw.
Bruttosozialprodukt: 31 250 US$/Einw.
Anteil der Erwerbstätigen:
Landwirtschaft: 5 %, Industrie: 23 %, Dienstleistungen: 72 %

LANDESNATUR

Nigeria

Bevölkerungsreichstes afrikanisches Land, in dessen Zentrum
das Jos-Hochland liegt. Im Nordwesten und -osten breiten sich
Tiefebenen aus. Die von Flusstälern durchzogenen Hochplateaus
werden nach Süden hin flacher.
Im Süden erstreckt sich von der mit Mangrovesümpfen durch-
setzten Küste und dem Nigerdelta immergrüner Regenwald.
Nach Norden schließen sich Feuchtsavanne, parkähnliche
Gasländer und Trockensavanne an. Der äußerste Norden gehört
schon zur Sahelzone.
Die Küste im Grenzbereich zu Benin wird auch „Sklavenküste"
genannt, da bis Mitte des 19. Jahrhunderts in deren Schlupfwinkeln der Sklavenhandel mit Amerika blühte.

Gebirge/Berge: Hochland von Adamaua (Mandaragebirge,
        Shebshiberge über 2 000 m),
        Hochland von Bauchi (1 300–1 700 m)

Flüsse/Seen: Niger, Ogun, Benue, Cross-River, Kaduna;
        Kainji-Stausee, Tschadsee (Grenze zum Tschad)

Norwegen

Große Nord-Süd-Ausdehnung (1 750 km), geringe Ost-West-
Ausdehnung (im Süden 430 km, im mittleren Teil an der engsten
Stelle 6,5 km).
Tieflandsstreifen an der Küste, nach Osten schließt sich Hügel-
land und Gebirgsland an. Die Fjellhochflächen sind teilweise
vermoort.
Schären und Fjordküste (Trondheimfjord, Sognefjord).
Die gesamte Küstenlänge beträgt 20 000 km.
Der Jostedalsbre (2 083 m) ist der größte Gletscher des
europäischen Festlandes.
Nadelwald, im äußersten Norden Tundra.

Gebirge/Berge: Skandinavisches Gebirge; Glittertind (2 470 m),
        Galdhöppig (2 469 m), Snöhetta (2 286 m),
        Rondeslottet (2 183 m)

Flüsse/Seen: Lagen, Glama, Otra, Sira; zahlreiche Seen,
        der größte ist der Mjösersee (370 qkm).

KLIMA

Nigeria

Kurzbeschreibung:
Das Klima ist tropisch-wechselfeucht, doch von Süden nach
Norden sehr unterschiedlich.
Die Küste im Süden hat feuchtheißes Klima mit sehr hohem
Niederschlag.
Nach Norden nehmen die Regenzeiten an Dauer und Intensität
ab. Im äußersten Norden herrscht das Trockenklima der Sahelzo-
ne mit einer achtmonatigen Trockenperiode, die sich verheerend
auswirken kann.

Klassifizierung nach „Troll":
Von Norden nach Süden: 12 bis 15

Norwegen

Kurzbeschreibung:
Gemäßigt (winterkalt, sommerwarm).
Im äußersten Norden und im Hochgebirge Subpolarzone
mit sehr kalten Wintern.
Durch den Einfluss des Golfstroms wird das Klima im
Küstenbereich gemildert.

Klassifizierung nach „Troll":
Im Süden: 4b
Im Norden: 3

Oman

Lage: Vorderasien   Fläche: 212 457 qkm   Weltrang: 83

Hauptstadt: Maskat (85 000 E.)
Weitere wichtige Städte: Sur, Salala, Matra, Seeb

Angrenzende Länder:
Nordwesten: Arabische Emirate
Westen: Saudi-Arabien
Südwesten: Jemen

Einwohner: 2 196 000   Weltrang: 137

Religionen: 85 % Moslems (Islam ist Staatsreligion)
            15 % Hindus
Sprachen: Hocharabisch (Amtssprache)
          Englisch (teilweise Handelssprache)
          Persisch, Sprachen der Minderheiten
Bevölkerungsdichte: 10,3 E/qkm Bevölkerungswachstum: 4,5 %
Lebenserwartung: 70 Jahre   Analphabetenanteil: 65,0 %
Einwohner pro Arzt: 1 078   Kindersterblichkeit: 2,5 %

Wirtschaft in
– Landwirtschaft: Datteln, Weizen, Kokossüsse, Luzerne;
  Viehzucht (Rinder, Schafe, Ziegen)
– Fischfang
– Industrie: Erdölverarbeitung
– Bodenschätze: Erdöl, Erdgas, Chrom, Kupfer
– Export: Erdöl, Fisch, Kupfer
– Tourismus: Der Tourismus in Form des Märchens aus
  1 001 Nacht in Luxushotels nimmt zu, gestützt auf Gastarbeiter
  aus Afrika und Asien.
Energieverbrauch: 2 392 kg ÖE/Einw.
Bruttosozialprodukt: 4 820 US$/Einw.
Anteil der Erwerbstätigen:
Landwirtschaft: 37 %, Industrie + Dienstleistungen: 63 %

Die Küstenebene des Nordens am Golf von Oman ist das einzig
fruchtbare Gebiet in dem Wüstenstaat. Überragt wird sie vom
Omangebirge, an dessen Südrand die Wüste sich bis zu einer
Bergkette in der südlichen Provinz Dhofar erstreckt.

Gebirge/Berge: Omangebirge (3 019 m)

Flüsse/Seen: viele Wadis

Kurzbeschreibung:
Subtropisches Wüstenklima.
Im Sommer betragen die Tagestemperaturen an der Nordküste
über 40° C.
In Dhofar im Süden kann sich der Sommermonsun mit kühlen-
dem Wind oder sogar mit starken (aber seltenen) Regenfällen
bemerkbar machen.
Auch im Omangebirge führt der Monsun gelegentlich zu
vereinzelten Niederschlägen.

Klassifizierung nach „Troll":
Überwiegend: 11
Im nördlichen Hochland: 13, 14

Österreich

Lage: Mitteleuropa   Fläche: 83 845 qkm   Weltrang: 113

Hauptstadt: Wien (1 616 000 E.)
Weitere wichtige Städte: Salzburg, Klagenfurt, Innsbruck, Graz,
                         Linz, Eisenstadt, Bregenz, Villach, Steyr,
                         St. Pölten
Angrenzende Länder:
Norden/Nordosten: Tschechische Republik
Nordosten: Slowakische Republik, Nordwesten: Deutschland
Westen: Schweiz, Liechtenstein
Osten: Ungarn, Südosten: Slowenien
Süden: Italien

Einwohner: 8 054 000   Weltrang: 85

Religionen: 78 % Katholiken, 5 % Protestanten, 2 % Moslems
            Minderheiten: Altkatholiken und Juden
Sprachen: Deutsch (Amtssprache), Sprachen der Minderheiten
          (Serbokroatisch, Kroatisch, Türkisch, Slowenisch,
          Ungarisch, Tschechisch)
Bevölkerungsdichte: 96 E/qkm Bevölkerungswachstum: 0,6 %
Lebenserwartung: 77 Jahre   Analphabetenanteil: <5,0 %
Einwohner pro Arzt: 230   Kindersterblichkeit: 0,7 %

Wirtschaft in Stichworten:
– Landwirtschaft spielt untergeordnete Rolle (Getreide, Gemüse);
  Viehzucht
– Industrie: Eisen- und Stahlindustrie, chemische Industrie,
  Maschinen- und Fahrzeugbau, Textilindustrie
– Bodenschätze: Eisenerz, Wolfram, Magnesit, Blei, Kohle, Salze
– Export: Maschinen und Fahrzeuge, Produkte der Schwer-
  industrie, Textilien, Fertigwaren, chemische Erzeugnisse
– Tourismus als Haupteinnahmequelle
Energieverbrauch: 3 301 kg ÖE/Einw.
Bruttosozialprodukt: 26 890 US$/Einw.
Anteil der Erwerbstätigen:
Landwirtschaft: 7 %, Industrie: 32 %, Dienstleistungen: 61 %

Fast zwei Drittel der Staatsfläche entfallen auf die Alpen, deren
Ketten sich im Osten in den Karpaten fortsetzen. Daneben unterscheidet man eine Rumpfgebirgslandschaft mit tiefen Tälern
nördlich der Donau, das ober- und niederösterreichische Alpen-
und Karpatenvorland mit zahlreichen Seen, das Wiener Becken
zwischen Alpen und Karpaten und ein Hügel- und Flachland-
gebiet im Osten, das zur Oberungarischen Tiefebene überleitet.
In den Tiefländern konzentrieren sich die landwirtschaftlichen
Anbauflächen.
Die Donau, Europas zweitlängster Fluss, fließt quer von Westen
nach Osten durch Österreich und entwässert große Teile des
Landes.

Gebirge/Berge: Alpen (Hohe Tauern/Großglockner 3 797 m,
               Großvenediger 3 674 m; Niedere Tauern;
               Zillertaler Alpen (Olperer 3 476 m,
               Dachstein 2 995 m; u.v.a.)

Flüsse/Seen: Donau, Inn, Salzach, Enns, Mur; Bodensee,
                Neusiedler See, Wolfgangsee, Zeller See,
                Wörther See

Kurzbeschreibung:
Feucht-gemäßigt. Im Westen noch mit ozeanischem Einfluss.
Nach Osten wird das Klima kontinentaler (geringere Nieder-
schläge, heiße Sommer, kalte Winter).
In den Alpen herrscht Gebirgsklima. Die höheren Regionen sind
zu allen Jahreszeiten schneebedeckt.

Klassifizierung nach „Troll":
4b

Pakistan | Palau

STAAT

Pakistan

Lage: Südasien   Fläche: 796 095 qkm   Weltrang: 35

Hauptstadt: Islamabad (350 000 E.)
Weitere wichtige Städte: Karatschi, Lahore, Faisalabad,
                         Rawalpindi, Hyderabad, Peshawar,
                         Gujwanrala
Angrenzende Länder:
Nordwesten: Afghanistan
Nordosten: China
Osten: Indien
Westen: Iran

Einwohner: 129 905 000   Weltrang: 7

Religionen: Fast 100 % Moslems (Islam ist Staatsreligion)
            Minderheiten:
            Christen, Hindus, Buddhisten
Sprachen: Urdu (Amtssprache)
           Pandschabi, Sindhi u.a., Englisch (verbreitet)
Bevölkerungsdichte: 163 E/qkm   Bevölkerungswachstum: 3,0 %
Lebenserwartung: 63 Jahre   Analphabetenanteil: 62,0 %
Einwohner pro Arzt: 2 000   Kindersterblichkeit: 13,7 %

Wirtschaft in Stichworten:
– Landwirtschaft: Baumwolle, Weizen, Reis, Zucker;
  Viehwirtschaft
– Industrie: Baumwollgarne, Leder, Nahrungs- und
  Düngemittelindustrie, Schwerindustrie
– Bodenschätze: Erdgas, Erdöl, Eisen, Kohle, Zink, Kupfer
– Export: Teppiche, Lederwaren, Baumwollprodukte

Energieverbrauch: 254 kg ÖE/Einw.
Bruttosozialprodukt: 460 US$/Einw.

Anteil der Erwerbstätigen:
Landwirtschaft: 48 %, Industrie: 20 %, Dienstleistungen: 32 %

Das Kerngebiet Pakistans bildet das fruchtbare Industiefland, das
sich vom Himalaya bis zum Arabischen Meer erstreckt und zu
dem auch das Fünfstromland Pandschab im Nordosten gehört.
In Jamma und Kaschmir hat Pakistan Anteil an der Hochgebirgsregion des Hindukusch und des Himalaya. Auch im Westen
grenzen mächtige Gebirgsketten das Industiefland von den
Tafellandschaften Vorderasiens ab.
Nach Südosten bildet die Wüste Thar eine natürliche Grenze
zum Indischen Subkontinent.
Pakistan ist nach wie vor ein Agrarland, das durch enorme
Bewässerungskulturen den klimatischen Bedingungen trotzt.

Gebirge/Berge: K2 (8 611 m), Nanga Parbat (8 126 m)

Flüsse/Seen: Indus, Chitral, Jhelum, Hingol,
               Sutlej, Panjnad, Chenab Zhob

Kurzbeschreibung:
Im Norden herrscht Gebirgsklima mit sommerlicher Regenzeit.
Westpakistan gehört zum subtropisch-kontinentalen Bereich,
während der Osten klimatisch den Randtropen zuzuordnen ist.
Beide Landesteile stehen unter dem Einfluss des Monsuns.
Im Westen und Südosten tritt Wüstenklima auf.
Gefährlich sind die jährlichen Überschwemmungen während
der Monsunzeit sowie Sturmfluten am Golf von Bengalen.
Klassifizierung nach „Troll":
Vorwiegend: 9
Indus und westliche Gebirge: 10
Östlich der Gebirge: 7
Südküste: 11

Palau

Lage: Ozeanien   Fläche: 508 qkm   Weltrang: 177

Hauptstadt: Koror (10 500 E.)
Weitere wichtige Städte: Melekeok, Ngaramasch, Ngetbong, Airai

Angrenzende Länder:
Inselgruppe im Pazifischen Ozean südwestlich der Philippinen

Einwohner: 17 000   Weltrang: 190

Religionen: 41 % Katholiken
            25 % Protestanten
            25 % Anhänger von traditionellen Religionen
Sprachen: Palauisch und
           Englisch (Amtssprachen)
Bevölkerungsdichte: 34 E/qkm   Bevölkerungswachstum: 1,9 %
Lebenserwartung: 71 Jahre   Analphabetenanteil: 2,0 %
Einwohner pro Arzt: k.A.   Kindersterblichkeit: 3,5 %

Wirtschaft in Stichworten:
– Landwirtschaft: Kopra, Kokosnüsse
– Fischfang
– Export: Fische, Muscheln, Kopra, Kokosnüsse
  (fast bedeutungslos)
– Tourismus noch ausbaufähig

Energieverbrauch: k.A.
Bruttosozialprodukt: k.A.

Anteil der Erwerbstätigen:
Landwirtschaft: 82 %, Industrie + Dienstleistungen: 18 %

Archipel der westlichen Karolinen, bestehend aus den Inseln
Koror, Babelthuap, Peleliu und Angaur sowie ca. 230 weiteren
meist unbewohnten Korallenatollen.
Die Hauptinseln sind Teil einer Korallenriffstruktur auf vulkani-
schem Untergrund.
Während die meisten von Barriereriffen gesäumten Inseln relativ
flach sind, ist Babelthuap eher gebirgig.

Gebirge/Berge:

Flüsse/Seen:

Kurzbeschreibung:
Heißes, immerfeuchtes Tropenklima, das eine üppige
Vegetation begünstigt.

Klassifizierung nach „Troll":
15

STAAT · BEVÖLKERUNG · WIRTSCHAFT · LANDESNATUR · KLIMA

69

Panama

Papua-Neuguinea

STAAT

Lage: Mittelamerika   Fläche: 75 517 qkm   Weltrang: 116

Hauptstadt: Panama (625 200 E.)
Weitere wichtige Städte: San Miguelito, Colón, David, Santiago,
                   Chitré, Penonomé, Las Tablas
Angrenzende Länder:
Westen: Costa Rica
Osten: Kolumbien

Lage: Ozeanien   Fläche: 462 840 qkm   Weltrang: 53

Hauptstadt: Port Moresby (250 000 .E.)
Weitere wichtige Städte: Lae, Madang, Goroka, Kieta, Sohano

Angrenzende Länder:
Westen: Indonesien

Einwohner: 2 631 000   Weltrang: 131
Religionen: 96 % Katholiken
           2 % Protestanten
           Minderheit von Moslems
Sprachen: Spanisch (Amtssprache)
              Indianische Sprachen
              Englisch (Verkehrssprache)
Bevölkerungsdichte: 35 E/qkm Bevölkerungswachstum: 1,9 %
Lebenserwartung: 73 Jahre Analphabetenanteil: 9,0 %
Einwohner pro Arzt: 562 Kindersterblichkeit: 2,0 %

Einwohner: 4 302 000   Weltrang: 114
Religionen: 58 % Protestanten
           33 % Katholiken
           Anhänger von Naturreligionen
Sprachen: Englisch und
              Pidgin (Amtssprachen)
              742 Papua-Sprachen
Bevölkerungsdichte: 9,3 E/qkm Bevölkerungswachstum: 2,2 %
Lebenserwartung: 57 Jahre Analphabetenanteil: 28,0 %
Einwohner pro Arzt: 12 750 Kindersterblichkeit: 9,5 %

BEVÖLKERUNG

Wirtschaft in Stichworten:
– Landwirtschaft: Bananen, Rohzucker, Kaffee, Kakao;
   Viehwirtschaft
– Fischerei (Garnelen)
– Industrie: Konsumgüter, Baustoffe,
– Bodenschätze: Kupfer
– Export: Bananen, Garnelen, Kaffee, Zucker, Bekleidung
– der Tourismus erhält seine Bedeutung durch den Panamakanal

Energieverbrauch: 618 kg ÖE/Einw.
Bruttosozialprodukt: 2 750 US$/Einw.

Anteil der Erwerbstätigen:
Landwirtschaft: 23 %, Industrie: 16 %, Dienstleistungen: 61 %

Wirtschaft in Stichworten:
– Landwirtschaft: Tee, Palmöl, Kaffee, Kakao, Kopra, Kautschuk
– Forstwirtschaft
– Industrie: Bergbau
– Bodenschätze: Kupfer, Gold, Silber
– Export: Bergbauerzeugnisse, Kaffee, Holz
– Tourismus

Energieverbrauch: 236 kg ÖE/Einw.
Bruttosozialprodukt: 1 160 US$/Einw.

Anteil der Erwerbstätigen:
Landwirtschaft: 64 %, Industrie + Dienstleistungen: 36 %

WIRTSCHAFT

Panama bildet eine überwiegend gebirgige, mit tropischen
Regenwäldern bedeckte Landbrücke zwischen Mittel- und
Südamerika.
An der schmalsten Stelle beträgt die Entfernung zwischen
Atlantik und Pazifik lediglich 55 km.
Die pazifische Küste ist dabei stärker gegliedert.
Im Osten setzt sich die Westkordillere Kolumbiens fort, im
Westen geht die Talamancakordillere Costa Ricas in eine
vulkanische Gebirgskette über.
Außerhalb der Kanalzone gibt es eine artenreiche Pflanzen-
und Tierwelt.

Gebirge/Berge: Serrania de Tabascará (Cerro Santiago 2 826 m,
              Chiriqui 3 475 m), Serrania del Darién (1 875 m),
              Volcán Barú (3 475 m)

Flüsse/Seen: Panamakanal; Gatúnsee, Bayanosee

Der Staat liegt im westlichen Pazifik in einer tektonisch aktiven
Zone und umfasst den Osten von Neuguinea, den Bismarckarchi-
pel, die Insel Bougainville sowie über 600 weitere kleine Inseln.
Die Hauptinsel wird von einem breiten Gebirgsrücken durchzo-
gen und befindet sich an der Nahtstelle zwischen der pazifischen
und der indonesisch-australischen Platte.
Die Vegetation entspricht dem Klima und ändert sich mit der
Höhe. Man unterscheidet Sumpfland, Regenwald, Wolkenwald
und Moore.
Besonders artenreich ist die Vogelwelt.

Gebirge/Berge: Mount Wilhelm (4 508 m), Bismarck-Gebirge,
              Owen-Stanley-Gebirge (Mount Victoria 4 073 m)

Flüsse/Seen: Sepik, Fly

LANDESNATUR

Kurzbeschreibung:
Tropisches Klima.
Im Norden immer-, im Süden wechselfeucht.
Im Bergland ist es kühler. An der Pazifikküste kommt
es hier zu einer Trockenperiode von Januar bis April.

Klassifizierung nach „Troll":
14
Im Norden und Westen: 15

Kurzbeschreibung:
Tropisch mit starken Niederschlägen und hoher Luftfeuchtigkeit.
Nur im Süden kommt es zu einer Trockenzeit von Mai bis
Oktober.

Klassifizierung nach „Troll":
15
Ganz im Süden: 14

KLIMA

Paraguay | Peru

STAAT

Lage: Südamerika Fläche: 406 752 qkm Weltrang: 58	Lage: Südamerika Fläche: 1285216 qkm Weltrang: 19

Hauptstadt: Asuncion (502 500 E.)
Weiter wichtige Städte: Ciudad del Este, San Lorenzo, Lambaré, Fernando de la Mora, Concepción, Capiatá
Angrenzende Länder:
Norden und Nordwesten: Bolivien
Nordosten: Brasilien
Süden und Südwesten: Argentinien

Hauptstadt: Lima (5 760 000 E.)
Weiter wichtige Städte: Arequipa, Trujillo, Cuzco, Pucallpa, Iquitos, Callao, Ica
Angrenzende Länder:
Norden: Ecuador, Kolumbien
Osten: Brasilien
Südosten: Bolivien
Süden: Chile

BEVÖLKERUNG

Einwohner: 4 828 000   Weltrang: 106
Religionen: 96 % Katholiken
Minderheiten:
Protestanten, Bahai

Sprachen: Spanisch und
Guarani (Amtssprachen)
Bevölkerungsdichte: 112 E / qkm   Bevölkerungswachstum: 2,7 %
Lebenserwartung: 71 Jahre   Analphabetenanteil: 8,0 %
Einwohner pro Arzt: 1 587   Kindersterblichkeit: 3,4 %

Einwohner: 23 819 000   Weltrang: 39
Religionen: 93 % Katholiken
3 % Protestanten
Anhänger von Naturreligionen

Sprachen: Spanisch, Ketschua, Aymará (Amtssprachen)
Bevölkerungsdichte: 8,5 E / qkm   Bevölkerungswachstum: 2,1 %
Lebenserwartung: 70 Jahre   Analphabetenanteil: 65,0 %
Einwohner pro Arzt: 1 078   Kindersterblichkeit: 5,5 %

WIRTSCHAFT

Wirtschaft in Stichworten:
– Landwirtschaft: Baumwolle, Mais, Sojabohnen, Tabak, Zucker; Viehzucht (Rinder)
– Holzwirtschaft (Edelhölzer)
– kaum Industrie
– keine Bodenschätze
– Export: Ölsaaten, Fleischwaren, Baumwolle; Wasserkraftwerke machen Paraguay zu den führenden Energieexporteuren

Energieverbrauch: 299 kg ÖE/Einw.
Bruttosozialprodukt: 1 690 US$/Einw.
Anteil der Erwerbstätigen:
Landwirtschaft: 42 %, Industrie: 23 %, Dienstleistungen: 35 %

Wirtschaft in Stichworten:
– Landwirtschaft: Reis, Zuckerrohr, Koka, Weizen, Kartoffeln; Viehzucht (Schafe, Lamas, Alpakas)
– Holzwirtschaft; Fischfang
– Industrie: vorwiegend Verarbeitungsindustrie im Bereich Lima
– Bodenschätze: Erdöl, Erdgas, Kupfer, Eisenerz, Zink, Blei, Silber, Gold, Molybdän, Wolfram, Wismut
– Export: Kupfer, Erdöl, Silber, Eisenerz, Zink, Baumwolle, Fischmehl
– Tourismus
Energieverbrauch: 367 kg ÖE/Einw.
Bruttosozialprodukt: 2 310 US$/Einw.
Anteil der Erwerbstätigen:
Landwirtschaft: 33 %, Industrie: 17 %, Dienstleistungen: 50 %

LANDESNATUR

Der Agrarstaat wird vom Paraguay-Fluss in zwei Regionen geteilt:
Die westliche Hälfte (Occidental) gehört zum Gran Chaco, einem flachen Grasland, das von Palmen, Trockenwäldern und Dornbüschen durchsetzt ist.
Der Osten (Oriente) ist ein welliges,, fruchtbares Hügelland mit üppiger Regenwaldvegetation und einer vielfältigen Tierwelt. Es steigt zu den niedrigen Bergketten des brasilianischen Hochplateaus an.
Der Paraná stürzt über mehrere Wasserfälle vom Hochplateau.

Gebirge/Berge: Amambay-Plateau (bis 700 m), Cordillera de Coaguazú (bis 680 m)

Flüsse/Seen: Paraguay, Paraná, Pilcomayo; Ypacaraisee Ypacaraisee

Peru hat Anteil an drei gänzlich verschiedenen Landschaften:
Die schmale Küstenebene, die das Land von Norden bis Süden durchzieht, parallel dazu die gewaltige Kette der Anden und einem Bergland im Nordosten (Montaña), das allmählich zum Amazonasbecken abfällt.
Das Hochplateau Altiplano im Süden des Landes wird von Ketten der Anden eingeschlossen. An der Grenze zu Bolivien liegt der Titicacasee.
Das Gebiet ist erdbebengefährdet mit Vulkanbergen.
Steppe im Küstenbereich, Grasheide im Hochland, tropischer Regenwald im Nordosten.

Gebirge/Berge: Anden; Huascarán (6 768 m), Coropuna (6 613 m)

Flüsse/Seen: Maranon, Ucayali (= Amazonas), Huallaga; Titicacasee

KLIMA

Kurzbeschreibung:
Im Norden tropisch, sonst subtropisch mit einer Regenzeit zwischen Oktober und Mai.
Die Niederschläge nehmen von Westen nach Osten zu.
Dort treten häufig auch Überschwemmungen auf.

Klassifizierung nach „Troll":
Von Nordwesten nach Südosten: 12, 13, 14, 15

Kurzbeschreibung:
Kalte Meeresströme (Humboldtstrom) verschaffen der Küstenebene ein trockenes Klima und haben zur Ausprägung der Küstenwüste geführt.
Hochgebirgsklima und Gletscherbildung in den Andenketten.
Heißes und feuchtes Klima in der Montaña mit zunehmenden Extremen nach Nordosten.

Klassifizierung nach „Troll":
Nordosten: 15
Küstenebene: 11
Hochgebirgsklima in den Anden

Philippinen

Polen

Lage: Südostasien   **Fläche:** 300 000 qkm   **Weltrang:** 70

Hauptstadt: Manila (1 655 000 E.)
Weitere wichtige Städte: Quezon City, Davao, Cebu, Batangas, Calbayog

Angrenzende Länder:
Inselgruppe im Pazifik

Lage: Mitteleuropa   **Fläche:** 312 685 qkm   **Weltrang:** 68

Hauptstadt: Warschau (1 635 000 E.)
Weitere wichtige Städte: Lodz, Krakau, Breslau, Posen, Danzig, Stettin, Kattowitz, Lublin, Gdingen, Tschenstochau

Angrenzende Länder:
Nordosten: Litauen, Russland
Osten: Weißrussland, Ukraine
Westen: Deutschland
Süden: Tschechische Republik, Slowakische Republik

Einwohner: 68 614 000   **Weltrang:** 14
Religionen: 84 % Katholiken, 6 % Anhänger der Unabh. Philippinischen Kirche; Minderheiten: Moslems, Protestanten, Buddhisten, Anhänger von Naturreligionen
Sprachen: Filipino (Amtssprache), Tagalog, Cebuano, Ilocano, Englisch (Handels- und Verkehrssprache); insgesamt 988 registrierte Sprachen
Bevölkerungsdichte: 229 E/qkm   **Bevölkerungswachstum:** 2,3 %
Lebenserwartung: 67 Jahre   **Analphabetenanteil:** 5,0 %
Einwohner pro Arzt: 8 333   **Kindersterblichkeit:** 5,3 %

Einwohner: 38 612 000   **Weltrang:** 29
Religionen: 97 % Katholiken Russisch-Orthodoxe, Protestanten, Altkatholiken
Sprachen: Polnisch (Amtssprache) Sprachen der Minderheiten (Deutsch, Ukrainisch, Belorussisch)
Bevölkerungsdichte: 124 E/qkm   **Bevölkerungswachstum:** 0,4 %
Lebenserwartung: 71 Jahre   **Analphabetenanteil:** 1,0 %
Einwohner pro Arzt: 467   **Kindersterblichkeit:** 1,6 %

Wirtschaft in Stichworten:
– Landwirtschaft: Reis, Mais, Bananen, Batäten, Kokospalmen, Tabak
– Fischfang
– Industrie: Textil, Chemie, Nahrungsmittel, elektronische Geräte
– Bodenschätze: Kupfer, Chrom, Silber, Gold, Blei, Zink, Kohle, Erdöl,
– Export: Elektroartikel, Bekleidung, Kokosprodukte, Holz, Kupfer, Fisch

Energieverbrauch: 316 kg ÖE/Einw.
Bruttosozialprodukt: 1 050 US$/Einw.
Anteil der Erwerbstätigen:
Landwirtschaft: 45 %, Industrie: 16 %, Dienstleistungen: 39 %

Wirtschaft in Stichworten:
– Landwirtschaft: Roggen, Kartoffeln, Futterpflanzen; Viehzucht
– Holzwirtschaft
– Industrie: Maschinen- und Fahrzeugbau, chemische Industrie
– Bodenschätze: Eisenerz, Schwefel, Zink, Blei, Kupfer, Steinkohle
– Export: Steinkohle, Fertigwaren, Maschinen, Fahrzeuge, lebende Tiere

Energieverbrauch: 2 401 kg ÖE/Einw.
Bruttosozialprodukt: 2 790 US$/Einw.
Anteil der Erwerbstätigen:
Landwirtschaft: 22 %, Industrie: 32 %, Dienstleistungen: 46 %

Die Philippinen umfassen über 7 000 Inseln und Inselchen. Sie gehören zum „Feuerring der Erde" – einem Gebiet großer tektonischer Instabilität (See-und Erdbeben). Außerdem gibt es zahlreiche aktive Vulkane.
Parallel zur Ostküste des Landes zieht sich der Philippinengraben, der zu den tiefsten Stellen der Erde zählt (-10 540 m). Die Inseln sind gebirgig und werden von schmalen Küstenebenen eingenommen.
Über 30 % des Landes sind von tropischen Wäldern bedeckt, die viele Edelhölzer liefern. An den Küsten wachsen Mangroven.

Gebirge/Berge: Apo (2 965 m), Pulog (2 928 m), Pinatubo (1 475 m) ;

Flüsse/Seen: Agusan, Mindanao, Chico, Cagayan

Mitteleuropäische Landschaftsformen setzen sich in Polen nach Osten fort.
Zwei Drittel des Landes sind Tiefland, das durch von Osten nach Westen verlaufende Senken gegliedert wird.
Der Baltische Landrücken im Norden weist ein kräftiges Relief auf, was von Großpolen und Masowien im Kern Polens nicht gesagt werden kann. In den Niederungen kommt es zu jahreszeitlichen Überschwemmungen.
Nach Süden wird das stufige Bergland vom Polnischen Mittelgebirge überragt. Die sich anschließenden Gebirge sind durch das Becken von Sandomierz und das Oberschlesische Becken getrennt.

Gebirge/Berge: Sudeten/Riesengebirge (Schneekoppe 1 603 m), Karpaten/Hohe Tatra (Gerlsdorfer Spitze 2633 m), Polnisches Mittelgebirge (Lysica 611 m), Beskiden (1 725 m)

Flüsse/Seen: Weichsel, Oder, Neiße, Warthe, San, Bug, Narew; Masurische Seenplatte, Llubliner Polesje

Kurzbeschreibung:
Tropisch-immerfeuchtes Klima, das im Westen etwas trockener ist.
Auf den Philippinen gibt es drei Jahreszeiten. Von Juni bis Oktober ist es regnerisch (SW-Monsun), von November bis Februar ist es kühl (NO-Monsun) und von März bis Mai ist es heiß. In den Tiefebenist es extrem feuchtheiß.
Nicht selten fegen vor allem von Juni bis September Taifune über das Land.

Klassifizierung nach „Troll":
Im Westen: 14
Im Osten: 15

Kurzbeschreibung:
Feucht-gemäßigt, wobei Temperaturen und Niederschläge von der Küste zum Binnenland und nach Osten abnehmen.
Im Bergland steigen die Jahresniederschläge wieder. Schneefälle sind im Winter oft sehr ergiebig.
Im Frühsommer kommt es häufig zu Trockenperioden.
In den äußeren Karpaten treten häufig Schadenshochwasser durch sommerlichen Starkregen auf.

Klassifizierung nach „Troll":
4b

Portugal

Ruanda

Portugal

Lage: Südwesteuropa Fläche: 92 270 qkm Weltrang: 110

Hauptstadt: Lissabon (681 000 E.)
Weitere wichtige Städte: Porto, Vila Nova de Gaia, Amadora, Cascais, Almada, Setubal, Braga
Angrenzende Länder:
Norden und Osten: Spanien

Ruanda

Lage: Ostafrika Fläche: 26 338 qkm Weltrang: 145

Hauptstadt: Kigali (234 500 E.)
Weitere wichtige Städte: Butare, Ruhengeri, Gisenyi

Angrenzende Länder:
Norden: Uganda
Osten: Tansania
Süden: Burundi
Westen: Kongo (Zaire)

BEVÖLKERUNG

Portugal

Einwohner: 9 927 000 Weltrang: 75
Religionen: 90% Katholiken
　　　　　Minderheiten:
　　　　　Protestanten, Moslems, Juden

Sprachen: Portugiesisch (Amtssprache)

Bevölkerungsdichte: 108 E/qkm Bevölkerungswachstum: -0,1 %
Lebenserwartung: 75 Jahre Analphabetenanteil: 15,0 %
Einwohner pro Arzt: 352 Kindersterblichkeit: 1,1 %

Ruanda

Einwohner: 6 400 000 Weltrang: 93
Religionen: 65 % Katholiken
　　　　　10 % Moslems
　　　　　9 % Protestantische Kirchen
　　　　　Anhänger von Naturreligionen
Sprachen: Kinyarwanda, Französisch, Englisch (Amtssprachen)
　　　　　Kisuaheli (z.T. Verkehrssprache)
Bevölkerungsdichte: 243E/qkm Bevölkerungswachstum: 0,6 %
Lebenserwartung: 47 Jahre Analphabetenanteil: 40,0 %
Einwohner pro Arzt: 25 000 Kindersterblichkeit: 3,9 %

WIRTSCHAFT

Portugal

Wirtschaft in Stichworten:
- Landwirtschaft: Wein, Oliven, Kork, Feigen, Tomaten, Weizen, Mais; Fischwirtschaft
- Industrie: chemische Industrie, Textil- und -Lederindustrie, Maschinenbau, Fischverarbeitung
- Bodenschätze: Wolfram, Kupfer, Pyrit
- Export: Bekleidung und Schuhe, Maschinen, Holz, Papier, Agrarprodukte, chemische Erzeugnisse
- Tourismus (Algarve)
Energieverbrauch: 1 827 kg ÖE/Einw.
Bruttosozialprodukt: 9 740 US$/Einw.
Anteil der Erwerbstätigen:
Landwirtschaft: 12 %, Industrie: 32 %, Dienstleistungen: 56 %

Ruanda

Wirtschaft in Stichworten:
- Landwirtschaft: Kaffee, Tee, Zuckerrohr, Baumwolle; Viehzucht
- kaum Industrie
- Bodenschätze: Zinn, Wolfram
- Export: Kaffee, Tee

Energieverbrauch: 34 kg ÖE/Einw.
Bruttosozialprodukt: 180 US$/Einw.
Anteil der Erwerbstätigen:
Landwirtschaft: 91 %, Industrie: 3 %, Dienstleistungen: 6 %

LANDESNATUR

Portugal

Der Tejo teilt das Land in einen üppigen Norden, der von Rumpflandschaften mit plumpen Gebirgsstöcken geprägt wird und trockene Tieflandgebiete im Süden.
Die Flussniederungen Mittelportugals sind gute Anbaugebiete, weiter nach Süden findet man nur noch Weizenfelder und Olivenplantagen. Ganz im Süden leitet ein Gebirgszug zur Algarve mit ihren romantischen Felsbuchten und Sandstränden über.
Die Senkungsgebiete im Bereich von Tejo und Sado rechnet man zu den erdbebengefährdetsten Regionen der Erde.
Zum Staatsterritorium gehören auch die Azoren und die Insel Madeira im Atlantik.

Gebirge/Berge: Malhao do Estrela (1 991 m), Serra do Marao (1 415 m), Ponta do Pico/Azoren (2 351 m)

Flüsse/Seen: Tejo, Sado, Mondego, Minho, Douro, Guadiana

Ruanda

Ruanda gehört zu den dichtest bevölkerten Agrarstaaten Afrikas. „Land der 1 000 Hügel" charakterisiert treffend den Naturraum. Das Rückgrat des Landes wird von einer mächtigen Gebirgskette mit noch tätigen Vulkanen im Norden gebildet.
Die Hochebenen sind mit Baum- und Grassavanne bedeckt. Nach Osten flacht das Hochland sanft ab, im Westen bricht es in einer gewaltigen Steilstufe zum ostafrikanischen Graben. Der Kivusee an der Westgrenze ist Teil des großen Rifttales.

Gebirge/Berge: Virunga Vulkane (Karisimbi 4 530 m)

Flüsse/Seen: Rusisi, Kagera; Kiwusee

KLIMA

Portugal

Kurzbeschreibung:
Das Klima wird bestimmt durch die atlantische Saumlage auf Mittelmeerbreite.
Es ist warm-gemäßigt und sommertrocken mit milden, feuchten Wintern.
Niederschläge nehmen von Norden nach Süden ab.
Trockenperioden sind im Osten und Süden die Regel.

Klassifizierung nach „Troll":
7

Ruanda

Kurzbeschreibung:
Das Tropenklima wird durch die Höhenlagen gemildert und ist durch zwei ausgiebige Regenperioden geprägt.

Klassifizierung nach „Troll":
14

73

Rumänien

Lage: Südosteuropa   Fläche: 238 391 qkm   Weltrang: 80

Hauptstadt: Bukarest (2 067 000 E.)
Weitere wichtige Städte: Kronstadt, Klausenburg, Neumarkt,
                Hermannstadt, Konstanza

Angrenzende Länder:
Norden: Ukraine
Osten: Moldawien
Süden: Bulgarien
Südwesten: Serbien
Westen: Ungarn

Einwohner: 22 692 000   Weltrang: 42
Religionen: 87 % Rumänisch Orthodoxe, 5% Katholiken
            4 % Anhänger der Reformierten Kirche
            Minderheiten: Griechisch-Orthodoxe, Baptisten,
            Moslems, Juden
Sprachen: Rumänisch (Amtssprache)
           Ungarisch, Deutsch, Serbisch
Bevölkerungsdichte: 95 E/qkm Bevölkerungswachstum: 0,0 %
Lebenserwartung: 70 Jahre   Analphabetenanteil: <5,0 %
Einwohner pro Arzt: 552   Kindersterblichkeit: 2,9 %

Wirtschaft in Stichworten:
– Landwirtschaft: Getreide, Zuckerrüben, Obst, Gemüse;
  Viehzucht (Schafe)
– Holzwirtschaft
– Industrie: Schwer- und Konsumgüterindustrie im Aufbau
– Bodenschätze: Erdöl, Erdgas, Eisenerz, Bauxit, Blei, Zink
– Export: Mineralölprodukte, Metalle, Stahl, Transportmittel,
  Maschinen, Nahrungsmittel, Chemieprodukte
– Tourismus (vor allem an der Schwarzmeerküste)

Energieverbrauch: 1 733 kg ÖE/Einw.
Bruttosozialprodukt: 1 480 US$/Einw.
Anteil der Erwerbstätigen:
Landwirtschaft: 37 %, Industrie: 34 %, Dienstleistungen: 29 %

Der Karpatenbogen ist das dominierende Landschaftselement
Rumäniens.
Der Bogen (Ostkarpaten und Südkarpaten) umschließt das
zentrale Becken Siebenbürgen. Die westliche Begrenzung dieser
Landschaft ist das Apusenigebirge.
Südlich an den Karpatenbogen schließt sich die Walachei an, eine
fruchtbare Tiefebene, die sich nach Osten über die Dobrudscha,
ein von Mooren durchzogenes Hügelland, zum Schwarzen Meer
öffnet.
Die Donau grenzt sowohl Land als auch Landschaft nach Süden
ab.
Die Karpaten sind dicht mit Wald bedeckt.

Gebirge/Berge: Südkarpaten (Moldoveanul 2 543 m,
                Paringul 2 518 m), Ostkarpaten (1 907 m),
                Apusenigebirge (Bihar 1 847 m)

Flüsse/Seen: Donau, Arges, Alt, Jiu, Somes

Kurzbeschreibung:
Das Klima ist vorwiegend kontinental geprägt, wobei die Höhenzüge das zentrale Becken sowie die südlichen und östlichen Ebenen gut vor den rauhen Einflüssen schützen.
Am Schwarzen Meer herrscht mildes Klima mit hohen Sommer-
temperturen.

Klassifizierung nach „Troll":
Überwiegend: 4b
Schwarzes Meer: 7

Russland

Lage: Osteuropa/Nordasien Fläche: 17 075 400 qkm Weltrang: 1

Hauptstadt: Moskau (8 792 000 E.)
Weitere wichtige Städte: St. Petersburg, Nischni Nowgorod,
                Omsk, Ufa, Nowosibirsk, Jekaterinburg,
                Wolgograd, Perm
Angrenzende Länder:
Westen: Norwegen, Finnland, Estland, Lettland, Weißrussland,
        Ukraine
Süden: Georgien, Aserbaidschan, Mongolei, Kasachstan, China
Im äußersten Südosten: Korea (Nord). Im äußersten Westen liegt
ein Landesteil zwischen Polen und Litauen

Einwohner: 148 195 000   Weltrang: 6
Religionen: 50 % Russisch-Orthodoxe
            Minderheiten: Juden, Katholiken, Buddhisten

Sprachen: Russisch (Amtssprache)
           Sprachen der übrigen Nationalitäten
Bevölkerungsdichte: 8,7 E/qkm Bevölkerungswachstum: 0,3 %
Lebenserwartung: 68 Jahre   Analphabetenanteil: <5,0 %
Einwohner pro Arzt: 220   Kindersterblichkeit: 3,0 %

Wirtschaft in Stichworten:
– Landwirtschaft: Im Norden Roggen, Kartoffeln, Flachs;
  im Süden Zuckerrüben, Sonnenblumen, Tabak
– Holzwirtschaft
– Industrielle Schwerpunkte: europäischer Teil, Ural,
  Kusnezkbecken
– Reiche Bodenschätze
– Export: Erdöl, Erdgas, Holz, Metalle, Maschinen,
  chemische Erzeugnisse, Fahrzeuge

Energieverbrauch: 4 014 kg ÖE/Einw.
Bruttosozialprodukt: 2 240 US$/Einw.
Anteil der Erwerbstätigen:
Landwirtschaft: 15 %, Industrie: 39 %, Dienstleistungen: 46 %

Großgliederung: Osteuropäisches Tiefland (Westgrenze bis Ural),
Mittelsibirisches Tiefland mit riesigen Sumpfgebieten (Ural bis
Jenissei), Mittelsibirisches Bergland (Jenissei bis Lena), Ostsibiri-
sches Gebirgsland (östlich der Lena). Das ostsibirische Korjaken-
gebirge setzt sich auf der Halbinsel Kamtschatka fort.
Im Süden Hochgebirge an der Grenze zur Mongolei und China.
Größere Inseln bzw. Inselgruppen im Nordpolarmeer, vor der
Ostküste die 1 000 km lange Insel Sachalin.
Im Norden Tundra und riesige Nadelwälder (Taiga), im europäi-
schen Teil Moränenlandschaft mit vielen Seen, im europäischen
Südrussland fruchtbare Lössböden.

Gebirge/Berge: Kaukasus (Elbrus 5 633 m), Altai
                (Belucha 4 506m), Ural (Narodnaja 1 894 m),
                Werchojansker Gebirge (3899 m), Korjakengebirge
                (4 750 m), Tscherskigebirge (Pobeda 3 147 m)

Flüsse/Seen: Wolga, Ural, Ob, Jenissei, Angara, Lena, Kolyma,
                Amur; Ladogasee, Onegasee, Baikalsee

Kurzbeschreibung:
Kontinentales Klima, das von Westen nach Osten extremer wird.
Kältepol der Nordhalbkugel in Ostsibirien bei Oimjakon
(- 77,8° C; Sommertemperaturen bis zu 30° C).
Im Hinterland der Ostsee und an der Schwarzmeerküste
gemäßigt. Die Ausläufer des Golfstroms halten den Hafen
Murmansk eisfrei.
Im Bereich des Kaspischen Meeres Steppenklima.
Die Niederschläge nehmen von Westen nach Osten ab.

Klassifizierung nach „Troll":
Von Norden nach Süden: 2, 3, 4b (vor allem im europäischen
Teil), 5, 6 (am Kaspischen Meer), 7 (am Schwarzen Meer).

STAAT

BEVÖLKERUNG

WIRTSCHAFT

LANDESNATUR

KLIMA

Sahara

Saint Lucia

STAAT

Lage: Nordwestafrika   Fläche: 252 120 qkm   Weltrang: 75

Hauptstadt: El-Aaiun (139 000 E.)
Weitere wichtige Städte: Smara, Dakhla, Bon Craa

Angrenzende Länder:
Norden: Marokko
Nordosten: Algerien
Osten und Süden: Mauretanien

Lage: Karibik   Fläche: 616,3 qkm   Weltrang: 176

Hauptstadt: Castries (54 000 E.)
Weitere wichtige Städte: Vieux Fort, Micoud, Soufrière, Gros
                     Islet, Dennery
Angrenzende Länder:
Kleine Insel in der östlichen Karibik

BEVÖLKERUNG

Einwohner: 208 000   Weltrang: 171

Religionen: 100 % Moslems (Sunniten)

Sprachen: Hocharabisch (Amtssprache)
            Arabische Dialekte, Hassani
            Spanisch

Bevölkerungsdichte: 0,8 E/qkm   Bevölkerungswachstum: 2,8 %
Lebenserwartung: 44 Jahre   Analphabetenanteil: k.A.
Einwohner pro Arzt: k.A.   Kindersterblichkeit: k.A.

Einwohner: 158 000   Weltrang: 174

Religionen: 77 % Katholiken
               Verschiedene protestantische Konfessionen
Sprachen: Englisch (Amtssprache)
            Patois (kreolisches Französisch)

Bevölkerungsdichte: 235 E/qkm   Bevölkerungswachstum: 1,4 %
Lebenserwartung: 71 Jahre   Analphabetenanteil: 18,0 %
Einwohner pro Arzt: 2 521   Kindersterblichkeit: 2,2 %

WIRTSCHAFT

Wirtschaft in Stichworten:
– Landwirtschaft: Oasenwirtschaft: Datteln, Gerste, Weizen;
   Nomadenwirtschaft: Kamele, Ziegen, Schafe
– Fischfang
– Salzgewinnung
– Fischverarbeitende Industrie
– Bodenschätze: Phosphat, Eisenerz
– Export: Phosphat, Salz, Vieh

Energieverbrauch: k.A.
Bruttosozialprodukt: k.A.
Anteil der Erwerbstätigen:
Landwirtschaft: k.A., Industrie: k.A. Dienstleistungen: k.A.

Wirtschaft in Stichworten:
– Landwirtschaft: Bananen, Maniok, Süßkartoffeln
– Industrie: Grundgüterindustrie im Aufbau
– Bodenschätze: Bimsstein
– Export: Bananen, Textilien, Kokosöl, Kakao
– Tourismus: Haupteinnahmequelle

Energieverbrauch: 338 kg ÖE/Einw.
Bruttosozialprodukt: 3 370 US$/Einw.
Anteil der Erwerbstätigen:
Landwirtschaft: 30 %, Industrie: 20 %, Dienstleistungen: 50 %

LANDESNATUR

Das Land umfasst den nordwestlichen Teil der Sahara und ist
flachwellig. Im Innern durchziehen etwa 300 bis 350 m hohe
Plateaus das Gebiet, die von Wadis zerschnitten sind.
Vorwiegend ist Sandwüste (Dünen) anzutreffen, nur in dem
bergigen Teil findet man spärliche Vegetation mit wenigen Oasen.
Das Landesinnere ist kaum erschlossen.

St. Lucia ist ein winziger Inselstaat im Osten der Karibik,
der zu den kleinen Antillen gehört.
Die Insel ist vulkanischen Ursprungs und weist noch heute
Schwefelquellen und Gaseruptionen auf.
Der höchste Berg liegt im Zentrum der Insel, die beiden zucker-
hutförmigen Zwillingsvulkane Gros Piton und Petit Piton ragen
an der Küste aus dem Meer.
Der Regenwald auf dem fruchtbaren vulkanischen Boden ist
fast völlig abgeholzt.

Gebirge/Berge: Höchste Erhebung (823 m)

Gebirge/Berge: Mount Gimie (959 m), Gros Piton (798 m),
                   Petit Piton (736 m)

Flüsse/Seen: Wadis

Flüsse/Seen: Cul de Sac, Roseau, Canelles

KLIMA

Kurzbeschreibung:
Extrem arides Wüstenklima mit Jahresdurchschnittstemperaturen
von 30° C und 36 mm Jahresniederschlag.

Klassifizierung nach „Troll":
10

Kurzbeschreibung:
Die Insel hat wechselfeuchtes Tropenklima mit Wirbelstürmen
und hohen Niederschlagswerten.
Besonders hoch sind die Niederschläge an der Nordküste.

Klassifizierung nach „Troll":
15

Salomonen

Sambia

Lage: Ozeanien Fläche: 27 556 qkm Weltrang: 144	Lage: Südafrika Fläche: 752 614 qkm Weltrang: 38

Hauptstadt: Honiara (35 300 E.)
Weitere wichtige Städte: Gizo, Auki, Kirakira, Buala

Angrenzende Länder:
Inselgruppe im Pazifischen Ozean

Hauptstadt: Lusaka (983 000 E.)
Weitere wichtige Städte: Kitwe, Ndola, Chingola, Mufulira,
Luanshya, Kabwe, Kalulushi,
Livingstone
Angrenzende Länder:
Nordosten: Tansania; Nordwesten: Kongo (Zaire)
Westen: Angola
Südwesten: Namibia; Südosten: Mosambik
Osten: Malawi
Süden: Simbabwe, Botsuana

Einwohner: 375 000 Weltrang: 163
Religionen: 95 % Christen (Anglikaner, Katholiken, Protestanten)
Autochthone Kulte

Sprachen: Englisch (Amtssprache)
Pidgin-Englisch
weitere 80 melanesische und polynesische Sprachen
Bevölkerungsdichte: 13 E/qkm Bevölkerungswachstum: 3,1 %
Lebenserwartung: 71 Jahre Analphabetenanteil: 38,0 %
Einwohner pro Arzt: 9 852 Kindersterblichkeit: 3,1 %

Einwohner: 8 978 000 Weltrang: 81
Religionen: 72 % Christen
(Protestanten, Katholiken, afrikanische Kirchen)
27 % Anhänger von Naturreligionen
Minderheit von Moslems
Sprachen: Englisch (Amtssprache)
Bantusprachen
Bevölkerungsdichte: 12 E/qkm Bevölkerungswachstum: 2,6 %
Lebenserwartung: 48 Jahre Analphabetenanteil: 22,0 %
Einwohner pro Arzt: 11 111 Kindersterblichkeit: 20,3 %

Wirtschaft in Stichworten:
– Landwirtschaft: Kakao, Kokosnüsse, Palmöl, Kartoffeln,
Maniok, Gemüse, Reis
– Holzwirtschaft und Fischfang
– Industrie: Textilien, Lebensmittel, Batterien, Glasfasern;
Handwerk
– Bodenschätze: Gold, Zink, Blei, Nickel, Phosphate, Asbest
– Export: Fisch, Palmöl, Kopra, Holz, Kakao, Muscheln, Tabak
– Tourismus: Japaner und Amerikaner als Besucher alter
Kriegsschauplätze
Energieverbrauch: 159 kg ÖE/Einw.
Bruttosozialprodukt: 910 US$/Einw.
Anteil der Erwerbstätigen:
Landwirtschaft: 27 %, Industrie: 14 %, Dienstleistungen: 59 %

Wirtschaft in Stichworten:
– Landwirtschaft: Tabak, Mais, Maniok, Hirse, Erdnüsse,
Zuckerrohr, Baumwolle; Viehzucht
– Fischwirtschaft (Seen)
– Industrie: Erdölverarbeitung, Kupferaufbereitung, Textil- und
Düngemittelindustrie, Sprengstoffherstellung
– Bodenschätze: Kupfer, Blei, Kobalt, Zink, Gold, Silber, Kohle
– Export: viertgrößter Kupferproduzent der Welt, Tabak,
Zuckerrohr, Baumwolle, Erdnüsse

Energieverbrauch: 149 kg ÖE/Einw.
Bruttosozialprodukt: 400 US$/Einw.
Anteil der Erwerbstätigen:
Landwirtschaft: 68 %, Industrie + Dienstleistungen: 32 %

Die Salomonen bestehen als Teil des circumpazifischen Ringes
aus zwei parallel verlaufenden Inselketten vulkanischen
Ursprungs.
Die Inseln geringer Größe liegen westlich von Papua-Neuguinea
im westlichen Pazifik und schlagen die Brücke zum Nachbarstaat
Vannatu.
Auf den Inseln gibt es noch tätigen Vulkanismus.
Die Vegetation ist klimabedingt tropischer Regenwald.

Sambia liegt auf einem breiten, flachhügeligen Plateau, das
vereinzelt von Bergen und tiefen Tälern durchbrochen wird.
Das Land umfasst die Rumpfflächen der zentralen und östlichen
Lundaschwelle. Das eintönige Relief steigt von Süden nach
Norden an. Im Flachland haben sich Seen und Sumpfgebiete
entwickelt.
Über weite Strecken überwiegt Savanne mit Miombowald mit
den charakteristischen Termitenhügeln.
In feuchteren Gebieten herrscht Mopanewald vor, den
Affenbrotbäume kennzeichnen.
Die Tierwelt ist sehr artenreich.

Gebirge/Berge: Makarakomburu (2 447 m)

Gebirge/Berge: Muchingabergland (1 800 m), Makutu-Mountains
(über 2 100 m), Nyika-Plateau (2 164 m)

Flüsse/Seen:

Flüsse/Seen: Sambesi/Victoriafälle, Kafue, Luangwa, Cuando;
Tanganjikasee, Karibasee, Kafuesee, Mwerusee,
Bangweolosee

Kurzbeschreibung:
Tropisches Klima mit hohen Niederschlagsmengen.
Die meisten Niederschläge fallen im Frühjahr.
Häufiger Durchzug von Zyklonen.

Kurzbeschreibung:
Tropisch-wechselfeuchtes, subäquatoriales Klima mit gemäßigten
Temperaturen aufgrund der Höhenlage.
Im Norden fallen mehr als doppelt so viele Niederschläge wie
im Süden, in der feuchtwarmen Jahreszeit häufig als heftige
Gewitter.
Die Trockenzeit ist kühler.

Klassifizierung nach „Troll":
15

Klassifizierung nach „Troll":
13

Samoa

San Marino

STAAT

Lage: Ozeanien   Fläche: 2 831 qkm   Weltrang: 165

Lage: Südeuropa   Fläche: 60,5 qkm   Weltrang: 189

Hauptstadt: Apia (34 100 E.)
Weitere wichtige Städte: Asau, Salelologa, Mulifanoa

Hauptstadt: San Marino (4 500 E.)
Weitere wichtige Städte: Serravalle, Domagnano, Monte Giardano

Angrenzende Länder:
Inselgruppe im Pazifischen Ozean

Angrenzende Länder:
Allseitig von italienischem Staatsgebiet umgeben

BEVÖLKERUNG

Einwohner: 165 000   Weltrang: 173

Einwohner: 25 000   Weltrang: 189

Religionen: 71 % Protestanten
            22 % Katholiken

Religionen: 93 % Katholiken

Sprachen: Samoanisch und Englisch (Amtssprachen)

Sprachen: Italienisch (Amtssprache)
          romagnolische Mundart

Bevölkerungsdichte: 60 E/qkm   Bevölkerungswachstum: 0,5 %
Lebenserwartung: 69 Jahre   Analphabetenanteil: 30,0 %
Einwohner pro Arzt: 3 584   Kindersterblichkeit: 5,4 %

Bevölkerungsdichte: 414 E/qkm   Bevölkerungswachstum: 0,4 %
Lebenserwartung: 81 Jahre   Analphabetenanteil: <5,0 %
Einwohner pro Arzt: 375   Kindersterblichkeit: k.A

WIRTSCHAFT

Wirtschaft in Stichworten:
– Landwirtschaft: Eigenversorgung mit Süßkartoffeln,
  Brotfrucht, Papaya
– Holzwirtschaft
– Fischfang
– keine Industrie, nur Kunsthandwerk
– Export: Kopra, Kokosöl, Kakao, Taro, Holz
– Tourismus: Typischer Südseetourismus

Wirtschaft in Stichworten:
– Landwirtschaft: Weizen, Gerste, Mais, Wein, Oliven
– kleinere Gewerbebetriebe: Seidenwebereien, Töpfereien
– Export: Briefmarken, Olivenöl, Wein,
  handwerkliche Produkte (vor allem Töpfereien)
– Tourismus (60 % der Staatseinnahmen)

Energieverbrauch: 433 kg ÖE/Einw.
Bruttosozialprodukt: 1 120 US$/Einw.
Anteil der Erwerbstätigen:
Landwirtschaft: 64 %, Industrie: 6 %, Dienstleistungen: 30 %

Energieverbrauch: k.A.
Bruttosozialprodukt: k.A.
Anteil der Erwerbstätigen:
Landwirtschaft: 2 %, Industrie: 43 %, Dienstleistungen: 55 %

LANDESNATUR

Samoa (eigentlich Westsamoa) besteht aus zwei großen Inseln
(Suvaii, Upolu) und einigen kleineren Inseln.
Vier dieser Inseln sind dauerhaft bewohnt und sind wie alle
Inseln dieses pazifischen Raumes gebirgig und mit tropischem
Regenwald bedeckt.
Sie sind Teil des circumpazifischen Ringes und somit erdbeben-
gefährdet und mit tätigen Vulkanen besetzt.
Korallenriffe, Sandstrände und Regenwälder charakterisieren
die Landschaft.

Der Staat liegt (ca. 20 km südwestlich von Rimini) auf einem
Kalksteinrücken (Monte Titano) des Etruskischen Apennin.
Der Monte Titano fällt in einem Steilhang nach Norden ab.
Mediterrane Vegetation.

Gebirge/Berge: Mauga Silisili (1 858 m), Mount Fitu (1 113 m)

Gebirge/Berge: Monte Titano (756 m)

Flüsse/Seen:

Flüsse/Seen: San Marino, Marano

KLIMA

Kurzbeschreibung:
Tropisches Klima mit ausgeprägter Regenzeit vom Winter bis
zum Frühjahr.
Im Norden der Inselgruppe sind die Niederschläge im Regen-
schatten nicht mehr so hoch.
Gelegentlich Durchzug von Zyklonen.

Kurzbeschreibung:
Mittelmeerklima, in den Höhenlagen aber deutlich kühler als
an der benachbarten Adriaküste.
Trockene Sommer, Winterregen, Fröste im Winter.

Klassifizierung nach „Troll":
15

Klassifizierung nach „Troll":
7

Sao Tomé und Príncipe

Saudi-Arabien

STAAT

Sao Tomé und Príncipe

Lage: Zentralafrika   Fläche: 1 001 qkm   Weltrang: 169

Hauptstadt: São Tomé (43 500 E.)
Weitere wichtige Städte: Santo Antonio

Angrenzende Länder:
Inseln im Golf von Guinea

Saudi-Arabien

Lage: Vorderasien   Fläche: 2 240 000 qkm   Weltrang: 13

Hauptstadt: Riad (1 975 000 E.)
Weitere wichtige Städte: Djidda, Mekka, Taif, Medina, Harad,
                         Hofuf, Dammam
Angrenzende Länder:
Norden: Kuwait, Irak, Jordanien
Nordwesten: Jordanien
Osten: Arabische Emirate, Katar
Süden: Jemen
Südosten: Oman

BEVÖLKERUNG

Einwohner: 129 000   Weltrang: 175

Religionen: 93 % Katholiken
            3 % Protestanten
            Anhänger von Naturreligionen
Sprachen: Portugiesisch (Amtssprache)

Bevölkerungsdichte: 129 E/qkm   Bevölkerungswachstum: 2,3 %
Lebenserwartung: 69 Jahre   Analphabetenanteil: 40,0 %
Einwohner pro Arzt: 2 819   Kindersterblichkeit: 8,1 %

Einwohner: 18 979 000   Weltrang: 49

Religionen: 98 % Moslems (Islam ist Staatsreligion)
            Christen
            Hindus
Sprachen: Hocharabisch (Amtssprache)
           Englisch (Bildungssprache)

Bevölkerungsdichte: 8,5 E/qkm   Bevölkerungswachstum: 4,3 %
Lebenserwartung: 71 Jahre   Analphabetenanteil: 37,0 %
Einwohner pro Arzt: 704   Kindersterblichkeit: 3,4 %

WIRTSCHAFT

Wirtschaft in Stichworten:
– Landwirtschaft: Plantagenwirtschaft: Kakao, Kaffee,
  Kokos- und Ölpalmen
– Fischfang
– Export: Kakao, Palmöl, Kaffee, Kopra

Energieverbrauch: 184 kg ÖE/Einw.
Bruttosozialprodukt: 350 US$/Einw.

Anteil der Erwerbstätigen:
Landwirtschaft: 40 %, Industrie: 14 %, Dienstleistungen: 46 %

Wirtschaft in Stichworten:
– Landwirtschaft: Getreide, Bananen, Datteln, Kaffee, Weizen;
  Viehzucht (Schafe, Ziegen, Kamele)
– Industrie: Petrochemie, Walzstahl, Düngemittel
– Bodenschätze: Erdöl, Erdgas, Eisen, Gold
– Export: Erdöl, Erdgas, Mineralölprodukte

Energieverbrauch: 4 566 kg ÖE/Einw.
Bruttosozialprodukt: 7 040 US$/Einw.

Anteil der Erwerbstätigen:
Landwirtschaft: 37 %, Industrie: 14 %, Dienstleistungen: 49 %

LANDESNATUR

Die beiden Inseln liegen im Golf von Guinea, 150 km vom
afrikanischen Festland entfernt und sind erloschene Vulkane.
Die vulkanischen Berge werden von wilden tropischen Regenwäldern, in höheren Lagen von tropischen Bergwäldern bedeckt.
Die Nordflanken tragen heute meist Plantagen, São Tomé ist das
Ursprungsgebiet der tropischen Plantagenwirtschaft.
Wasserfälle und glitzernde Bäche verschmelzen zu einer wun-
derschönen Landschaft, die bisher noch nicht vom Tourismus
entdeckt wurde.

Gebirge/Berge: Pico de São Tomé (2 024 m)

Flüsse/Seen:

Die Arabische Halbinsel besteht zum größten Teil aus einem
Hochland, das von einem Randabbruch im Westen am Roten
Meer allmählich nach Osten zum Persischen Golf abfällt.
Die Sandwüste wird gelegentlich von der Steinwüste abgelöst.
Nefud-Wüste im Norden, Große Arabische Wüste im Süden.
Im Südwesten liegen die höchsten Erhebungen im Asir-Gebirge.

Gebirge/Berge: Asir-Gebirge (Djebel Abha 3 133 m), Hedschas-
               massiv (2 565 m), Djebel Tuwaik (1 025 m)

Flüsse/Seen: Keine Flüsse, die ständig Wasser führen

KLIMA

Kurzbeschreibung:
Tropisch-immerfeuchtes Klima, das durch den Ozean und den
kalten Benguela-Strom gemildert wird.
Die Niederschläge erreichen auf São Tomé im Norden 1 000 mm
und im Süden bis zu 7 000 mm jährlich, auf Principe über
4 000 mm.
Die Regenzeit dauert von September bis Juni. Die Temperaturen
liegen ganzjährig um 27° C.

Klassifizierung nach „Troll":
15

Kurzbeschreibung:
Wüstenklima im größten Teil des Landes mit gelegentlichen
Niederschlägen an der Golfküste im Frühjahr.
Extremes Wüstenklima im Süden mit seltenen Niederschlägen
im Asir-Gebirge im Sommer.
Am Roten Meer ist es heiß mit hoher Luftfeuchtigkeit.
Im Landesinnern große Temperaturschwankungen zwischen
Tag und Nacht (im Winter oft in der Nacht unter 0° C).

Klassifizierung nach „Troll":
Überwiegend: 10
Süden: 11

Schweden | Schweiz

STAAT

Schweden

Lage: Nordeuropa   Fläche: 449 964 qkm   Weltrang: 55

Hauptstadt: Stockholm (711 000 E.)
Weitere wichtige Städte: Göteborg, Malmö, Uppsala, Linköping,
                      Hälsingborg, Norrköping, Jönköping

Angrenzende Länder:
Westen: Norwegen
Nordosten: Finnland

Schweiz

Lage: Mitteleuropa   Fläche: 41 284,5 qkm   Weltrang: 133

Hauptstadt: Bern (126 000 E.)
Weitere wichtige Städte: Zürich, Basel, Genf, Lausanne, Luzern,
                      Winterthur, St. Gallen, Schaffhausen,
                      Chur

Angrenzende Länder:
Norden: Deutschland
Westen: Frankreich
Osten: Österreich
Süden, Südosten: Italien

BEVÖLKERUNG

Schweden

Einwohner: 8 830 000   Weltrang: 82
Religionen: 89 % evangelische Lutheraner
        Minderheiten: sonstige Evangelische, Katholiken,
        Anhänger der Pfingstbewegung, Orthodoxe
Sprachen: Schwedisch (Amtssprache)
        Finnisch, Lappisch
        Englisch und Deutsch (Geschäftssprachen)
Bevölkerungsdichte: 20 E/qkm   Bevölkerungswachstum: 0,6 %
Lebenserwartung: 79 Jahre   Analphabetenanteil: <5,0 %
Einwohner pro Arzt: 395   Kindersterblichkeit: 0,5 %

Schweiz

Einwohner: 7 039 000   Weltrang: 90
Religionen: 46 % Katholiken
        40 % Protestanten
        Minderheiten von Moslems und Juden
Sprachen: Deutsch, Französisch, Italienisch (Amtssprachen)
        Rätoromanisch (Landessprache)
Bevölkerungsdichte: 170 E/qkm   Bevölkerungswachstum: 0,8 %
Lebenserwartung: 78 Jahre   Analphabetenanteil: <5,0 %
Einwohner pro Arzt: 585   Kindersterblichkeit: 0,7 %

WIRTSCHAFT

Schweden

Wirtschaft in Stichworten:
– Landwirtschaft: Weizen, Zuckerrüben, Gerste,
  Kartoffeln, Roggen
– Holzwirtschaft im Norden
– Fischfang
– vielseitige Industrie (vor allem in Mittel- und Südschweden)
– Bodenschätze: Eisenerz, Kupfer, Blei, Uran
– Export: Eisenerz, Maschinen, Fahrzeuge, Holz, Papier
– Tourismus
Energieverbrauch: 5 723 kg ÖE/Einw.
Bruttosozialprodukt: 23 750 US$/Einw.
Anteil der Erwerbstätigen:
Landwirtschaft: 4 %, Industrie: 25 %, Dienstleistungen: 71 %

Schweiz

Wirtschaft in Stichworten:
– Landwirtschaft: Anbau auf wenig fruchtbaren Böden
  bringt nur geringe Erträge; Viehzucht (Rinder)
– vielseitige Industrie: Maschinen, chemische und
  pharmazeutische Erzeugnisse, Uhren
– Export: Uhren, Maschinen, Pharmazeutika, Käse, Schokolade
– Tourismus

Energieverbrauch: 3 629 kg ÖE/Einw.
Bruttosozialprodukt: 40 630 US$/Einw.
Anteil der Erwerbstätigen:
Landwirtschaft: 4 %, Industrie: 25 %, Dienstleistungen: 71 %

LANDESNATUR

Schweden

Schweden bildet den Ostteil der Skandinavischen Halbinsel.
Das Skandinavische Gebirge bildet die Grenze zu Norwegen.
In Nordschweden (Norrland) senkt sich das Land in Stufen zur
Ostsee.
Langgestreckte Bergrücken mit eingeschnittenen Flussläufen
kennzeichnen die Landschaft. Mittelschweden (Svealand) ist
ein moränenbedecktes Tiefland mit vielen Seen. Südschweden
(Götaland) ist eine flachwellige Hochfläche mit Moränenzügen
(von der Eiszeit geprägt).
Der Küste sind Schären und Inseln vorgelagert.
Im Süden Buchen- und Eichenwälder, nach Norden zu Nadel-
und Birkenwälder.
Über der Baumgrenze Tundrenvegetation (Fjell).

Gebirge/Berge: Skanden; Kebnekajse (2 123 m),
               Sarektjåkko (2 090 m)

Flüsse/Seen: Gotaälv, Klarälv, Dalälv;
               etwa 100 000 Seen (die größten sind Vänersee,
               Vättersee, Mälarsee).

Schweiz

Reizvolles Berg- und Hochgebirgsland mit drei Großlandschaf-
ten, die sich parallel von Südwesten nach Nordosten erstrecken:
Jura (10 % der Landesfläche), Mittelland (30 %), Alpen (60 %).
Die Alpen gehören größtenteils zu den Westalpen.
Zahlreiche Gletscher (der Aletschgletscher ist mit fast 30 km
Länge der größte Gletscher der Alpen).
Mischwald, Nadelwald, Almen.

Gebirge/Berge: Walliser Alpen (Dufourspitze des Monte Rosa mit
               4 634 m), Berner Alpen (Finsteraarhorn 4 274 m),
               Glarner Alpen, Rätische Alpen

Flüsse/Seen: Rhein, Rhône, Aare;
               ca. 13 000 Seen (Bodensee, Genfer See, Zürichsee,
               Vierwaldstätter See, Neuenburger See)

KLIMA

Schweden

Kurzbeschreibung:
Subpolares Kontinentalklima im Norden, gemäßigtes
ozeanisches Klima im Süden.
Die Niederschläge nehmen von Westen nach Osten ab.

Klassifizierung nach „Troll":
Im äußersten Norden: 2
Norden und Mitte: 3
Süden: 4b

Schweiz

Kurzbeschreibung:
Gemäßigtes Klima (winterkalt, sommerwarm).
Ausreichende Niederschläge.
Die nach Süden offenen Täler im Tessin und in Graubünden
sind mediterran beeinflusst.
Die Alpennordseite wird von kühl-feuchten atlantischen
Luftmassen bestimmt.

Klassifizierung nach „Troll":
Vorwiegend: 4b
Im Tessin: 7

Senegal

Seschellen

STAAT

	Senegal	Seschellen

Senegal

Lage: Westafrika   Fläche: 196 722 qkm   Weltrang: 86

Hauptstadt: Dakar (1 730 000 E.)
Weitere wichtige Städte: St. Louis, Thiès, Kaolak, Siginschor

Angrenzende Länder:
Norden: Mauretanien
Süden: Guinea-Bissau, Guinea
Westen: Gambia ragt wie ein „Finger" ins Landesinnere

Einwohner: 8 468 000   Weltrang: 83

Religionen: 94 % sunnitische Moslems
5 % Christen
Anhänger von Naturreligionen
Sprachen: Wolof und Französisch (Amtssprachen)
viele weitere Sprachen
Bevölkerungsdichte: 43 E/qkm   Bevölkerungswachstum: 2,8 %
Lebenserwartung: 50 Jahre   Analphabetenanteil: 67,0 %
Einwohner pro Arzt: 16 667   Kindersterblichkeit: 11,0 %

Wirtschaft in Stichworten:
– Landwirtschaft: Erdnüsse, Hirse; nomadische Viehzucht
– Fischfang
– Industrie: Nahrungsmittel, Bekleidung
– Bodenschätze: Phosphat, Salz
– Export: Fisch, Fischkonserven, Erdnüsse, Phosphat
– Tourismus

Energieverbrauch: 97 kg ÖE/Einw.
Bruttosozialprodukt: 600 US$/Einw.

Anteil der Erwerbstätigen:
Landwirtschaft: 4 %, Industrie: 25 %, Dienstleistungen: 71 %

Im Nordwesten flache Küstenzone mit starker Brandung. Das
Küstentiefland nimmt einen Großteil der Landesfläche ein.
Im Osten und Süden Ausläufer der Mauretanischen Schwelle
und des Futa Djalon.
In der Casamance (Landschaft zwischen dem Gambia und
der Landesgrenze zu Guinea-Bissau) sind in Küstennähe
Mangrovensümpfe und Feuchtwälder verbreitet.
Im Landesinneren Trockensavanne (Bereich der Sahelzone),
im Südwesten Feuchtsavanne.

Gebirge/Berge: Höchste Erhebung im Südosten: ca 700 m

Flüsse/Seen: Senegal (Grenzfluss zu Mauretanien), Gambia,
Saloum; Guiersee

Kurzbeschreibung:
Ganzjährig warme Zone, meist trocken, Sommerregen.
Die Niederschläge nehmen von Süden nach Norden ab.

Klassifizierung nach „Troll":
13

Seschellen

Lage: Ostafrika   Fläche: 454 qkm   Weltrang: 179

Hauptstadt: Victoria (25 000 E.)
Weitere wichtige Städte: Takamaka

Angrenzende Länder:
Inselgruppe im Indischen Ozean

Einwohner: 74 000   Weltrang: 181

Religionen: 90 % Katholiken
8 % Anglikaner
Sprachen: Kreolisch (Amtssprache)
Englisch und Französisch (Bildungssprachen)
Bevölkerungsdichte: 163 E/qkm   Bevölkerungswachstum: 1,2 %
Lebenserwartung: 72 Jahre   Analphabetenanteil: 21,0 %
Einwohner pro Arzt: 992   Kindersterblichkeit;   2,0 %

Wirtschaft in Stichworten:
– Landwirtschaft: Tabak, Zimt, Vanille, Kopra
– Fischfang
– Export: Gewürze, Fisch, Fischkonserven, Kopra
– Tourismus

Energieverbrauch: 1 691 kg ÖE/Einw.
Bruttosozialprodukt: 6 620 US$/Einw.

Anteil der Erwerbstätigen:
Landwirtschaft: 4 %, Industrie: 25 %, Dienstleistungen: 71 %

Über 100 Inseln, die beiden größten sind Mahé (154,7 qkm)
und Praslin (37,6 qkm).
Viele Inseln sind unbewohnt und werden von niedrigen
Korallenriffen gebildet.
Die Hauptinseln haben felsige Steilküste und starkes
Gebirgsrelief.
Tropischer Regenwald, zum Teil von Plantagen verdrängt.

Gebirge/Berge: Höchste Erhebung auf Mahé: Morne
Seychellois (912 m)

Flüsse/Seen:

Kurzbeschreibung:
Ganzjährig warme Zone (tropisch-ozeanisch).
Winterregen vor allem an den Westseiten der Inseln.

Klassifizierung nach „Troll":
14

Spaltenleiste (Mitte): STAAT · BEVÖLKERUNG · WIRTSCHAFT · LANDESNATUR · KLIMA

Sierra Leone

Simbabwe

STAAT

Sierra Leone

Lage: Westafrika   Fläche: 71 740 qkm   Weltrang: 117

Hauptstadt: Freetown (1 300 000 E.)
Weitere wichtige Städte: Koidu, Bo, Kenema, Makeni

Angrenzende Länder:
Norden und Nordosten: Guinea
Südosten: Liberia

Simbabwe

Lage: Südafrika   Fläche: 390 757 qkm   Weltrang: 59

Hauptstadt: Harare (1 184 000 E.)
Weitere wichtige Städte: Bulawayo, Chitungwiza, Mutare, Gweru,
                          Kwekwe, Kadoma, Masvingo
Angrenzende Länder:
Norden und Nordwesten: Sambia
Osten und Nordosten: Mosambik
Süden: Südafrika
Westen: Botsuana

BEVÖLKERUNG

Sierra Leone

Einwohner: 4 195 000   Weltrang: 116
Religionen: Überwiegend Naturreligionen
            39 % sunnitische Moslems, 8% Christen

Sprachen: Englisch (Amtssprache)
           Mandesprachen, Kreolisch
Bevölkerungsdichte: 58 E/qkm   Bevölkerungswachstum: 1,6 %
Lebenserwartung: 40 Jahre   Analphabetenanteil: 69,0 %
Einwohner pro Arzt: 13 150   Kindersterblichkeit: 28,4 %

Simbabwe

Einwohner: 110 110 000   Weltrang: 63
Religionen: 55 % Christen
            Anhänger von Naturreligionen
            Minderheiten:
            Moslems, Orthodoxe, Juden
Sprachen: Englisch (Amtssprache)
           Fanagalo, Bantusprachen
Bevölkerungsdichte: 28 E/qkm   Bevölkerungswachstum: 2,8 %
Lebenserwartung: 52 Jahre   Analphabetenanteil: 15,0 %
Einwohner pro Arzt: 7 692   Kindersterblichkeit: 7,4 %

WIRTSCHAFT

Sierra Leone

Wirtschaft in Stichworten:
– Landwirtschaft: Kaffee, Kakao, Reis, Yams, Maniok, Hirse
– wenig entwickelte Industrie
– Bodenschätze: Rutil (Titan), Bauxit, Diamanten, Gold, Eisenerz
– Export: Rutil, Diamanten, Bauxit, Kakao, Kaffee

Energieverbrauch: 77 kg ÖE/Einw.
Bruttosozialprodukt: 180 US$/Einw.
Anteil der Erwerbstätigen:
Landwirtschaft: 67 %, Industrie + Dienstleistungen: 33 %

Simbabwe

Wirtschaft in Stichworten:
– Landwirtschaft: Tabak, Mais, Baumwolle, Zucker, Kaffee;
  Viehzucht (Rinder)
– Industrie: Verarbeitungs- und Konsumgüterindustrie,
  Leichtmaschinenbau
– Bodenschätze: Gold, Nickel, Chrom, Kupfer, Kobalt,
  Asbest, Kohle
– Export: Agrargüter (Tabak), Gold, Güter der verarbeitenden Ind.
– Tourismus

Energieverbrauch: 438 kg ÖE/Einw.
Bruttosozialprodukt: 540 US$/Einw.
Anteil der Erwerbstätigen:
Landwirtschaft: 67 %, Industrie + Dienstleistungen: 33 %

LANDESNATUR

Sierra Leone

Steiler Abfall (bis 900 m) an der Küste (Halbinsel Sierra Leone).
Die etwa 50 km breite Küstenzone wird geprägt von Flussmün-
dungen, Lagunen und Sümpfen.
Anschließend Rumpfflächenlandschaft mit Inselbergen und im
Nordosten Plateaulandschaft (Höhenlage 300–600m, Bergmassive
über 1 000 m) mit teilweise steilen Randstufen.
Savannen, teilweise tropischer Regenwald an der Küste,
Mangrovesümpfe.

Gebirge/Berge: Höchste Erhebung in den Lomabergen:
               Bintimani (1 948 m)

Flüsse/Seen: Rokel, Jong, Sewa, Suliwa, Moa

Simbabwe

Vom Sambesi im Norden und vom Limpopo im Süden
eingerahmtes Land, das fast zu 100 % von leicht gewellten
Hochflächen bestimmt wird.
Das ausgedehnte Zentralplateau (Hochveld) fällt nach
Nordwesten und Südosten zum Mittelveld ab.
Die Gebiete unter 700 m (Niederveld), die sich v.a. im Süden
finden, werden von Dornsavannen, Grasfluren und Trocken-
wäldern beherrscht.
Wildreiche Nationalparks und die Victoriafälle des Sambesi
sind Hauptanziehungspunkte für den Tourismus.

Gebirge/Berge: Nyangaberge, Inyangani (2 592 m)

Flüsse/Seen: Sambesi (Grenze zu Sambia), Limpopo, Lundi,
               Save; Karibasee

KLIMA

Sierra Leone

Kurzbeschreibung:
Ganzjährig warme Zone, sommerfeucht.
Abnahme der Niederschläge von der Küste ins Landesinnere.
Im Norden ausgeprägte Trockenzeit.

Klassifizierung nach „Troll":
14, 15

Simbabwe

Kurzbeschreibung:
Tropisch-wechselfeuchtes Klima, das aber überwiegend
vom Hochland bestimmt wird.
Die Winter sind trocken und kühl.
Niederschläge nehmen von Osten nach Westen ab. Sie sind
am ergiebigsten in der östlichen Bergregion.
Manchmal bleiben die tropischen Sommerregen aus.

Klassifizierung nach „Troll":
13

Singapur | Slowakische Republik

Singapur		Slowakische Republik	

STAAT

Lage: Südostasien   Fläche: 641,1 qkm   Weltrang: 175

Hauptstadt: Singapur (2 987 000 E.)
Weitere wichtige Städte: Neben der Hauptstadt gibt es nur kleine städtische Siedlungen und Landgemeinden.

Angrenzende Länder:
Inselstaat vor der Südspitze der malaiischen Halbinsel

Lage: Mitteleuropa   Fläche: 49 036 qkm   Weltrang: 127

Hauptstadt: Preßburg (452 000 E.)
Weitere wichtige Städte: Kosice (Kaschau), Presov, Nitra, Zilina

Angrenzende Länder:
Norden: Polen
Osten: Ukraine
Süden: Ungarn
Südwesten: Österreich
Nordwesten: Tschechische Republik

BEVÖLKERUNG

Einwohner: 2 987 000   Weltrang: 128
Religionen: 54 % Buddhisten und Taoisten
15 % Moslems, 13 % Christen, 4 % Hindus
Minderheiten von Sikhs u.a.
Sprachen: Amtssprachen:
Malaiisch, Chinesisch, Tamilisch, Englisch
Weitere indische Sprachen
Bevölkerungsdichte: 4 659 E/qkm   Bevölkerungswachstum: 1,8 %
Lebenserwartung: 75 Jahre   Analphabetenanteil: 9,0 %
Einwohner pro Arzt: 725   Kindersterblichkeit: 0,6 %

Einwohner: 5 369 000   Weltrang: 102
Religionen: 60 % römisch-katholisch, 3% griechisch-katholisch
8 % Protestanten
10 % Atheisten
Sprachen: Slowakisch (Amtssprache)
Ungarisch
Tschechisch
Bevölkerungsdichte: 109 E/qkm   Bevölkerungswachstum: 0,3 %
Lebenserwartung: 71 Jahre   Analphabetenanteil: k.A.
Einwohner pro Arzt: 290   Kindersterblichkeit: 1,5 %

WIRTSCHAFT

Wirtschaft in Stichworten:
– Landwirtschaft: Reis, Kautschuk, Kokospalmen; Viehzucht
– Industrie: Raffineriezentren, elektronische und optische Erzeugnisse, Bekleidung, Spielzeug, Finanz- und Bankendienstleistungen
– Export: Erzeugnisse der Leichtindustrie, elektronische und optische Geräte, Bekleidung, Mineralölprodukte
– Tourismus: 2 Millionen Touristen jährlich, zollfreie Geschäfte

Energieverbrauch: 8 103 kg ÖE/Einw.
Bruttosozialprodukt: 26 730 US$/Einw.

Anteil der Erwerbstätigen:
Landwirtschaft: 1 %, Industrie: 31 %, Dienstleistungen: 68 %

Wirtschaft in Stichworten:
– Landwirtschaft: Getreide, Kartoffeln, Wein, Obst, Gemüse (v.a. südlich von Preßburg); Schweinezucht
– Industrie: Eisen- und Stahlerzeugung, chem. Industrie, Maschinenfabriken (v.a. im Raum Kaschau)
– Bodenschätze: Eisenerz, Kupfer, Blei
– Export: Verarbeitete Waren, Maschinen und Transportausrüstungen, Getreide, Tabakwaren

Energieverbrauch: 3 243 kg ÖE/Einw.
Bruttosozialprodukt: 2 950 US$/Einw.

Anteil der Erwerbstätigen:
Landwirtschaft: 10 %, Industrie: 37 %, Dienstleistungen: 53 %

LANDESNATUR

Singapur umfasst die Hauptinsel Singapur und 50 kleine Eilande.
Die Insel gliedert sich in drei geographische Einheiten:
Die zentrale Bergregion (bis 177 m), die Südwestregion mit Schichtstufen und Tälern und die Flachlandebenen im Süden und Osten.
Durch Aufschüttungen ins Meer vergrößert Singapur seine Landfläche.
Der tropische Regenwald ist bis auf wenige Reste vernichtet.

Gebirge/Berge: Timah (177 m)

Flüsse/Seen: Seletar

Der Gebirgsbogen der Karpaten umrahmt das Land im Norden und Westen. Der Bogen beginnt bei Preßburg mit den Kleinen Karpaten, den Beskiden (Hohe Tatra, Niedere Tatra) und endet bei den Waldkarpaten.
Diese Gebirge schließen mit dem Slowakischen Erzgebirge zahlreiche Beckenlandschaften ein. Südöstlich von Preßburg liegt die „Große Schütt" (Schwemmlandschaft der Donau).
Das Gebiet der Hohen Tatra wurde wegen seiner Formenvielfalt und zum Schutz der Pflanzen- und Tierwelt zum Nationalpark erklärt.
Ausgedehnte Waldflächen in höheren Lagen.

Gebirge/Berge: Westkarpaten, Hohe Tatra
(Gerlsdorfer Spitze 2 654 m),
Niedere Tatra (2 043 m),
Slowakisches Erzgebirge (1 477 m).

Flüsse/Seen: Donau, Waag, Gran, Eipel;
viele Karseen im Bereich der Hohen Tatra.

KLIMA

Kurzbeschreibung:
Tropisches Klima mit hohen Temperaturen (ganzjährig um 27° C) und hoher Luftfeuchtigkeit, Jahresniederschlagsmenge 2 400 mm, Hauptregenzeit von Oktober bis Januar.

Klassifizierung nach „Troll":
15

Kurzbeschreibung:
Das kühlgemäßigte Klima wird von den aus Westen kommenden Tiefdruckgebieten beeinflusst.
In Beckenlandschaften starke kontinentale Prägung, im Raum Preßburg hohe Sommertemperaturen.
Niederschläge zu allen Jahreszeiten; die höchsten Niederschläge fallen in der Hohen Tatra.

Klassifizierung nach „Troll":
4b

Slowenien

Somalia

STAAT

Lage: Mitteleuropa Fläche: 20 225 qkm Weltrang: 151

Hauptstadt: Laibach (270 000 E.)
Weitere wichtige Städte: Maribor, Celje, Kranj, Koper

Angrenzende Länder:
Norden: Österreich
Nordosten: Ungarn
Süden und Osten: Kroatien
Westen: Italien

Lage: Nordostafrika Fläche: 637 657 qkm Weltrang: 40

Hauptstadt: Mogadischu (900 000 E.)
Weitere wichtige Städte: Hargeysa, Kismaayo, Berbera,
Obbia, Merca

Angrenzende Länder:
Nordwesten: Dschibuti
Westen: Äthiopien
Südwesten: Kenia

BEVÖLKERUNG

Einwohner: 1 992 000 Weltrang: 139
Religionen: 74 % Christen
2 % Moslems
Minderheiten
Sprachen: Slowenisch (Amtssprache), Kroatisch
Ungarisch, Italienisch

Bevölkerungsdichte: 98 E/qkm Bevölkerungswachstum: 0,1 %
Lebenserwartung: 73 Jahre Analphabetenanteil: <5,0 %
Einwohner pro Arzt: 496 Kindersterblichkeit: 0,8 %

Einwohner: 9 491 000 Weltrang: 78
Religionen: Fast 100 % Moslems (schafiitische Sunniten)
Christliche Minderheiten

Sprachen: Somali (Amtssprache), Arabisch und
Italienisch (Handels- und Bildungssprachen)
Sprachen der verschiedenen Ethnien

Bevölkerungsdichte: 15 E/qkm Bevölkerungswachstum: 1,9 %
Lebenserwartung: 48 Jahre Analphabetenanteil: 76,0 %
Einwohner pro Arzt: 1 9071 Kindersterblichkeit: 21,1 %

WIRTSCHAFT

Wirtschaft in Stichworten:
– Landwirtschaft: Getreide, Kartoffeln, Zuckerrüben, Weinbau
– Industrie: Eisen- und Stahlindustrie, Textilien
– Bodenschätze: Blei, Zink, Kupfer, Braunkohle, Uran, Erdöl
– Export: Maschinen, Elektrogeräte, chemische Produkte,
Textilien, Schuhe, Metall- und Holzerzeugnisse, Wein
– Der Tourismus leidet noch unter den Wiederaufbaumaß-
nahmen.

Energieverbrauch: 2 612 kg ÖE/Einw.
Bruttosozialprodukt: 8 200 US$/Einw.
Anteil der Erwerbstätigen:
Landwirtschaft: 10 %, Industrie: 43 %, Dienstleistungen: 47 %

Wirtschaft in Stichworten:
– Landwirtschaft: Bananen, Baumwolle, Zuckerrohr, Hirse,
Erdnüsse; nomadische Viehwirtschaft
– kaum Industrie
– Bodenschätze: Uran, Eisenerz
– Export: Produkte der Viehwirtschaft, Bananen

Energieverbrauch: 7 kg ÖE/Einw.
Bruttosozialprodukt: <765 US$/Einw.
Anteil der Erwerbstätigen:
Landwirtschaft: 68 %, Industrie: 12 %, Dienstleistungen: 20 %

LANDESNATUR

Die Landschaft ist sehr abwechslungsreich.
Im Norden die Julischen Alpen und die Karawanken,
im Südosten das Dinarische Gebirge. Karstlandschaft an der
Westgrenze zu Italien.
Riesige bewaldete Flächen stehen relativ kleinen Siedlungs-
flächen in den Flussebenen gegenüber.
Viele Höhlen in der Karstlandschaft.

Gebirge/Berge: Triglav (2 863 m)

Flüsse/Seen: Save, Drau

Somalia liegt am Horn von Afrika, das im Nordosten in den
Indischen Ozean ragt.
Das Tafelland fällt in drei Bruchstufen steil zum Golf von
Aden ab.
Der schmale Küstenstrich davor besteht aus heißem, trockenen
Buschland.
Südlich der Berge beginnt die Haud-Hochebene, die sich zum
Indischen Ozean allmählich in ein Küstentiefland absenkt.
Den größten Teil des Landes bilden Trockensavannen.
Die beiden Flüsse bieten eine lebenswichtige Wasserreserve.

Gebirge/Berge: Surud Add (2 408 m), Ogo-Hochland

Flüsse/Seen: Webi Schebeli, Dschuba

KLIMA

Kurzbeschreibung:
Im Westen Sloweniens ist der mediterrane Einfluss unverkenn-
bar.
Nach Osten nimmt die Kontinentalität zu. Die Winter werden
kälter und die Herbstniederschläge fallen auch als Schnee.

Klassifizierung nach „Troll":
Westen: 7
Osten: 4

Kurzbeschreibung:
Tropisch-trocken und unwirtlich heiß, v.a. an der Nordküste.
Niederschläge fallen nur im Süden und an den nördlichen
Berghängen.
Das Land wird immer wieder von Dürren heimgesucht.

Klassifizierung nach „Troll":
12
Im Norden und Nordosten: 11

Spanien

Sri Lanka

Lage: Südwesteuropa   Fläche: 504 782 qkm   Weltrang: 50

Hauptstadt: Madrid (3 030 000 E.)
Weitere wichtige Städte: Barcelona, Valencia, Sevilla, Saragossa,
                     Malaga, Bilbao, Cordoba,
                     Palma de Mallorca

Angrenzende Länder:
Norden: Frankreich, Andorra
Westen: Portugal

Lage: Südasien   Fläche: 65 610 qkm   Weltrang: 120

Hauptstadt: Colombo (1 994 000 E.)
Weitere wichtige Städte: Kandy, Negombo, Trincomalee,
                     Jaffna, Galle

Angrenzende Länder:
Insel im Indischen Ozean

Einwohner: 40 321 000   Weltrang: 28
Religionen: 96 % Katholiken
           Minderheiten:
           Protestanten, Moslems, Juden
Sprachen: Spanisch (Amtssprache)
           Katalanisch, Galicisch, Baskisch

Bevölkerungsdichte: 80 E/qkm   Bevölkerungswachstum: 0,2 %
Lebenserwartung: 78 Jahre   Analphabetenanteil: <5,0 %
Einwohner pro Arzt: 262   Kindersterblichkeit: 0,9 %

Einwohner: 18 114 000   Weltrang: 50
Religionen: 69 % Buddhisten, 16 % Hindus
           8 % Muslime, 7 % Katholiken

Sprachen: Singhalesisch, Tamil (Amtssprachen)
           Englisch (Handels-und Bildungssprache)
           Malaiisch

Bevölkerungsdichte: 276 E/qkm   Bevölkerungswachstum: 1,3 %
Lebenserwartung: 73 Jahre   Analphabetenanteil: 10,0 %
Einwohner pro Arzt: 7 143   Kindersterblichkeit: 1,9 %

Wirtschaft in Stichworten:
– Landwirtschaft: Zitrusfrüchte, Oliven, Wein, Gemüse, Gerste,
   Weizen, Obst, Mais, Tabak, Baumwolle, Kork; Viehwirtschaft
– Fischerei
– Industrie: Schwerindustrie, Maschinen- und Fahrzeugbau,
   chemische Industrie, Textilindustrie
– Bodenschätze: Eisenerz, Kohle, Zink, Blei, Kupfer,
   Quecksilber, Schwefel
– Export: Transportmittel, Halbwaren, Konsum- u. Nahrungsgüter
– Tourismus als wichtiger Faktor
Energieverbrauch: 2 458 kg ÖE/Einw.
Bruttosozialprodukt: 13 580 US$/Einw.
Anteil der Erwerbstätigen:
Landwirtschaft: 9 %, Industrie: 30 %, Dienstleistungen: 61 %

Wirtschaft in Stichworten:
– Landwirtschaft: Reis, Tee, Kokospalme, Kautschuk, Mais, Hirse
– Industrie: Ausbau der Schwer-, Textil- und chem. Industrie
– Bodenschätze: Edelsteine, Graphit
– Export: Tee, Kautschuk, Kopra, Edelsteine, Textilien, Graphit
– Tourismus: Rückgang durch Bürgerkrieg

Energieverbrauch: 97 kg ÖE/Einw.
Bruttosozialprodukt: 700 US$/Einw.
Anteil der Erwerbstätigen:
Landwirtschaft: 39 %, Industrie: 21 %, Dienstleistungen: 40 %

Spanien wird durch die Pyrenäen von der Hauptmasse des europäischen Festlandes abgetrennt. Auch das Land selbst ist gebirgig.
Die Kernlandschaft bilden die von Gebirgen eingefassten Hochlandflächen der Meseta, die selbst wieder von Bergketten mit steilen Schluchten durchzogen sind.
Spaniens langer Küstenstreifen am Mittelmeer reicht von Frankreich bis Gibraltar. Die Südregion hat aber auch Anteil an der Atlantikküste.
Die Balearen mit der Hauptinsel Mallorca und die Kanarischen Inseln im Atlantik werden von Spanien verwaltet.

Gebirge/Berge: Sierra Nevada (Mulhacén 3 478 m),
                 Pyrenäen (bis 3 400 m), Kantabrisches Gebirge,
                 Sierra Morena,
                 Pico de Teide auf Teneriffa (3718 m)

Flüsse/Seen: Ebro, Tejo, Jucar, Guadiana, Guadalquivir, Douro

Vom zentral gelegenen Gebirge, das im Inneren bis auf über 2 500 m ansteigt, wird die Landschaft geprägt. Die Insel wird von allen Seiten von Küstenebenen und Tiefländern umgeben.
Strahlenförmig gehen viele Flüsse vom Gebirge aus und stürzen in Wasserfällen in die Ebenen.
Der lagunenreichen Nordküste schließen sich im westlichen Küstenbereich Nehrungen und Sanddünen an.
Immergrüner tropischer Regenwald im Südwesten, Busch- und Dornsavanne im trockneren Norden und Osten, Salz-und Sukkulentenvegetation beiderseits der Jaffnalagune ist die typische Pflanzenwelt.

Gebirge/Berge: Pidurutalagala (2 524 m), Adam´s Peak (2 243 m)

Flüsse/Seen: Ganga, Gal Oya, Mahaweli

Kurzbeschreibung:
Das Klima wird beeinflusst durch die Westwinde des Nordatlantiks, durch die Höhenunterschiede und durch die trockene Warmluft aus der Sahara.
Bis auf den Nordwesten mit immerfeuchtem Seeklima und die Meseta mit Kontinentalklima wird Spanienn vom Mittelmeerklima geprägt.
An der Costa del Sol fallen die wenigsten Niederschläge.

Klassifizierung nach „Troll":
7
Küstenstreifen im Norden: 4a

Kurzbeschreibung:
Tropisches Monsunklima im Südwesten der Insel (Sommermonsun), nach Norden und Osten Abschwächung des Sommermonsuns und längere Trockenzeiten. Der Osten wird auch vom NO-Monsun beeinflusst, der ein unzuverlässiger Regenbringer ist.

Klassifizierung nach „Troll":
Von West nach Ost: 12, 13, 14, 15

St. Christopher und Nevis

St. Vincent und Grenadinen

STAAT

Lage: Karibik   Fläche: 261,6 qkm   Weltrang: 186

Hauptstadt: Basseterre (12 200 E.)
Weitere wichtige Städte: Charlestown

Angrenzende Länder:
Inselgruppe in der Karibik

Lage: Mittelamerika, Karibik   Fläche: 389,3 qkm   Weltrang: 182

Hauptstadt: Kingstown (15 700 E.)
Weitere wichtige Städte: Georgetown

Angrenzende Länder:
Die Inselgruppe gehört zu den Kleinen Antillen

BEVÖLKERUNG

Einwohner: 41 000   Weltrang: 186

Religionen: 36 % Anglikaner, 32 % Methodisten
            11 % Katholiken, 9 % Moravier
            Verschiedene Religionsgruppen (rund 40)
Sprachen: Englisch (Amtssprache)
           Kreolisches Englisch
Bevölkerungsdichte: 157 E/qkm Bevölkerungswachstum: 0,4 %
Lebenserwartung: 74 Jahre   Analphabetenanteil: 10,0 %
Einwohner pro Arzt: 1 498   Kindersterblichkeit: 4,0 %

Einwohner: 111 000   Weltrang: 176

Religionen: 75 % Protestanten
            9 % Katholiken

Sprachen: Englisch (Amtssprache)
           Kreolisches Englisch
Bevölkerungsdichte: 285 E/qkm Bevölkerungswachstum: 0,8 %
Lebenserwartung: 75 Jahre   Analphabetenanteil: 18,0 %
Einwohner pro Arzt: 2 690   Kindersterblichkeit: 2,2 %

WIRTSCHAFT

Wirtschaft in Stichworten:
– Landwirtschaft: Kokosnüsse, Baumwolle, Zuckerrohr
– Industrie: Nahrungsmittel, Textilien, Fernsehgeräte
– Export: Zucker, Baumwolle, Bekleidung, elektronische Bauteile
– Tourismus (Haupteinnahmequelle): Weiße Sandstrände und
  angenehmes Klima

Energieverbrauch: 486 kg ÖE/Einw.
Bruttosozialprodukt: 5 170 US$/Einw.

Anteil der Erwerbstätigen:
Landwirtschaft: 30 %, Industrie: 24 %, Dienstleistungen: 46 %

Wirtschaft in Stichworten:
– Landwirtschaft: Zuckerrohr, Maniok, Baumwolle, Gemüse,
  Pfeilwurz, Gewürze
– Industrie: Agrarprodukte, Möbel, Zementherstellung,
  Getreidemühlen
– Export: Bananen, Pfeilwurz, Kokosnüsse, Kopra, Rum
– Tourismus: Beliebte Segelreviere

Energieverbrauch: 199 kg ÖE/Einw.
Bruttosozialprodukt: 2 280 US$/Einw.

Anteil der Erwerbstätigen:
Landwirtschaft: 25 %, Industrie: 21 %, Dienstleistungen: 54 %

LANDESNATUR

Die Inselgruppe gehört zu den Kleinen Antillen.
Die Inseln sind vulkanischen Ursprungs und von Korallenriffen
umgeben. St. Christopher wird von einem zerklüfteten Gebirge
durchzogen. Der Vulkan Liamuiga hat einen tiefen Krater, der
mit einem See gefüllt ist.
Die oberen Gebirgshänge sind von tropischem Regen- und Berg-
nebelwald bedeckt, das tiefere Gelände ist fast ausschließlich mit
Zuckerrohr bepflanzt.
Nevis wird von einem Schichtvulkan eingenommen und ist
durch einen untermeerischen Sockel mit St. Christopher
verbunden.

Gebirge/Berge: Mount Liamuiga (1 156 m), Nevis Peak (985 m)

Flüsse/Seen:

Die Inseln gehören zu den Kleinen Antillen.
Die Hauptinsel St. Vincent besteht aus einer Vulkangruppe,
deren höchste Erhebung der noch tätige Vulkan Soufrière ist. Die
Grenadinen, die sich von St. Vincent südlich Richtung Grenada
fortsetzen, sind eine Kette flacher Koralleninseln.
40 % der Flächen haben eine üppige Vegetation. In den fruchtbaren Tälern werden Gemüse, Bananen, Zuckerrohr etc. ange-
baut.

Gebirge/Berge: Soufrière (1 234 m)

Flüsse/Seen:

KLIMA

Kurzbeschreibung:
Tropisch-immerfeuchtes Klima mit Temperaturen ganzjährig
um 26° C. NO-Passate kühlen das warme und feuchte Klima ab.
Die Inseln liegen in der Zugbahn der Hurrikane.

Klassifizierung nach „Troll":
15

Kurzbeschreibung:
Tropische Klima mit Trockenzeit von Januar bis Mai,
Durchschnittstemperatur ganzjährig um 27° C.
Bisweilen heftige Wirbelstürme.

Klassifizierung nach „Troll":
14

Südafrika | Sudan

Südafrika	Sudan
Lage: Südafrika Fläche: 1 219 580 qkm Weltrang: 24	Lage: Nordostafrika Fläche: 2 505 813 qkm Weltrang: 10

Südafrika

Lage: Südafrika   Fläche: 1 219 580 qkm   Weltrang: 24

Hauptstadt: Pretoria (526 000 E.)
Weitere wichtige Städte: Kapstadt, Durban, Johannesburg,
Welkom, Port Elizabeth

Angrenzende Länder:
Norden: Botsuana, Simbabwe
Nordosten: Mosambik, Swasiland
Nordwesten: Namibia
als Enklave: Lesotho

Einwohner: 41 457 000   Weltrang: 27
Religionen: 78 % Christen, 2 % Hindus, 1 % Moslems
Anhänger von Naturreligionen
Juden
Sprachen: Englisch und Afrikaans (Amtssprachen)
Indische Sprachen, Bantu Sprachen

Bevölkerungsdichte: 34 E/qkm   Bevölkerungswachstum: 2,3 %
Lebenserwartung: 64 Jahre   Analphabetenanteil: 18,0 %
Einwohner pro Arzt: 1 271   Kindersterblichkeit: 6,7 %

Wirtschaft in Stichworten:
– Landwirtschaft: Mais, Zuckerrohr, Zitrusfrüchte, Wein,
Baumwolle, Tabak
– Fischfang
– Industrie: Einziger moderner Industriestaat Afrikas
(vielseitige Industrie)
– reiche Bodenschätze
– Export: Gold, Diamanten, Erze, Tabak, Wolle, Mais, Früchte,
Zucker, Felle
– Tourismus: Tier- und Pflanzenreservate als Attraktionen.
Energieverbrauch: 2 164 kg ÖE/Einw.
Bruttosozialprodukt: 3 160 US$/Einw.
Anteil der Erwerbstätigen:
Landwirtschaft: 13 %, Industrie: 30 %, Dienstleistungen: 57 %

Das Binnenhochland im Norden, das sich nach Nordwesten zur
Kalahari hin absenkt, wird von der großen Randstufe nach Süden
eingefasst. Diese besteht aus den Höhenzügen des Kaplandes (bis
2 500 m) und der Drakensberge (bis 3 500 m).
Im äußersten Süden schließt sich ein tieferes Plateau (Halbwüste
Karru) an, das von den Swartbergen, von West nach Ost strei-
chend, durchzogen wird.
Der südlichste Punkt ist das Kap Agulhas (Nadelkap).
Die Landschaft ist sehr abwechslungsreich: Savanne, Wüste,
Sandstrände, Urwald, Ebenen und tiefe Schluchten.

Gebirge/Berge: Drakensberge (Thabana Ntlenyana 3 482 m),
Kompaßberg (2 505 m)

Flüsse/Seen: Oranje, Vaal, Limpopo

Kurzbeschreibung:
Der nördliche Teil des Landes ist überwiegend trocken und
gehört dem warmgemäßigten Teil der Subtropen an.
Nach Nordwesten nimmt die Aridität zu.
Der äußerste Süden weist mediterrane Klimazüge auf.
Im Südwesten fällt im Winter sogar Schnee.
Die Ostküste ist auch im Winter warm.

Klassifizierung nach „Troll":
Nordwesten: 10
Norden und Mitte: 9
Osten: 8
Äußerster Süden: 7

Sudan

Lage: Nordostafrika   Fläche: 2 505 813 qkm   Weltrang: 10

Hauptstadt: Khartoum (924 500 E.)
Weitere wichtige Städte: Omdurman, El Obeid, Port-Sudan,
Atbara, Kosti, Khartoum-Nord, Kassala,
Wad Medani

Angrenzende Länder:
Norden: Ägypten
Nordwesten: Libyen
Westen: Tschad, Zentralafrika
Süden: Kongo (Zaire), Uganda, Kenia
Osten: Äthiopien

Einwohner: 26 707 000   Weltrang: 35
Religionen: 70 % Moslems (Islam ist Staatsreligion)
je 5 % Katholiken und Protestanten
20 % Anhänger von Naturreligionen, Kopten
Sprachen: Hocharabisch (Amtssprache)
Englisch als Bildungs- und Handelssprache
Über 100 weitere verschiedene Sprachen

Bevölkerungsdichte: 11 E/qkm   Bevölkerungswachstum: 2,2 %
Lebenserwartung: 54 Jahre   Analphabetenanteil: 54,0 %
Einwohner pro Arzt: 9 369   Kindersterblichkeit: 11,5 %

Wirtschaft in Stichworten:
– Landwirtschaft: Baumwolle, Hirse, Erdnüsse, Datteln, Gemüse;
nomadische Viehzucht
– Wenig entwickelte Industrie (in der Hauptstadt konzentriert)
– Export: Baumwolle, Erdnüsse, Vieh, Häute, Felle, Sesam,
Gummiarabikum

Energieverbrauch: 66 kg ÖE/Einw.
Bruttosozialprodukt: <765 US$/Einw.
Anteil der Erwerbstätigen:
Landwirtschaft: 68 %, Industrie + Dienstleistungen: 32 %

Der Nil bildet den Hauptlebensraum des Landes. Hauptsied-
lungs- und Wirtschaftsgebiet ist die Landschaft Gesira zwischen
dem Weißen und Blauen Nil.
Im Osten Ausläufer des Hochlandes von Äthiopien, im Süden
Ausläufer des Ostafrikanischen Hochlandes, im Westen Gebirgszug des Darfur. Im Norden einförmige Ebenen (Libysche Wüste)
mit vereinzelten Inselbergen.
Im Süden (vor allem während der Regenzeit) riesige Sumpf-
und Überschwemmungsgebiete (Sudd); im Norden Wüste.
Vegetationszonen von Süden nach Norden: tropischer Regenwald, verschiedene Savannentypen, Steppe, Wüste.

Gebirge/Berge: Kinyeti (3 187 m), Djebel Marra (3 024 m),
Oda (2 259 m)

Flüsse/Seen: Blauer und Weißer Nil, Atbara, Bahr el-Arab,
Bahr el-Djebel, Sobat; Stausee am Blauen Nil

Kurzbeschreibung:
Im Süden tropisches Klima, im Norden Wüstenklima,
dazwischen wechselfeuchtes Savannenklima.
Ganzjährig hohe Temperaturen.
Im Süden Hauptniederschläge im Sommer, an der Küste
des Roten Meeres Niederschläge im Winter.
Dürreperioden am Rand der Steppen.

Klassifizierung nach „Troll":
Von Norden nach Süden: 10, 11, 12, 13, 14

Suriname

Swasiland

STAAT

Lage: Südamerika   Fläche: 163 265 qkm   Weltrang: 91

Hauptstadt: Paramaribo (201 000 E.)
Weitere wichtige Städte: Wanica, Niew Nickerie, Apoera, Albina, Bakhuis, Lelydorp, Niew Amsterdam

Angrenzende Länder:
Westen: Guyana
Osten: Französisch Guayana
Süden: Brasilien

Lage: Südostafrika   Fläche: 17 363 qkm   Weltrang: 154

Hauptstadt: Mbabane (52 000 E.)
Weitere wichtige Städte: Manzini, Lobamba, Siteki, Nhlangano

Angrenzende Länder:
Westen, Süden, Norden: Südafrika
Osten: Mosambik

BEVÖLKERUNG

Einwohner: 411 000   Weltrang: 159
Religionen: 27 % Hindus, 23 % Katholiken
20 % Moslems, 19 % Protestanten
Anhänger von Naturreligionen
Sprachen: Niederländisch (Amtssprache), Hindi, Javanisch
Englisch (Geschäftssprache), Mischsprachen

Bevölkerungsdichte: 2,5 E/qkm   Bevölkerungswachstum: 0,3 %
Lebenserwartung: 71 Jahre   Analphabetenanteil: 7,0 %
Einwohner pro Arzt: 1 348   Kindersterblichkeit: 3,2 %

Einwohner: 900 000   Weltrang: 150
Religionen: 78 % Christen
Bantu-Religionen
Sprachen: Siswati (Amtssprache)
Englisch (Verwaltungs-und Bildungssprache)
Sprachen der Minderheiten
Bevölkerungsdichte: 52 E/qkm   Bevölkerungswachstum: 3,1 %
Lebenserwartung: 59 Jahre   Analphabetenanteil: 23,0 %
Einwohner pro Arzt: 9 061   Kindersterblichkeit: 10,7 %

WIRTSCHAFT

Wirtschaft in Stichworten:
– Landwirtschaft: Reis, Bananen, Zuckerrohr;
– Holzwirtschaft
– Fischereiwirtschaft
– wenig entwickelte Industrie
– Bodenschätze: Bauxit, Eisen, Gold
– Export: Bauxit, Shrimps, Reis, Bananen
– Tourismus

Energieverbrauch: 1 926 kg ÖE/Einw.
Bruttosozialprodukt: 880 US$/Einw.
Anteil der Erwerbstätigen:
Landwirtschaft: 20 %, Industrie + Dienstleistungen: 80 %

Wirtschaft in Stichworten:
– Landwirtschaft: Mais, Hirse, Reis, Tabak, Baumwolle; Viehzucht
– Industrie: Bergbau, Holzverarbeitung
– Bodenschätze: Asbest, Diamanten, Kohle
– Export: Zucker, Holz, Fleisch, Baumwolle, Tabak, Zitrusfrüchte, Asbest
– Tourismus im Aufbau

Energieverbrauch: 264 kg ÖE/Einw.
Bruttosozialprodukt: 1 170 US$/Einw.
Anteil der Erwerbstätigen:
Landwirtschaft: 64 %, Industrie: 10 %, Dienstleistungen: 26 %

LANDESNATUR

Das nach dem gleichnamigen Fluss benannte Land teilt sich in zwei Hauptgebiete:
In der schmalen, flachen und sumpfigen Küstenebene lebt die Mehrheit der Bevölkerung. Stellenweise sind eingedeichte Polderflächen vorhanden. Trotzdem kommt es häufig zu Überschwemmungen.
Das Hinterland steigt langsam zu einer Savannenhochfläche an, die im Süden höher und wilder ist.
An der brasilianischen Grenze entspringen mehrere Flüsse.

Gebirge/Berge: Wilhelminagebirge (1 280 m),
Juliana Top (1 230 m)

Flüsse/Seen: Corantijn, Maroni, Surinam, Saramacca, Litani;
Prof.-van-Blommestein-See

Am Ostabhang der Drakensberge gelegen, läßt sich das bergige Land stufenartig gliedern:
1. Das steile Gras-und Waldland des Hochveld (1 000–1 800 m), zerfurcht von Wasserfällen und tiefen Strömen.
2. Das fruchtbare Mittelveld (700–900 m), ein Berg-und Hügelland mit Farmwirtschaft.
3. Das sanft hügelige Niederveld (160–300 m), eine Trockensavanne mit Dornsträuchern.
Die Lebomboberge bilden die natürliche Ostgrenze.

Gebirge/Berge: Emlembe (1 862 m), Ngwenya (1 850 m),
Lebombokette (800 m)

Flüsse/Seen: Usutu, Mbuluzi

KLIMA

Kurzbeschreibung:
Das Klima ist tropisch heiß und feucht und wird nur durch eine leichte Meeresbrise gemäßigt.
In der Regenzeit fallen sehr hohe Niederschlagsmengen.
Die Temperatur beträgt ganzjährig im Mittel 27° C.

Klassifizierung nach „Troll":
15

Kurzbeschreibung:
Subtropisches Klima mit kurzer Trockenzeit im Südwinter, dank der Höhenlage ein gemäßigtes Klima.

Klassifizierung nach „Troll":
8

Syrien

Tadschikistan

STAAT

Syrien	Tadschikistan
Lage: Vorderasien Fläche: 185 180 qkm Weltrang: 87	Lage: Zentralasien Fläche: 143 100 qkm Weltrang: 94

Syrien

Hauptstadt: Damaskus (1 444 100 E.)
Weitere wichtige Städte: Aleppo, Lattakia, Homs, Hama,
Raqqa, Deir-es-Sor
Angrenzende Länder:
Norden: Türkei
Süden: Jordanien
Südosten: Irak
Südwesten: Israel
Westen: Libanon

Tadschikistan

Hauptstadt: Duschanbe (584 000 E.)
Weitere wichtige Städte: Chudzand, Kuljab, Chorog,
Kurgan-Tjube, Ura-Tjube, Kanibadam
Angrenzende Länder:
Norden: Kirgistan
Westen und Nordwesten: Usbekistan
Osten: China
Süden: Afghanistan

BEVÖLKERUNG

Einwohner: 14 112 000 Weltrang: 58	Einwohner: 5 836 000 Weltrang: 96

Syrien

Religionen: 90 % Moslems
9 % Christen
Sprachen: Hocharabisch (Amtssprache)
Kurdisch, Armenisch
Sprachen der Minderheiten
Bevölkerungsdichte: 76 E/qkm   Bevölkerungswachstum: 3,1 %
Lebenserwartung: 68 Jahre   Analphabetenanteil: 36,0 %
Einwohner pro Arzt: 1 220   Kindersterblichkeit: 3,6 %

Tadschikistan

Religionen: Mehrheitlich sunnitische Moslems
Schiiten, Christen
Sprachen: Tadschikisch (Amtssprache)
Russisch
Sprachen der Minderheiten
Bevölkerungsdichte: 41 E/qkm   Bevölkerungswachstum: 2,4 %
Lebenserwartung: 71 Jahre   Analphabetenanteil: <5,0 %
Einwohner pro Arzt: 430   Kindersterblichkeit: 7,9 %

WIRTSCHAFT

Syrien

Wirtschaft in Stichworten:
– Landwirtschaft: Baumwolle, Zuckerrüben, Oliven, Linsen,
Getreide, Tabak; Weideland
– Industrie: Textilien, Nahrungsmittel, Maschinenbau
– Bodenschätze: Erdöl, Erdgas, Phosphat, Eisen, Salz,
Asphalt, Gips
– Export: Erdöl, Erdölprodukte, Baumwolle, Textilien,
Viehzuchtprodukte, Gemüse, Früchte
– Tourismus: Staatlich geförderter Tourismus aus allen
arabischen Ländern
Energieverbrauch: 997 kg ÖE/Einw.
Bruttosozialprodukt: 1 120 US$/Einw.
Anteil der Erwerbstätigen:
Landwirtschaft: 32 %, Industrie + Dienstleistungen: 68 %

Tadschikistan

Wirtschaft in Stichworten:
– Landwirtschaft: Baumwolle, Reis, Obst, Nüsse,
Gerste, Weizen; Viehzucht
– wenig entwickelte Industrie
– Bodenschätze: Erdöl, Erdgas, Uran, Eisenerz, Kohle
– Export: Produkte der Leicht- und Nahrungsmittelindustrie

Energieverbrauch: 616 kg ÖE/Einw.
Bruttosozialprodukt: 340 US$/Einw.
Anteil der Erwerbstätigen:
Landwirtschaft: 51 %, Industrie: 18 %, Dienstleistungen: 31 %

LANDESNATUR

Syrien

In einem 180 km langen Streifen hat Syrien im Westen Anteil
am Mittelmeer.
Von den Golanhöhen im Süden wird diese Küste vom Gebirge
des Jebel el Sharqui begleitet.
Nach Norden und Osten schließt sich ein halbwüstenhaftes
Tafelland an, das im Südosten in die Syrische Wüste übergeht.
Im Nordosten hat Syrien Anteil am Tiefland von Mesopotamien.
Der Euphrat verlässt in diesem Landesteil das Staatsgebiet und
strebt durch den Irak dem Persischen Golf zu.
Spärliche Vegetation in den Wüstengebieten, das westliche
Gebirgsland ist noch bewaldet.

Gebirge/Berge: Hermon (2 814 m), Jabal ad Duruz (1 800 m)

Flüsse/Seen: Euphrat, Khabur, Asi; Assad Stausee.
Khaburstausee (im Bau)

Tadschikistan

Ausgesprochenes Hochgebirgsland. Mehr als 50 % der Fläche
liegen über 3 000 m. Die hintereinander angeordneten Gebirgsketten steigen nach Osten an und gipfeln im Pamir.
Im Westen ist das Hochland durch tiefe Täler zerschnitten, im
Osten ist es eingeebnet. Der Fedschenkogletscher ist mit 70 km
der längste von über 1 000 Gletschern der Hochgebirgsregion.
Bis etwa 1 200 m bestimmen Wüsten und Trockensteppen die
Landschaft. Anspruchsvolle Pflanzen findet man nur in den
fruchtbaren Tälern des Südwestens (Fergana-Becken).
Den Osten nimmt das autonome Gebiet Berg-Badachschan ein
(45 % der Landesfläche). Tadschikistan ist stark erdbebengefähr-
det.

Gebirge/Berge: Pamir (Pik Kommunismus 7 495 m),
Alaigebirge, Transalaigebirge

Flüsse/Seen: Amu-Darja, Syr-Darja, Wachsch, Murgab,
Kysylsu; Iskanderkulsee, Karakulsee

KLIMA

Syrien

Kurzbeschreibung:
Mittelmeerklima an der Küste (sommerheiß, Winterregen).
Im Landesinneren Wüstenklima mit großen Temperatur-
schwankungen zwischen Tag und Nacht.
Die Niederschläge nehmen von Westen nach Osten ab.

Klassifizierung nach „Troll“:
Westen: 7
Osten: 9, mit Übergang zu 10

Tadschikistan

Kurzbeschreibung:
Streng kontinentales Gebirgsklima mit kalten Wintern und
heißen, trockenen Sommern, wobei es in den Tälern oft
subtropisch mild sein kann.
Zwischen Tag und Nacht herrschen große Temperaturunterschiede.
Die meisten Niederschläge fallen in den an den Pamir
grenzenden Hochtälern.

Klassifizierung nach „Troll“:
5

Taiwan

Tansania

STAAT

Lage: Ostasien   Fläche: 36 000 qkm   Weltrang: 135

Hauptstadt: Taipeh (2 653 000 E.)
Weitere wichtige Städte: Kaohsiung, Taitschung, Tainan, Taitung, Kilung, Hsintschu

Angrenzende Länder:
Insel vor der chinesischen Küste

Lage: Ostafrika   Fläche: 945 087 qkm   Weltrang: 30

Hauptstadt: Dodoma (204 000 E.)
Weitere wichtige Städte: Musoma, Arusha, Bukoba, Mwanza, Zanzibar, Tanga, Mbeya, Daressalam, Tabora

Angrenzende Länder:
Nordwesten: Uganda, Burundi, Ruanda
Nordosten: Kenia
Südwesten: Sambia
Westen: Kongo (Zaire)
Süden: Mosambik, Malawi

BEVÖLKERUNG

Einwohner: 21 400 000   Weltrang: 45
Religionen: 49 % Chinesische Religionen
   43 % Buddhisten, 7 % Christen
   Die konfuzianische Lehre ist weit verbreitet
Sprachen: Chinesisch (Amtssprache)
   Min-Sprachen, Malaio-polynesische Sprachen

Bevölkerungsdichte: 588 E/qkm   Bevölkerungswachstum: 1,3 %
Lebenserwartung: 75 Jahre   Analphabetenanteil: 6,0 %
Einwohner pro Arzt: 802   Kindersterblichkeit: 1,3 %

Einwohner: 29 646 000   Weltrang: 32
Religionen: 35 % Moslems, 33 % Katholiken, 13 % Protestanten
   Minderheiten: Hindus
   Anhänger von Naturreligionen
Sprachen: Kisuaheli (Amtssprache)
   Bantu und nilotische Sprachen
   Englisch (Bildungs- und Verkehrssprache)

Bevölkerungsdichte: 31 E/qkm   Bevölkerungswachstum: 3,2 %
Lebenserwartung: 52 Jahre   Analphabetenanteil: 32,0 %
Einwohner pro Arzt: 24 970   Kindersterblichkeit: 16,0 %

WIRTSCHAFT

Wirtschaft in Stichworten:
– Landwirtschaft: Zuckerrohr, Ananas, Tee, Bananen, Reis
– Fischfang
– Industrie: Exportorientierte Produktion, Elektronische Geräte, Computerteile, Schuhe, Bekleidungsartikel
– Bodenschätze: Steinkohle, Erdöl, Erdgas, Gold, Silber, Schwefel, Salz
– Export: Elektronik, Maschinen, Metallwaren, Kunststoffprodukte, Textilien
Energieverbrauch: 2 879 kg ÖE/Einw.
Bruttosozialprodukt: 11 600 US$/Einw.
Anteil der Erwerbstätigen:
Landwirtschaft: 12 %, Industrie: 39 %, Dienstleistungen: 49 %

Wirtschaft in Stichworten:
– Landwirtschaft: Baumwolle, Kaffee, Tabak, Sisal, Tee, Getreide, Obst; Viehzucht
– Verarbeitung der Agrarprodukte, Textil- und Nahrungsmittelindustrie, Erdölproduktion
– Bodenschätze: Erdöl, Diamanten, Gold, Zinn
– Export: Kaffee, Baumwolle, Salz, Edelsteine, Cashewnüsse
– Tourismus
Energieverbrauch: 34 kg ÖE/Einw.
Bruttosozialprodukt: 120 US$/Einw.
Anteil der Erwerbstätigen:
Landwirtschaft: 83 %, Industrie + Dienstleistungen: 17 %

LANDESNATUR

Das Innere der Insel besteht aus einer im Osten bis fast 4 000 m hohen Zentralkette, die Teil eines untermeerischen Gebirges ist und ihren tektonischen Ursprung durch den Vulkanismus im Nordteil belegt.
Auf der Westseite fällt die Kette sanft ab zu einem Küstenstreifen, der von Dünen und Lagunen geprägt ist.
Üppige Vegetation im Landesinneren.

Tansania stellt im Wesentlichen ein Hochplateau dar, das von zergliederten Gebirgszügen und Senken durchzogen wird. Das Fest- land erstreckt sich vom palmengesäumten Küstenstreifen bis zur Kette der Binnenseen im Westen, die den Zentralafrikanischen Graben markieren. Der sich durch die Hochflächen ziehende Ostafrikanische Graben kennzeichnet eine weitere Unruhezone der Erde mit zahlreichen z.T. riesigen Vulkanen. Dem Festland vorgelagert sind einige Inseln wie z.B. Sansibar. T. bietet eine Fülle von Superlativen: Hier liegt der höchste Berg des Kontinents (Kilimandscharo); der Tanganjikasee ist der tiefste und längste See Afrikas, der Victoriasee der drittgrößte der Erde. 17 Nationalparks (u.a. Serengeti) beheimaten einen riesigen Tierbestand.

Gebirge/Berge: Yu-shan (3 997 m)

Gebirge/Berge: Usambaraberge (Kilimandsscharo 5 895 m, Meru 4 567 m), Livingstone-Gebirge, Ngorongoro, Rungwe (2 895 m)

Flüsse/Seen:

Flüsse/Seen: Quellflüsse von Nil und Kongo, Kagera, Rovuma; Victoriasee, Tanganjikasee, Malawisee, Rukwasee

KLIMA

Kurzbeschreibung:
Taiwan hat subtropisches Monsunklima mit Niederschlagsmaximum im heißen Sommer.
Dies ist auch die Zeit der häufigen Taifune.
Die Winter sind mild und trocken, auch in den Höhenlagen nicht extrem.

Klassifizierung nach „Troll":
Überwiegend: 15
Westliche Küstenebene: 14

Kurzbeschreibung:
Tropisch-wechselfeucht mit wenigen Temperaturschwankungen. Im Hochland ist es überwiegend warm und trocken, im Küstentiefland und auf Sansibar heiß und feucht.

Klassifizierung nach „Troll":
Von Osten nach Westen 12, 13, 14

Thailand

Togo

Lage: Südostasien   Fläche: 513 115 qkm   Weltrang: 49

Hauptstadt: Bangkok (5 562 100 E.)
Weitere wichtige Städte: Nonthaburi, Nakhon Ratchasima,
                         Chiang Mai, Nakhon Sawan, Khon Kaen,
                         Hat Yai
Angrenzende Länder:
Norden und Westen: Birma
Nordosten und Osten: Laos
Südosten: Kambodscha
Süden: Malaysia

Lage: Westafrika   Fläche: 56 785 qkm   Weltrang: 123

Hauptstadt: Lomé (513 000 E.)
Weitere wichtige Städte: Atakpamé, Sokodé, Lama-Kara, Tsévié

Angrenzende Länder:
Norden: Burkina Faso
Westen: Ghana
Osten: Benin

Einwohner: 58 242 000   Weltrang: 18

Religionen: 94 % Buddhisten, 4 % Moslems
            Minderheiten:
            Christen, Hindus, Konfuzionisten
Sprachen: Thai (Amtssprache), Chinesisch, Malaiisch
            Englisch (Handelssprache)
Bevölkerungsdichte: 114 E/qkm Bevölkerungswachstum: 1,3 %
Lebenserwartung: 69 Jahre   Analphabetenanteil: 6,0 %
Einwohner pro Arzt: 4 762   Kindersterblichkeit: 3,2 %

Einwohner: 4085 000   Weltrang: 117

Religionen: 50 % Anhänger von Naturreligionen
            35 % Christen
            15 % Moslems
Sprachen: Französisch, Ewe, Kabyé (Amtssprachen)
            Gur, Fulbe, Yoruba, Haussa
Bevölkerungsdichte: 72 E/qkm   Bevölkerungswachstum: 3,0 %
Lebenserwartung: 56 Jahre   Analphabetenanteil: 48,0 %
Einwohner pro Arzt: k.A.   Kindersterblichkeit: 12,8 %

Wirtschaft in Stichworten:
– Landwirtschaft. Ananas, Reis, Mais, Kautschuk, Sojabohnen,
  Maniok, Zuckerrohr;
– Holzwirtschaft (v.a. Teakholz)
– Industrie gewinnt an Bedeutung (Textilindustrie,
  elektronische Instrumente)
– Bodenschätze: Zinn, Erz, Erdöl, Erdgas, Zink, Antimon, Gips
– Export: führender Zinnproduzent, Reis, Nahrungsmittel,
  Maschinen; zweifelhafter Ruf als Heroinlieferant
– Tourismus
Energieverbrauch: 769 kg ÖE/Einw.
Bruttosozialprodukt: 2 740 US$/Einw.
Anteil der Erwerbstätigen:
Landwirtschaft: 57 %, Industrie: 18 %, Dienstleistungen: 25 %

Wirtschaft in Stichworten:
– Landwirtschaft: Hirse, Yams, Bohnen, Sorghum, Maniok,
  Kakao, Kaffee, Gemüse, Baumwolle, Mais, Reis; Viehzucht
– wenig entwickelte Industrie: Textilfabriken, Erdölraffinerie,
  Zementwerk
– Bodenschätze: Phosphat, Eisen
– Export: Phosphat, Kakao, Kaffee, Baumwolle, Zement

Energieverbrauch: 46 kg ÖE/Einw.
Bruttosozialprodukt: 310 US$/Einw.
Anteil der Erwerbstätigen:
Landwirtschaft: 62 %, Industrie + Dienstleistungen: 38 %

Kerngebiet des Staates ist die fruchtbare Schwemmlandebene
beiderseits des Menam, welches aber auch von schweren jahreszeitlichen Überschwemmungen betroffen ist.
An sie schließt sich im Osten und Nordosten bis zum Mekong
das wenig ertragreiche Korat-Plateau an. Den Norden nehmen
die Ausläufer des innerasiatischen Gebirgswalls ein.
Entlang der Westgrenze setzt sich das Gebirgsland in der
Halbinsel Malakka fort.
Dem Klima entsprechend finden sich an der Küste Mangroven-
dickichte, in den Gebirgen herrscht tropischer Regenwald vor.

Von der 53 km breiten Küste zieht sich das Land 600 km weit
nach Norden.
Nördlich der lagunenreichen Küste erhebt sich das Togoplateau
(200–500 m) mit seinen rot gefärbten Lateritböden. Vereinzelt
ragen Granitkuppen und größere Gebirgsstöcke (über 1 000 m)
heraus.
Das Küstengebiet wird als Anbaufläche genutzt, das Plateau liegt
im Bereich der Savannen. Die vor austrocknenden nördlichen
Winden geschützten Südhänge der Gebirge tragen Wälder, die in
der Trockenzeit Laub abwerfen.
Der Küstenstrich wird „Sklavenküste" genannt, da bis Mitte des
19. Jahrhunderts in dessen Schlupfwinkeln der Sklavenhandel
mit Amerika blühte.

Gebirge/Berge: Doi Pha Hom Pok (2 298 m),
               Doi Inthanon (2 595 m)

Flüsse/Seen: Menam, Mekong, Nam Mun, Nam Chi;
               Adamanensee

Gebirge/Berge: Mont Baumann (968 m), Kabreberge (780 m)
               Togo-Atakora-Gebirge (rund 1 000 m)

Flüsse/Seen: Mono, Oti; Togosee

Kurzbeschreibung:
Tropisches Monsunklima mit einer Regenzeit von Mai bis
Oktober.
Im Nordosten regnet es am wenigsten, im Süden und im Gebirge
am stärksten.
Im Landesinnern herrscht von November bis März Trockenzeit.

Klassifizierung nach „Troll":
Vorwiegend: 13
Südspitze: 14

Kurzbeschreibung:
Tropisch-wechselfeuchtes Klima mit zwei Regenzeiten im Süden
(April bis Juni und September bis November) und einer Regenzeit im Norden (Mai bis Oktober), mit Durchschnittstemperatur
ganzjährig um 28° C.
Im übrigen Jahr weht der trockene und staubige Wüstenwind aus
der Sahara herüber.

Klassifizierung nach „Troll":
14

Tonga

Trinidad und Tobago

STAAT

Tonga

Lage: Ozeanien   Fläche: 748 qkm   Weltrang: 172

Hauptstadt: Nuku´alofa (34 000)
Weitere wichtige Städte: Neiafu, Ohonua

Angrenzende Länder:
Inselgruppe (Freundschaftsinseln) im südwestlichen Pazifik

Trinidad und Tobago

Lage: Mittelamerika, Karibik   Fläche: 5128 qkm   Weltrang: 163

Hauptstadt: Port-of-Spain (51 100 E.)
Weitere wichtige Städte: San Fernando, Tunapuna,, Arima

Angrenzende Länder:
Inselgruppe gehört zu den Kleinen Antillen

BEVÖLKERUNG

Einwohner: 104 000   Weltrang: 178

Religionen: 70 % Protestanten
            20 % Katholiken
            Mormonenminderheiten
Sprachen: Tongaisch (Amtssprache)
            Englisch
Bevölkerungsdichte: 139 E/qkm   Bevölkerungswachstum: 0,9 %
Lebenserwartung: 69 Jahre   Analphabetenanteil: <5,0 %
Einwohner pro Arzt: 2 130   Kindersterblichkeit: 2,4 %

Einwohner: 1 287 000   Weltrang: 145

Religionen: 40 % Christen
            24 % Hindus
            6 % Moslems
Sprachen: Englisch (Amtssprache)
            Französisch, Spanisch, Hindi
Bevölkerungsdichte: 251 E/qkm   Bevölkerungswachstum: 0,9 %
Lebenserwartung: 72 Jahre   Analphabetenanteil: <5,0 %
Einwohner pro Arzt: 1 370   Kindersterblichkeit: 1,8 %

WIRTSCHAFT

Wirtschaft in Stichworten:
– Landwirtschaft: Kokospalmen, Feigen, Yams, Süßkartoffeln,
  Zuckerrohr, Baumwolle, Vanille, Taro, Pisang
– Export: Kopra, Kokosöl, Bananen, Obst, Vanille
– Tourismus: Steigende Zahlen, Besucher von Kreuzfahrtschiffen

Energieverbrauch: 178 kg ÖE/Einw.
Bruttosozialprodukt: 1 630 US$/Einw.

Anteil der Erwerbstätigen:
Landwirtschaft: 38 %, Industrie: 21 %, Dienstleistungen: 41 %

Wirtschaft in Stichworten:
– Landwirtschaft: Reis, Bananen, Kokosnüsse, Zuckerrohr,
  Zitrusfrüchte, Kakao, Kaffee
– Industrie: Gebrauchsgüter, Erdölprodukte
– Bodenschätze: Erdöl, Erdgas, Asphalt
– Export: Erdöl, Mineralölprodukte, Rum, Zucker, Kakao, Kaffee
– Tourismus: Haupteinnahmequelle

Energieverbrauch: 5 436 kg ÖE/Einw.
Bruttosozialprodukt: 770 US$/Einw.

Anteil der Erwerbstätigen:
Landwirtschaft: 11 %, Industrie: 26 %, Dienstleistungen: 63 %

LANDESNATUR

Tonga besteht aus über 200 Inseln und Inselchen.
Im Osten werden die Inseln vom mehr als 10 000 m tiefen
Tongagraben begrenzt. Sie bestehen aus zwei von Nord nach Süd
verlaufenden Inselketten mit unterschiedlichem Charakter. Die
westliche Kette besteht aus vulkanischen Bergen (106–939 m
hoch) mit z.T. noch tätigen Vulkanen, die östliche aus niedrigen,
weißen Koralleninseln, auf denen Kokospalmen wachsen.
Eine reiche Vegetation mit Pandanuss, Brotfrucht-und Papier-
maulbeerbäumen sowie eine vielfältige Vogel- und Tierwelt
(Flugfüchse, Fliegende Hunde) sind vorzufinden.

Gebirge/Berge: Höchster Berg auf der Insel Kao (1 030 m)

Flüsse/Seen:

Die beiden Inseln liegen vor dem Delta des Orinoco nordöstlich
von Venezuela.
Trinidad ist die geologische Fortsetzung der venezolanischen
Küstenkordillere, die von drei West-Ost verlaufenden Gebirgen
durchzogen wird. Die Insel wird zu 45 % von immergrünem
Regenwald bedeckt, im Regenschatten der Gebirge und im
Westen sind
Feucht- und Trockenwald sowie Savannen anzutreffen.
Tobago wird nur von einem 25 km langen Gebirgszug aufgebaut
(bis 576 m hoch), südlich schließt sich eine Korallenplatte mit
Riffen an. Sie ist zur Hälfte mit Regenwald bedeckt.

Gebirge/Berge: Mount Aripo (941 m)

Flüsse/Seen: Pitch Lake (Asphaltsee)

KLIMA

Kurzbeschreibung:
Tropisch-immerfeuchtes Klima mit Hauptniederschlagszeit von
Dezember bis April und einer Durchschnittstemperatur
ganzjährig zwischen 26° C und 30° C.
In der Regenzeit treten auch häufig Hurrikane auf.

Klassifizierung nach „Troll":
15

Kurzbeschreibung:
Tropisch-immerfeuchtes Klima mit geringen jahreszeitlichen
Temperaturschwankungen (Jahresdurchschnitt 25° C). Die
jährlichen Niederschlagsmengen liegen zwischen 2 500 mm an
der Ostküste und 1 000 mm an der Westküste.

Klassifizierung nach „Troll":
14

Tschad

Tschechische Republik

STAAT

Lage: Zentralafrika   Fläche: 1 284 000 qkm   Weltrang: 20

Hauptstadt: N´Djamena (530 000 E.)
Weitere wichtige Städte: Sarh, Bongor, Mongo, Abéché, Faya

Angrenzende Länder:
Norden: Libyen
Nordwesten: Niger
Südwesten: Nigeria, Kamerun
Südosten: Zentralafrika
Osten: Sudan

Lage: Mitteleuropa   Fläche: 78 864 qkm   Weltrang: 114

Hauptstadt: Prag (1 210 000 E.)
Weitere wichtige Städte: Brünn, Königgrätz, Pilsen,
Reichenberg, Ostrau, Budweis
Angrenzende Länder:
Westen und Nordwesten: Deutschland
Nordosten: Polen
Süden: Österreich
Südosten: Slowakische Republik

BEVÖLKERUNG

Einwohner: 6 448 000   Weltrang: 92
Religionen: 50 % Moslems
30 % Christen
Anhänger von Naturreligionen
Sprachen: Französisch und Hocharabisch (Amtssprachen)
regionale Sprachen

Bevölkerungsdichte: 5,0 E/qkm   Bevölkerungswachstum: 2,5 %
Lebenserwartung: 49 Jahre   Analphabetenanteil: 52,0 %
Einwohner pro Arzt: k.A.   Kindersterblichkeit: 15,2 %

Einwohner: 10 332 000   Weltrang: 71
Religionen: 39 % Katholiken, 2 % Protestanten,
40 % ohne Konfession
Hussiten, Orthodoxe, Juden
Sprachen: Tschechisch (Amtssprache)
Sprachen der Minderheiten:
Slowakisch, Polnisch, Deutsch
Bevölkerungsdichte: 131 E/qkm   Bevölkerungswachstum: 0,0 %
Lebenserwartung: 71 Jahre   Analphabetenanteil: k.A.
Einwohner pro Arzt: 270   Kindersterblichkeit: 1,0 %

WIRTSCHAFT

Wirtschaft in Stichworten:
– Landwirtschaft: Hirse, Erdnusse, Baumwolle;
nomadische Viehzucht (Ziegen, Schafe, Rinder)
– fast keine Industrie
(nur in der Hauptstadt Nahrungsmittelindustrie)
– Export: Baumwolle (80 %), Erdnüsse, Viehzuchtprodukte

Energieverbrauch: 16 kg ÖE/Einw.
Bruttosozialprodukt: 180 US$/Einw.

Anteil der Erwerbstätigen:
Landwirtschaft: 70 %, Industrie + Dienstleistungen: 30 %

Wirtschaft in Stichworten:
– Landwirtschaft: Kartoffeln, Getreide, Obst, Gemüse, Hopfen
– vielseitige Industrie
– Export: Braugerste, Hopfen, Bier, Halbfertigwaren, Textilien,
Fahrzeuge, Maschinen
– Tourismus (Kulturdenkmäler; Kur- und Heilbäder)

Energieverbrauch: 3 868 kg ÖE/Einw.
Bruttosozialprodukt: 3 870 US$/Einw.

Anteil der Erwerbstätigen:
Landwirtschaft: 6 %, Industrie: 41 %, Dienstleistungen: 53 %

LANDESNATUR

Das Land liegt im Ostteil des Tschadbeckens mit der tiefsten
Stelle im Bodélé. Vereinzelte Inselberge überragen die ca. 300 m
hohe Rumpffläche.
Im Norden liegt das vulkanische Gebirge Tibesti mit der höchsten
Erhebung der Sahara, im Nordosten das Mittelgebirge Ennedi.
Der Norden ist ein Wüstenland mit ausgetrockneten Flusstälern
(Wadis), südlich davon schließt sich die Sahelzone mit den ver-
schiedenen Savannentypen (Dornbuschsavanne, Trockensavanne)
an. Im äußersten Süden Überschwemmungen zur Regenzeit.

Gebirge/Berge: Tibesti (Emi Kussi 3 415 m), Ennedi (1 450 m)

Flüsse/Seen: Schari, Logone, Bahr Salamat;
Tschadsee (während der Regenzeit verdoppelt
sich seine Wasserfläche), Fitrisee

Das Land gehört zur „Böhmischen Masse" und wird von Gebir-
gen umrahmt: Böhmerwald (Südwesten), Oberpfälzer Wald
(Westen), Erzgebirge (Nordwesten), Sudeten mit Riesengebirge
(Norden).
Im Landesinneren herrschen Hügelländer und flachwellige
Hochebenen mit Beckenlandschaften vor.
Durch Tschechien verläuft die europäische Hauptwasserscheide.
Die meisten Flüsse (z.B. Eger, Moldau, Iser) entwässern über die
Elbe zur Nordsee. Nur wenige Flüsse (z.B. March) entwässern
über die Donau zum Schwarzen Meer. Die Oder fließt in die
Ostsee. Das Land ist reich an Mineralquellen. Geringe Wald-
bedeckung.

Gebirge/Berge: Böhmerwald (Kubany 1 362 m),
Erzgebirge (Keilberg 1 244 m), Riesengebirge
(Schneekoppe 1 603 m), Altvater (1 492 m)

Flüsse/Seen: Elbe, Moldau, Eger, March, Oder;
Stauseen

KLIMA

Kurzbeschreibung:
Wüstenklima im Norden, tropisches Randklima im Süden
(Regenzeit von Mai bis September).
Im Gebirge hohe Tagesschwankungen der Temperatur.

Klassifizierung nach „Troll":
Von Norden nach Süden: 10, 11, 12, 13

Kurzbeschreibung:
Gemäßigtes Klima (kühle Sommer, milde Winter; reiche Nieder-
schläge).
In Beckenlandschaften und Senken ist das Klima milder.

Klassifizierung nach „Troll":
4b

Tunesien | Türkei

Tunesien

Lage: Nordafrika
Fläche: 163 610 qkm — Weltrang: 90

Hauptstadt: Tunis (674 100 E.)
Weitere wichtige Städte: Sfax, Kairuan, Sousse, Gafsa,
Gabès, Bensert
Angrenzende Länder:
Westen: Algerien
Südosten: Libyen

Türkei

Lage: Südosteuropa/Vorderasien
Fläche: 779 452 qkm — Weltrang: 36

Hauptstadt: Ankara (2 782 200 E.)
Weitere wichtige Städte: Istanbul, Izmir, Bursa, Adana, Samsun,
Antalya, Kayseri, Konya
Angrenzende Länder:
Nordosten: Georgien
Osten: Armenien, Aserbaidschan, Iran
Südosten: Irak
Süden: Syrien
Westen: Bulgarien, Griechenland

BEVÖLKERUNG

Tunesien

Einwohner: 8 987 000 — Weltrang: 80
Religionen: 99 % meist sunnitische Moslems
(Islam ist Staatsreligion)
Minderheiten: Katholiken, Protestanten, Juden
Sprachen: Hocharabisch (Amtssprache)
Berberische Sprachen
Französisch als Bildungs- und Handelssprache
Bevölkerungsdichte: 55 E/qkm Bevölkerungswachstum: 2,1 %
Lebenserwartung: 69 Jahre Analphabetenanteil: 33,0 %
Einwohner pro Arzt: 1 852 Kindersterblichkeit: 3,7 %

Türkei

Einwohner: 61 058 000 — Weltrang: 16
Religionen: 99 % Moslems
Christliche und jüdische Minderheiten
Sprachen: Türkisch (Amtssprache)
Arabisch
Kurdische Sprachen
Bevölkerungsdichte: 78 E/qkm Bevölkerungswachstum: 1,9 %
Lebenserwartung: 68 Jahre Analphabetenanteil: 18,0 %
Einwohner pro Arzt: 1 176 Kindersterblichkeit: 5,0 %

WIRTSCHAFT

Tunesien

Wirtschaft in Stichworten:
– Landwirtschaft: Getreide, Zitrusfrüchte, Obst, Wein, Gemüse,
Oiven, Dattelpalmen
– Industrie: Vorwiegend Verarbeitung der landwirtschaftlichen
Erzeugnisse
– Bodenschätze: Eisenerz, Salz, Phosphat, Erdöl
– Export: Olivenöl, Wein, Früchte, Lederwaren, Erdöl
– Tourismus

Energieverbrauch: 595 kg ÖE/Einw.
Bruttosozialprodukt: 1 820 US$/Einw.
Anteil der Erwerbstätigen:
Landwirtschaft: 21 %, Industrie: 34 %, Dienstleistungen: 35 %

Türkei

Wirtschaft in Stichworten:
– Landwirtschaft: Weizen, Baumwolle, Zitrusfüchte, Oliven,
Obst, Gemüse, Tee (Schwarzmeerküste), Tabak, Zuckerrüben;
Schafzucht
– Industrie: Maschinenbau, Metall-, Textil- u. Nahrungsmittelind.
– Bodenschätze: Eisenerz, Chrom, Kupfer, Erdöl
– Export: Bekleidung, Teppiche, Baumwolle, Obst,
Viehzuchtprodukte, Eisen und Stahl
– Tourismus (Istanbul, Badeorte an der Südküste)
Energieverbrauch: 957 kg ÖE/Einw.
Bruttosozialprodukt: 2 780 US$/Einw.
Anteil der Erwerbstätigen:
Landwirtschaft: 48 %, Industrie: 21 %, Dienstleistungen: 31 %

LANDESNATUR

Tunesien

Tunesien reicht vom Mittelmeer bis an den Nordrand der Sahara.
Der Norden ist Bergland (Ausläufer des Atlasgebirges).
Im Süden Senkungszonen der Schotts (diese salzhaltigen Becken
sind im Sommer trocken, im Winter können sich gefährliche
Sümpfe bilden; der Schott Djerid ist der flächenmäßig größte).
Die Mittelmeerküste im Osten gliedert sich in Halbinseln und
Meeresbuchten (Golf von Tunis, Golf von Hammamet, Kleine
Syrte).
In der Kleinen Syrte liegt Djerba, die größte tunesische Insel.
Im Norden Macchie, Korkeichenwälder und Halfagras, im
Süden Halbwüste und Wüste mit Oasen.

Gebirge/Berge: Djebel Chambi (1 544 m)

Flüsse/Seen: Medjerda, Mellek; Salzseen

Türkei

Pontisches Gebirge an der Schwarzmeerküste, Taurus an der
Mittelmeerküste, dazwischen liegt das Hochland von Anatolien.
Die Westküste ist stark zergliedert mit vorgelagerten Inseln.
Im Osten treffen sich die beiden Küstengebirge: Ostanatolien
ist ein stark zerklüftetes Gebirgsland.
Die Wasserstraße Bosporus, Marmarameer, Dardanellen trennt
die wesentlich größere asiatische Türkei (Anatolien) von der
europäischen Türkei (Ostthrakien).
Das Hochland Anatoliens mit einigen Vulkanbergen ist stark
erdbebengefährdet.
Im Westen mediterrane Vegetation (Macchie), im Osten Steppe.

Gebirge/Berge: Pontisches Gebirge, Taurus; an der Grenze zu
Iran liegt der höchste Berg des Landes
(Ararat 5 165 m).

Flüsse/Seen: Kisilirmak, Tigris, Euphrat, Sakarya, Ceyhan;
Vansee, Tuz gölü (Salzsee), Stauseen

KLIMA

Tunesien

Kurzbeschreibung:
Drei Klimazonen: Mittelmeerklima an der Küste, anschließend
Steppenklima, im Süden Wüstenklima.
Die Niederschläge nehmen von Norden (Winterregen) nach
Süden ab.

Klassifizierung nach „Troll":
Im Norden: 7
Im Süden: 9, 10

Türkei

Kurzbeschreibung:
Mittelmeerklima an der West- und Südküste.
Inneranatolien und die Osttürkei sind sommerwarm und
winterkalt (kontinental), am Schwarzen Meer ist es subtropisch
feucht. Ganzjährige Niederschläge im Pontischen Gebirge, wenig
Niederschläge in Inneranatolien.

Klassifizierung nach „Troll":
Küsten: 7
Inneranatolien: 4b, 5

Turkmenistan | Tuvalu

STAAT

Turkmenistan	Tuvalu
Lage: Zentralasien Fläche: 488 100 qkm Weltrang: 51	Lage: Ozeanien Fläche: 26 qkm Weltrang: 190

Hauptstadt: Aschchabad (517 200 E.)
Weitere wichtige Städte: Tschardschu, Taschaus, Mary, Tedschen, Kuschka, Krasnowodsk
Angrenzende Länder:
Norden: Kasachstan, Usbekistan
Nordosten: Usbekistan
Süden: Iran
Südosten: Afghanistan

Hauptstadt: Vaiaku (4 000 E.)
Weitere wichtige Städte:

Angrenzende Länder:
Inselgruppe im Pazifischen Ozean

BEVÖLKERUNG

Turkmenistan	Tuvalu
Einwohner: 4 508 000 Weltrang: 109	Einwohner: 10 000 Weltrang: 192

Religionen: Mehrheitlich sunnitische Moslems

Sprachen: Turkmenisch (Amtssprache)
           Russisch;
           Sprachen der Minderheiten

Religionen: 98 % Protestanten
            Adventisten; Bahai
Sprachen: Tuvaluisch und Englisch (Amtssprachen)

	Turkmenistan		Tuvalu
Bevölkerungsdichte: 9,2 E/qkm	Bevölkerungswachstum: 3,3 %	Bevölkerungsdichte: 385 E/qkm	Bevölkerungswachstum: 1,8 %
Lebenserwartung: 66 Jahre	Analphabetenanteil: 2,0 %	Lebenserwartung: 62 Jahre	Analphabetenanteil: <5,0 %
Einwohner pro Arzt: 274	Kindersterblichkeit: 8,5 %	Einwohner pro Arzt: 2 261	Kindersterblichkeit: 5,6 %

WIRTSCHAFT

Wirtschaft in Stichworten:
  Landwirtschaft: Baumwolle, Mais, Obst, Gemüse;
  Viehzucht (Pferde, Schafe)
- Fischfang (der Stör liefert Kaviar)
- Industrie: Chemie und Petrochemie, Textilien, Seidenverarbeitung, Nahrungsmittel
- Bodenschätze: Erdgas, Erdöl, Schwefel, Buntmetalle, Erdwachs, Salz
- Export: Erdgas, Erdöl, Textilien, Felle

Wirtschaft in Stichworten:
- Landwirtschaft: Probleme durch Süßwassermangel
- Einfuhr fast aller Lebensmittel
- Export: Kopra, Fisch, Briefmarken

Energieverbrauch: 2 361 kg ÖE/Einw.
Bruttosozialprodukt: 920 US$/Einw.
Anteil der Erwerbstätigen:
Landwirtschaft: 43 %, Industrie: 21 %, Dienstleistungen: 36 %

Energieverbrauch: k.A.
Bruttosozialprodukt: k.A.
Anteil der Erwerbstätigen:
Landwirtschaft: k.A. Industrie: k.A. Dienstleistungen: k.A. %

LANDESNATUR

80 % des Landes bestehen aus den Sand- und Geröllmassen der Karakumwüste.
Im Westen wird es zum Kaspischen Meer hin begrenzt durch das Hügelland von Krasnowodsk, im Süden bilden die Berge des Kopet Dag die Grenze zum Iran.
Hier liegen die meisten Siedlungen, gegründet als Oasendörfer und entwickelt bis zur städtischen Siedlung.
Östlich der Karakumwüste steigt das Land wieder an und trifft dort auf die Ausläufer der Gebirgszüge Afghanistans.
Das Gebiet zur iranischen Grenze ist erdbebengefährdet.

Gebirge/Berge: Firjusa (2 942 m)

Flüsse/Seen: Amu-Darja, Karakumkanal; Kara-Bogas-Gol

Die etwa 600 km lange Inselgruppe besteht aus neun Atollen: Funafuti (2,4 qkm), Vaitupo, Niutao, Nanumea, Nukufetau, Nanumanga, Nui, Nukulaelae, Niulakita.
Die Inseln liegen nur wenige Meter über dem Meeresspiegel.
Natürliche Vegetation: Kokospalmen, Brotfruchtbäume.

Gebirge/Berge:

Flüsse/Seen:

KLIMA

Kurzbeschreibung:
Typisches arides Klima der winterkalten Steppen und Halbwüsten mit wenig Niederschlägen im Oasengebiet des Südens.
Die Temperaturunterschiede zwischen Sommer und Winter sind sehr groß.

Klassifizierung nach „Troll":
Überwiegend: 6
Im äußersten Süden: 5

Kurzbeschreibung:
Immerfeuchtes Tropenklima, das durch die Südostwinde etwas abgekühlt wird.
Hohe Niederschlagsmengen.

Klassifizierung nach „Troll":
15

Uganda

Ukraine

STAAT

Lage: Ostafrika   Fläche: 241 139 qkm   Weltrang: 78

Hauptstadt: Kampala (773 500 E.)
Weitere wichtige Städte: Masindi, Jinja, Entebbe, Mbale

Angrenzende Länder:
Westen: Kongo (Zaire)
Norden: Sudan
Osten: Kenia
Süden: Tansania, Ruanda

Lage: Osteuropa   Fläche: 603 700 qkm   Weltrang: 43

Hauptstadt: Kiew (2 635 000 E.)
Weitere wichtige Städte: Charkow, Dnjepropetrowsk, Donezk,
                         Odessa, Kriwoi Rog, Nikolajew, Lemberg
Angrenzende Länder:
Norden: Weißrussland
Nordosten und Osten: Russland
Nordwesten: Polen
Westen: Slowakische Republik
Südwesten: Ungarn
Süden: Rumänien, Moldau

BEVÖLKERUNG

Einwohner: 19 168 000   Weltrang: 48
Religionen: 40 % Katholiken, 26 % Protestanten, 5 % Moslems
            Anhänger von Naturreligionen

Sprachen: Kisuaheli, Englisch (Amtssprachen)
           Bantusprachen (z.B. Buganda, Banyoro)
           West- und ostnilotische Sprachen

Bevölkerungsdichte: 80 E/qkm Bevölkerungswachstum: 3,0 %
Lebenserwartung: 44 Jahre   Analphabetenanteil: 38,0 %
Einwohner pro Arzt: 25 000   Kindersterblichkeit: 18,5 %

Einwohner: 51 550 000   Weltrang: 23
Religionen: Vorwiegend Orthodoxe
            10 % Katholiken
            Minderheiten: Moslems, Juden, Protestanten
Sprachen: Ukrainisch (Amtssprache), Russisch
           Sprachen der Minderheiten

Bevölkerungsdichte: 85 E/qkm Bevölkerungswachstum: 0,1 %
Lebenserwartung: 69 Jahre   Analphabetenanteil: <5,0 %
Einwohner pro Arzt: 259   Kindersterblichkeit: 2,4 %

WIRTSCHAFT

Wirtschaft in Stichworten:
– Landwirtschaft: Hirse, Maniok, Kaffee, Tee, Baumwolle,
  Erdnüsse, Zuckerrohr, Bananen
– Fischfang
– Industrie: Nahrungsgüter, Kupferverhüttung, Leichtindustrie
– Bodenschätze: Kupfer, Kobalt, Wolfram
– Export: Kaffee, Baumwolle, Tee, Kupfer, Ölsaaten, Häute

Energieverbrauch: 23 kg ÖE/Einw.
Bruttosozialprodukt: 240 US$/Einw.
Anteil der Erwerbstätigen:
Landwirtschaft: 83 %, Industrie + Dienstleistungen: 17 %

Wirtschaft in Stichworten:
– Landwirtschaft: Kartoffeln, Gemüse, Getreide, Zuckerrüben,
  Wein, Tabak, Baumwolle; Fischfang
– Industrie: Eisen-, Stahl-, Metallverarbeitung, Nahrungs-
  und Genussmittel, chemische Industrie
– Bodenschätze: Eisen, Mangan, Quecksilber, Erdgas, Kohle, Uran,
– Export: Eisen, Stahl, Metalle, Nahrungsmittel, Steinkohle,
  Produkte der Elektroindustrie
– Tourismus an der Schwarzmeerküste
Energieverbrauch: 3 180 kg ÖE/Einw.
Bruttosozialprodukt: 1 630 US$/Einw.
Anteil der Erwerbstätigen:
Landwirtschaft: 21 %, Industrie: 34 %, Dienstleistungen: 45 %

LANDESNATUR

Uganda besteht größtenteils aus einförmigen Rumpfflächen des
Ostafrikanischen Hochlandes, auf die einzelne Inselberge aufge-
setzt sind. Die Ostgrenze des Landes ist die Ostafrikanische
Schwelle mit den riesigen Vulkanmassiven (Bruchzone).
Trockene Dornbuschsavannne erstreckt sich auf den im
Regenschatten liegenden Gebieten. Eine weitere Bruchzone stellt
der Zentralafrikanische Graben im Westen des Landes dar, der
stufenartig abfällt. Die gewaltigste Aufwölbung ist hier der
5 100 m hohe Gletschergipfel des Ruwenzori. Die den Niederschlägen zugewandten Berghänge haben dichten Regen- und
Bergwald mit Bambusdickicht.

Gebirge/Berge: Ruwenzori (5 109 m), Elgon (4 321 m)

Flüsse/Seen: Weißer Nil (Kabalegafälle);
               Victoria-See, Albert-See, Kioga-See, Eduard-See

Die dominante Landschaftsform der Ukraine ist hügelige
Steppe, bestehend aus der Podolischen Platte im Westen und
der Dnjepr-Platte im Osten.
Nur im Südwesten werden durch den Karpatenanstieg größere
Höhen erreicht.
Im Süden der Halbinsel Krim erhebt sich das zerklüftete
Krimgebirge.
Der Norden des Landes ist von den Pripjet Sümpfen geprägt,
im Süden erstreckt sich ein breites Tiefland entlang des
Schwarzen Meeres.
Der Süden und Südosten sind waldreich.

Gebirge/Berge: Waldkarpaten (Gowerla 2 061 m)

Flüsse/Seen: Dnjepr, Dnjestr, Südlicher Bug, Desna;
             Krementschuger Stausee, Kachowkaer Stausee,
             Kiewer Stausee

KLIMA

Kurzbeschreibung:
Tropisch-wechselfeucht mit Hochgebirgsklima,
die Temperaturen sind dank der Höhenlage gemäßigt,
die Niederschläge ausreichend.

Klassifizierung nach „Troll":
Im Osten: 13
Im Westen: 14

Kurzbeschreibung:
Kontinentales Steppenklima im Nordosten, das nach Süden
immer wärmer und trockener wird.
An der Südküste der Halbinsel Krim herrscht subtropisches
Klima mit heißen und trockenen Sommern.

Klassifizierung nach „Troll":
Überwiegend: 5
Süden: 7

Ungarn

Uruguay

STAAT

Lage: Mitteleuropa   Fläche: 93 030 qkm   Weltrang: 109

Lage: Südamerika   Fläche: 176 215 qkm   Weltrang: 89

Hauptstadt: Budapest (1 996 000 E.)
Weitere wichtige Städte: Debrecen, Miskolc, Szeged, Pécs, Györ

Hauptstadt: Montevideo (1 384 000 E.)
Weitere wichtige Städte: Salto, Paysandú, Las Piedras, Rivera,
Melo, Mercedes, Minas, Tacuarembó

Angrenzende Länder:
Norden: Slowakische Republik
Nordosten: Ukraine
Osten: Rumänien
Südwesten: Kroatien, Slowenien
Südosten: Jugoslawien
Westen: Österreich

Angrenzende Länder:
Norden: Brasilien
Westen: Argentinien

BEVÖLKERUNG

Einwohner: 10 229 000   Weltrang: 72
Religionen: 65 % Katholiken, 20 % Calvinisten
4 % Lutheraner, 3 % Ungarisch-Orthodoxe
Minderheiten: Juden und Moslems
Sprachen: Ungarisch (Amtssprache)
Sprachen der Minderheiten:
Deutsch, Rumänisch, Kroatisch
Bevölkerungsdichte: 110 E/qkm   Bevölkerungswachstum: -0,3 %
Lebenserwartung: 69 Jahre   Analphabetenanteil: <5,0 %
Einwohner pro Arzt: 344   Kindersterblichkeit: 1,4 %

Einwohner: 3 184 000   Weltrang: 127
Religionen: 78 % Katholiken
Protestanten
Juden
Sprachen: Spanisch (Amtssprache)

Bevölkerungsdichte: 18 E/qkm   Bevölkerungswachstum: 0,6 %
Lebenserwartung: 73 Jahre   Analphabetenanteil: <5,0 %
Einwohner pro Arzt: 341   Kindersterblichkeit: 2,1 %

WIRTSCHAFT

Wirtschaft in Stichworten:
   Landwirtschaft: Getreide, Wein, Zuckerrüben, Tomaten,
   Paprika, Gemüse, Sonnenblumen; Viehzucht (Pferde, Gänse)
– vielfältige verarbeitende Industrie, Maschinen,
   Fahrzeuge, Pharmaka
– Bodenschätze: Bauxit, Eisenerz, Kohle, Erdgas, Aluminium
– Export: Erzeugnisse der verarbeitenden Industrie,
   Maschinen, Nahrungsmittel
– Tourismus weist große Wachstumsraten auf

Energieverbrauch: 2 383 kg ÖE/Einw.
Bruttosozialprodukt: 4 120 US$/Einw.
Anteil der Erwerbstätigen:
Landwirtschaft: 9 %, Industrie: 31 %, Dienstleistungen: 60 %

Wirtschaft in Stichworten:
– Landwirtschaft: Gemüse, Tabak, Reis, Flachs, Zuckerrüben;
   Viehzucht (Rinder, Schafe)
– Industrie: Nahrungsmittel, Textil- und chemische Industrie
– kaum Bodenschätze
– Export: Fleisch, Wolle, Leder
– Tourismus

Energieverbrauch: 622 kg ÖE/Einw.
Bruttosozialprodukt: 5 170 US$/Einw.
Anteil der Erwerbstätigen:
Landwirtschaft: 13 %, Industrie: 26 %, Dienstleistungen: 61 %

LANDESNATUR

Ungarn wird durch die von Norden nach Süden strömende
Donau sowie durch von Südwest nach Nordost verlaufende
niedrige Gebirgszüge in mehrere Teile gegliedert.
Im Osten liegt das Große Ungarische Tiefland (Alföld) mit dem
größten noch erhaltenen Puszta-Gebiet. Nördlich davon erheben
sich die Nordungarischen Mittelgebirge.
Das Kleine Ungarische Tiefland leitet westlich der Donau zum
Wiener Becken nach Österreich über.
Im Südwesten begrenzen die Ausläufer der Nordungarischen
Mittelgebirge mit dem Balkonywald und dem Plattensee das
lössbedeckte transdanubische Hügelland.

Der kleinste Staat Südamerikas besteht zum großen Teil aus
einem flachwelligen Hügelland, in das sich zahlreiche Flüsse
eingegraben haben.
Im Süden und Südosten ragt eine Rumpffläche des Brasiliani-
schen Berglandes ins Landesinnere, die von rundbuckeligen
Höhenzügen durchzogen wird.
Einer davon (Cuchilla Grande) bildet die Wasserscheide zwischen
Rio Negro und Atlantik.
Nach Norden schließt sich ein Schichtstufenland an.
Uruguay ist größtenteils mit dichtem, baumlosen Grasland
bedeckt.

Gebirge/Berge: Matragebirge (bis 1 015 m), Kékes

Gebirge/Berge: Sierra de las Animas (501 m)

Flüsse/Seen: Donau, Raab, Theiß, Drau; Plattensee
(größter Binnensee West- und Mitteleuropas),
Neusiedler See

Flüsse/Seen: Rio Negro, Uruguay;
Rio Negro-Stausee, Laguna Mirim

KLIMA

Kurzbeschreibung:
Kontinentalklima mit strengen Wintern und heißen, überwiegend
trockenen Sommern. V.a. im Osten kommt es häufig zu Dürreperioden.
Wegen seiner Beckenlage besitzt Ungarn eine hohe Zahl von
jährlichen Sonnenscheinstunden.
Die Alpenschneeschmelze führt im Frühjahr oft zu Überschwemmungen.

Kurzbeschreibung:
Warm-gemäßigtes Klima mit stark schwankenden subtropischen
Temperaturen im Sommer, v.a. im Nordwesten.
Die Niederschlagsmengen nehmen von Süden nach Norden ab.
Mitunter kommt es zu Kaltluftströmungen aus dem Süden.

Klassifizierung nach „Troll":
4b

Klassifizierung nach „Troll":
8

USA

Usbekistan

Lage: Nordamerika   Fläche: 9 809 155 qkm   Weltrang: 3

Hauptstadt: Washington (586 000 E.)
Weitere wichtige Städte: New York, Los Angeles, Chicago,
                         Houston, Philadelphia, San Francisco,
                         Detroit, Dallas
Angrenzende Länder:
Norden: Kanada
Süden: Mexiko

Lage: Zentralasien   Fläche: 447 400 qkm   Weltrang: 56

Hauptstadt: Taschkent (2 126 000 E.)
Weitere wichtige Städte: Samarkand, Namangan, Buchara, Nukus

Angrenzende Länder:
Norden und Nordwesten: Kasachstan
Nordosten: Kirgistan
Osten: Tadschikistan
Südosten: Afghanistan
Südwesten: Turkmenistan

Einwohner: 262 755 000   Weltrang: 3

Religionen: 26 % Katholiken, 16 % Baptisten, 6 % Methodisten
            Lutheraner, Presbyterianer, Juden, Anglikaner,
            Orthodoxe, Moslems, Sikhs, Buddhisten
Sprachen: Englisch (Amtssprache), In New Mexiko ist Spanisch
            die zweite Amtssprache, Sprachen der Minderheiten
Bevölkerungsdichte: 27 E/qkm   Bevölkerungswachstum: 0,9 %
Lebenserwartung: 76 Jahre   Analphabetenanteil: <5,0 %
Einwohner pro Arzt: 341   Kindersterblichkeit: 1,0 %

Einwohner: 22 771 000   Weltrang: 41

Religionen: Mehrheitlich sunnitische Moslems
            Minderheiten:
            Schiiten, Orthodoxe, Juden
Sprachen: Usbekisch (Amtssprache)
            Sprachen der Minderheiten (v.a. Russisch)
Bevölkerungsdichte: 51 E/qkm   Bevölkerungswachstum: 2,3 %
Lebenserwartung: 70 Jahre   Analphabetenanteil: <5,0 %
Einwohner pro Arzt: 280   Kindersterblichkeit: 6,2 %

Wirtschaft in Stichworten:
– Hochspezialisierte Landwirtschaft
– Hochentwickelte, vielseitige Industrie
– reiche Bodenschätze
– Export: Maschinen, Flugzeuge, Kraftfahrzeuge, chemische
  Erzeugnisse, Weizen, Mais
– Tourismus (Florida, Kalifornien, Hawaii, Las Vegas)

Energieverbrauch: 7 819 kg ÖE/Einw.
Bruttosozialprodukt: 26 980 US$/Einw.

Anteil der Erwerbstätigen:
Landwirtschaft: 3 %, Industrie: 24 %, Dienstleistungen: 73 %

Wirtschaft in Stichworten:
– Landwirtschaft: Baumwolle, Seide, Getreide, Obst, Reis in
  Oasen (90 % der Anbauflächen künstlich bewässert)
– Industrie: chemische Industrie, Textilindustrie, Maschinenbau
– Bodenschätze: Erdgas, Erdöl, Gold, Kohle, Buntmetalle, Schwefel
– Export: einer der führenden Baumwollproduzenten, Gold,
  Produkte der Leichtindustrie

Energieverbrauch: 1 869 kg ÖE/Einw.
Bruttosozialprodukt: 970 US$/Einw.

Anteil der Erwerbstätigen:
Landwirtschaft: 43 %, Industrie: 21 %, Dienstleistungen: 36 %

Im Osten Mittelgebirge (Appalachen), in der Mitte weite, flache
Ebenen (Great Plains), im Westen Faltengebirge (Rocky Mountains, Sierra Nevada, Küstenkette; in Alaska: Alaskakette,
Brookskette) mit Hochlandbecken (Großes Becken). Im Bereich
der Faltengebirge tätige Vulkane und häufige Erdbeben.
Alaska, Hawaii liegen außerhalb des geschlossenen Staatsgebietes.
An der Grenze zu Kanada bilden die fünf Großen Seen die
größte zusammenhängende Süßwasserfläche der Erde.
Nadelwald im Norden, Laub- und Mischwald in den Appalachen, Grasfluren (Prärien) in den Great Plains, Steppen im
westlichen Hochland, Regenwald auf Hawaii, Tundra in Alaska.

Gebirge/Berge: Rocky Mountains (Mt. Elbert 4 399 m),
               Alaskakette (Mt. McKinley 6 139 m),
               Sierra Nevada (Mt. Whitney 4 418 m),
               Appalachen (Mt. Mitchell 2 037 m);
               Auf Hawaii: Mauna Kea und Mauna Loa.

Flüsse/Seen: Mississippi, Missouri, Ohio, Tennessee, Arkansas,
               Rio Grande, Yukon; die fünf Großen Seen,
               Großer Salzsee

Zwischen den Flüssen Syr-Darja und Amu-Darja gelegenes
ebenes, flachwelliges Land, das sich im Südosten mit vier
Buchten in die Gebirge Zentralasiens einschneidet.
Dieser Gebirgsanteil (ein Viertel der Landesfläche) bildet das
kulturelle und wirtschaftliche Kerngebiet Usbekistans, denn hier
liegt das Fergana-Becken mit seinen fruchtbaren Gebirgsfluss-
oasen. Die nordwestliche Grenze verläuft über das Ustjurt-
Plateau mit dem salzigen Aralsee.
Vom Amu-Darja-Delta dehnt sich die riesige Sand- und Geröll-
wüste Kysylkum bis zu den Vorbergen der östlichen Gebirge
aus. Die Vegetation wird vorwiegend von Wüstensträuchern bzw.
Wäldern bestimmt.

Gebirge/Berge: Tschatkalgebirge, Nurataukette (2 169 m),
               Malgusarkette (2 621 m),
               Serawschankette (2 204 m), Beschtor (4 299 m)

Flüsse/Seen: Syr-Darja, Amu-Darja, Serawschan,
               Kaschkadarja; Aralsee, Aydarkulsee

Kurzbeschreibung:
Gemäßigtes Klima; in Kalifornien subtropisch, in Florida
subtropisch feucht; in Alaska subpolar; auf Hawaii tropisch.
Reichliche Niederschläge an den Küsten. Im Bereich der Great
Plains und in den Hochlandebenen trockener.
Northers (kalte Nordwinde) gelangen bis Florida.
Im Bereich der Südküste Wirbelstürme.

Klassifizierung nach „Troll":
Alaska: 3; Ostküste bis Great Plains: 4b im Norden, 8 im Süden;
Great Plains und Hochlandbecken: 5; Westküste: 4a im Norden,
5, 6, 7 im Süden; im Landesinneren: 9, 10; auf Hawaii: 14

Kurzbeschreibung:
Extrem kontinentales Klima mit heißen Sommern (bis zu 50° C)
und kalten Wintern (bis -30° C).
Ausreichend Niederschläge fallen nur im Gebirge und im Osten
des Landes.
Der Westen ist wüstenhaft trocken.

Klassifizierung nach „Troll":
6
Zum Gebirge hin: 4b, 5

Vanuatu

Vatikanstadt

Lage: Ozeanien   Fläche: 12 190 qkm   Weltrang: 156

Lage: Südeuropa   Fläche: 0,44 qkm   Weltrang: 193

Hauptstadt: Port Vila (19 300 E.)
Weitere wichtige Städte: Luganville

Hauptstadt:
Weitere wichtige Städte:

Angrenzende Länder:
Inselgruppe im Pazifik

Angrenzende Länder:
Das Staatsgebiet liegt im Stadtgebiet von Rom

Einwohner: 169 000   Weltrang: 172

Einwohner: 800   Weltrang: 193

Religionen: 80 % Christen
               Anhänger von Naturreligionen

Religionen: Katholizismus

Sprachen: Bislama, Englisch, Französisch (Amtssprachen)
           Über 100 melanesische Sprachen und Dialekte

Sprachen: Italienisch und Lateinisch (Amtssprachen)

Bevölkerungsdichte: 13,5 E/qkm	Bevölkerungswachstum: 2,7 %
Lebenserwartung: 66 Jahre	Analphabetenanteil: 30,0 %
Einwohner pro Arzt: 7 345	Kindersterblichkeit: 5,8 %

Bevölkerungsdichte: 1 823 E/qkm	Bevölkerungswachstum: k.A.
Lebenserwartung: k.A.	Analphabetenanteil: k.A.
Einwohner pro Arzt: k.A.	Kindersterblichkeit: k.A.

Wirtschaft in Stichworten:
– Landwirtschaft: Kopra, Kakao; Viehwirtschaft
– Fischfang
– Holzwirtschaft
– Bodenschätze: Mangan
– Export: Kopra, Gefrierfisch, Fleisch, Kakao, Kaffee,
  Holz, Mangan
– Tourismus

Wirtschaft in Stichworten:
– Hauptfinanzierung durch den „Peterspfennig" (weltweite
  Kollekte zum Fest des Heiligen Petrus und Paulus)
– Export: Münzen, Briefmarken
– Tourismus

Energieverbrauch: 279 kg ÖE/Einw.
Bruttosozialprodukt: 1 200 US$/Einw.

Energieverbrauch: k.A.
Bruttosozialprodukt: k.A.

Anteil der Erwerbstätigen:
Landwirtschaft: 61 %, Industrie: 4 %, Dienstleistung: 35 %

Anteil der Erwerbstätigen:
Landwirtschaft: k.A., Industrie: k.A., Dienstleistung: k.A.

Die Republik Vanuatu im südwestlichen Pazifik umfasst
13 Hauptinseln und viele kleinere Inseln, alle gebirgig und mit
Regenwald bedeckt.
Die beiden größten Inseln sind Espirutu Santo und Malakula.
Die meisten Inseln sind von Korallenriffen umgeben.
Die gesamte Inselwelt ist erdbebengefährdet und es gibt noch
tätige Vulkane.

Stadtstaat innerhalb Roms westlich des Tiber auf dem Hügel
Vaticano.
Eigener Bahnhof (Anschluss an das italienische Eisenbahnnetz),
Hubschrauberlandeplatz und Rundfunksender.
Außerhalb der Vatikanstadt gehören zum Vatikan:
die Kirchen San Giovanni, San Paolo fuori le mura und die
Sommerresidenz in Castel Gandolfo.

Gebirge/Berge: Tabwemasana (1 879 m)

Gebirge/Berge: Die Sommerresidenz Castel Gandolfo liegt süd-
                westlich von Rom am Westufer des Albaner Sees
                in den Albaner Bergen
                (höchste Erhebung: Cime della Faete 956 m)

Flüsse/Seen:

Flüsse/Seen:

Kurzbeschreibung:
Das feuchtheiße Klima hat eine ausgeprägte Regenzeit von
November bis April.
In dieser Zeit treten auch Wirbelstürme auf.
Die Niederschläge nehmen von Norden nach Süden ab.

Kurzbeschreibung:
Mildes Klima, relativ trockene Sommer.

Klassifizierung nach „Troll":
15

Klassifizierung nach „Troll":
7

Venezuela

Vietnam

STAAT

Venezuela	Vietnam
Lage: Südamerika Fläche: 912 050 qkm Weltrang: 32	Lage: Südostasien Fläche: 331 114 qkm Weltrang: 64

Hauptstadt: Caracas (1 825 000 E.)
Weitere wichtige Städte: Maracaibo, Valencia, Barquisimeto,
                         Mérida, Barcelona, Ciudad Guayana,
                         San Cristobal
Angrenzende Länder:
Osten: Guyana
Süden: Brasilien
Westen: Kolumbien

Hauptstadt: Hanoi (2 155 000 E.)
Weitere wichtige Städte: Ho Chi Minh (ehem. Saigon), Da Nang,
                         Haiphong, Hué, Can Tho, Vung Tau

Angrenzende Länder:
Norden: China
Westen: Laos, Kambodscha

BEVÖLKERUNG

Einwohner: 21 671 000   Weltrang: 43
Religionen: 93 % Katholiken, 5 % Protestanten
            Minderheiten:
            Orthodoxe, Moslems und Juden
Sprachen: Spanisch (Amtssprache)
            Indianische Sprachen

Einwohner: 73 475 000   Weltrang: 13
Religionen: 55 % Buddhisten
            5 % Katholiken
            Taoisten, Konfuzianer, Sekten
Sprachen: Vietnamesisch (Amtssprache)
            Englisch (Handels-und Bildungssprache), Chinesisch

Bevölkerungsdichte: 24 E/qkm   Bevölkerungswachstum: 2,4 %
Lebenserwartung: 72 Jahre   Analphabetenanteil   9,0 %
Einwohner pro Arzt: 640   Kindersterblichkeit: 2,4 %

Bevölkerungsdichte: 222 E/qkm   Bevölkerungswachstum: 2,2 %
Lebenserwartung: 66 Jahre   Analphabetenanteil: 6,0 %
Einwohner pro Arzt: 247   Kindersterblichkeit: 4,5 %

WIRTSCHAFT

Wirtschaft in Stichworten:
- Landwirtschaft: Bananen, Mais, Kaffee, Kakao, Zuckerrohr,
  Tabak; Rinderzucht
- Holzwirtschaft (Edelhölzer)
- Industrie: Nahrungsmittel, Pharmaka, Maschinenbau,
  Elektrotechnik; Fischwirtschaft
- Bodenschätze: Erdöl, Erdgas, Eisenerz, Gold, Diamanten,
  Steinkohle
- Export: Erdöl, Erdgas, Ölprodukte
Energieverbrauch: 2 186 kg ÖE/Einw.
Bruttosozialprodukt: 3 020 US$/Einw.
Anteil der Erwerbstätigen:
Landwirtschaft: 13 %, Industrie: 24 %, Dienstleistung: 63 %

Wirtschaft in Stichworten:
- Landwirtschaft: Reis, Maniok, Süßkartoffel, tropische Früchte,
  Tee, Kaffee, Kautschuk
- Fischfang
- Holzwirtschaft
- unterentwickelte Industrie: Textil, Holz, Schwerindustrie
- Bodenschätze: Steinkohle, Zink, Blei
- Export: Textilien, Zigaretten, Medikamente,
  Bergbauprodukte, Krebse
Energieverbrauch: 101 kg ÖE/Einw.
Bruttosozialprodukt: 240 US$/Einw.
Anteil der Erwerbstätigen:
Landwirtschaft: 72 %, Industrie: 13 %, Dienstleistung: 15 %

LANDESNATUR

Geographisch unterscheidet man drei Großlandschaften:
Etwa 200 000 qkm groß ist das Andenland mit den Ausläufern
der Ostkordillere Kolumbiens.
Die Weiten der „Llanos" (= ebene Grasflächen) im Orinoco-Tief-
land machen ca. ein Drittel der Gesamtfläche aus. Sie werden in
der Regenzeit überschwemmt. Ansonsten herrscht dort Trocken-
heit und Dürre.
Daran schließt sich das ungleichmäßige Berg- und Tafelland von
Guayana mit dem Quellgebiet des Orinoco an.
Weite Teile des Landes nehmen tropische Regenwälder ein. Als
Naturwunder gilt der Angelfall, mit 979 m Tiefe 20-mal höher als
die Niagarafälle.

Die beiden Kernräume des Landes sind das Tonking Delta
(= Ablagerungen des Roten Flusses) im Norden und das Mekong-
Delta im Süden. Dazwischen erstreckt sich ein schmaler, bis über
2 500 m hoher Gebirgsstreifen (Annam).
Tropischen Regenwald findet man vor allem in hohen Gebirgs-
und Luvlagen, im Norden sind in den Hochlagen vielfach Nadelwälder vorherrschend. Laubabwerfende Monsunwälder treten
vor allem in den Leelagen und in den Becken auf.

Gebirge/Berge: Sierra der Perijá (bis 3 750 m),
               Kordillere von Mérida (Pico Bolivar 5 002 m),
               Bergland von Guayana (Roraima 2 810 m),
               Karibisches Gebirge

Gebirge/Berge: Fan Si Pan (3 143 m), Ngoc Linh

Flüsse/Seen: Orinoco, Rio Carrao, Aranca, Apure, Meta,
               Caroni; Valenciasee, Maracaibosee

Flüsse/Seen: Mekong, Songkoi (Roter Fluss),
               Songda (Schwarzer Fluss)

KLIMA

Kurzbeschreibung:
Tropisch-wechselfeucht mit sommerlicher Regenzeit.
V.a. an den Gebirgshängen fallen hohe Niederschlagsmengen.
Das nördliche Küstengebiet mit der Halbinsel Guajira ist trocken.

Kurzbeschreibung:
Tropisches Monsunklima mit Hauptregenzeit von April bis
Oktober, aber mit erheblichen lokalen Unterschieden. Die
Sommer sind überall heiß und feucht, die Winter nur im Norden
verhältnismäßig kühl, ansonsten ist der Norden subtropisch.

Klassifizierung nach „Troll":
Norden: 14
Süden: 15

Klassifizierung nach „Troll":
Im Norden 8
Im übrigen Land 14
Hochgebirgsklima

Weißrussland

Lage: Osteuropa	Fläche: 207 595 qkm	Weltrang: 84

Hauptstadt: Minsk (1 671 000 E.)
Weitere wichtige Städte: Gomel, Witebsk, Gradno, Mogilew, Brest

Angrenzende Länder:
Nordwesten: Lettland, Litauen
Nordosten, Osten: Russland
Süden: Ukraine
Westen: Polen

Einwohner: 10 339 000   Weltrang: 70
Religionen: 60 % Russisch-Orthodoxe
            8 % Katholiken
            Minderheiten:
            Juden, Moslems, Protestanten
Sprachen: Weißrussisch und Russisch (Amtssprachen)

Bevölkerungsdichte: 50 E/qkm	Bevölkerungswachstum:	0,4 %
Lebenserwartung: 70 Jahre	Analphabetenanteil:	<5,0 %
Einwohner pro Arzt: 282	Kindersterblichkeit:	2,0 %

Wirtschaft in Stichworten:
- Landwirtschaft: Getreide, Kartoffeln, Zuckerrüben; Viehzucht
- Forstwirtschaft
- Industrie: Schwermaschinenbau, Werkzeug- und Instrumenten-
  herstellung, Möbel, Textilien, Petrochemie
- Bodenschätze: Kali-und Steinsalz, Torf, Erdöl, Erdgas,
  Braunkohle, Metallerze, Pottasche
- Export: Chemieprodukte, Düngemittel, Motorräder, Maschinen

Energieverbrauch: 2 392 kg ÖE/Einw.
Bruttosozialprodukt: 2 070 US$/Einw.

Anteil der Erwerbstätigen:
Landwirtschaft: 21 %, Industrie: 40 %, Dienstleistung: 39 %

Der Westen des Landes ist äußerst reich an Gewässern. Mehr als
10 000 Seen gibt es hier. Besonders in den Moränenlandschaften
im Norden treffen wir auf sandige Hügel und Bergrücken. Die
Flüsse Dnjepr und Pripjet durchqueren nach Süden ein ausgedehntes Sumpfgebiet (Pripjet-Sümpfe), das für landwirtschaftliche Nutzung teilweise trockengelegt wurde. Der weißrussische
Landrücken zieht sich bis nach Polen hinein mit Waldgebieten
und typischen europäischen Tierarten.

Gebirge/Berge: Weißrussischer Höhenrücken (323 m)

Flüsse/Seen: Duna, Dnjepr, Beresina, Stutsch,
               Ptitsch, Njemen, Pripjet

Kurzbeschreibung:
Gemäßigtes Klima, das durch maritime und kontinentale
Wettereinflüsse bestimmt wird. Die Niederschläge fallen zu
allen Jahreszeiten. Bei der Schneeschmelze stehen ganze
Landstriche unter Wasser.

Klassifizierung nach „Troll":
4b

Zentralafrika

Lage: Zentralafrika	Fläche: 622 984 qkm	Weltrang: 42

Hauptstadt: Bangui (706 000 E.)
Weitere wichtige Städte: Berbérati, Buar, Bambari, Bossangoa,
                         Bangassu, Ndélé

Angrenzende Länder:
Norden: Tschad
Osten : Sudan
Süden: Kongo (Zaire), Kongo
Westen: Kamerun

Einwohner: 3 275 000   Weltrang: 125
Religionen: 57 % Anhänger von Naturreligionen
            35 % Christen
            8 % Moslems

Sprachen: Sangho und Französisch (Amtssprachen)
            Ubangi-Sprachen, Fulani

Bevölkerungsdichte: 5,3 E/qkm	Bevölkerungswachstum:	2,3 %
Lebenserwartung: 50 Jahre	Analphabetenanteil:	40,0 %
Einwohner pro Arzt: 2 370	Kindersterblichkeit:	16,5 %

Wirtschaft in Stichworten:
- Landwirtschaft: Baumwolle, Erdnüsse, Kaffee,
  Palmfrüchte, Reis, Hirse, Maniok
- Industrie: nicht entwickelt
- Bodenschätze: Diamanten, Gold
- Export: Diamanten, Gold, Kaffee, Edelhölzer,
  Baumwolle, Kautschuk

Energieverbrauch: 29 kg ÖE/Einw.
Bruttosozialprodukt: 340 US$/Einw.

Anteil der Erwerbstätigen:
Landwirtschaft: 60 %, Industrie: 10 %, Dienstleistung: 30 %

Das Land wird von der Asandeschwelle von Osten nach Westen
durchzogen.
Die Bongo-Berge im Norden fallen nach Nordwesten zum
Tschadbecken ab.
Der Süden des Landes ist gleichzeitig die Nordgrenze des
Kongobeckens und wird vom Ubangi geprägt.
Vorwiegend Savanne und lichter Wald, im Süden tropischer
Regenwald.

Gebirge/Berge: Bongo-Berge (1 400 m)

Flüsse/Seen: Ubanghi, Bahr Sara, Bomu, Bahr Auk

Kurzbeschreibung:
Vom Wüstenklima im äußersten Norden über das Steppenklima
des Asandeplateaus erlebt man in diesem Land die klassische
Abfolge der afrikanischen Klimazonen bis hin zum üppigen
Regenwaldklima im Süden mit einer Regenzeit von Oktober bis
März.

Klassifizierung nach „Troll":
Vom äußersten Norden nach Süden: 11, 12, 13, 14, 15

STAAT

BEVÖLKERUNG

WIRTSCHAFT

LANDESNATUR

KLIMA

Zypern

Lage: Südosteuropa   Fläche: 9 251 qkm   Weltrang: 161

Hauptstadt: Nikosia (186 400 E.)
Weitere wichtige Städte: Limassol, Larnaka, Pafos,
                          Famagusta, Morphon

Angrenzende Länder: Insel im östlichen Mittelmeer

Einwohner: 734 000   Weltrang: 153

Religionen: 80 % orthodoxe Griechen
            19 % sunnitische Moslems (Türken)

Sprachen: Griechisch, Türkisch (Amtssprachen)

Bevölkerungsdichte: 79 E/qkm   Bevölkerungswachstum: 1,2 %
Lebenserwartung: 77 Jahre   Analphabetenanteil: 6,0 %
Einwohner pro Arzt: 585   Kindersterblichkeit: 1,0 %

Wirtschaft in Stichworten:
– Landwirtschaft: Kartoffeln, Gemüse, Zitrusfrüchte,
  Weintrauben, Oliven, Getreide, Datteln; Viehwirtschaft
– Industrie: Verarbeitung landwirtschaftlicher Erzeugnisse
– Bodenschätze: Kupfer, Asbest, Pyrit
– Export: Kupfer, Asbest, Zitrusfrüchte, Mandeln, Tabak,
  Agrarprodukte, Textilien, Schuhe
– Tourismus: Haupteinnahmequelle v.a. im griechischen Teil

Energieverbrauch: 2 701 kg ÖE/Einw.
Bruttosozialprodukt: 9 386 US$/Einw.
Anteil der Erwerbstätigen:
Landwirtschaft: 11 %, Industrie: 25 %, Dienstleistung: 64 %

Die Insel ist landschaftlich dreigeteilt. Im Norden erstrecken sich
die Bergketten des Kyreniagebirges parallel zur Küste, im Süden
befindet sich das vulkanische Troodosmassiv und dazwischen
liegt die fruchtbare Messaoriaebene.
Waldbestände sind nur noch in den Bergen erhalten.
Zypern ist durch den Konflikt der griechischen Mehrheit und
der türkischen Minderheit noch immer geteilt.

Gebirge/Berge: Troodos (1 951 m), Kyparissio (1 023 m)

Flüsse/Seen: Pedias, Kariyoti

Kurzbeschreibung:
Mittelmeerklima mit langen, heißen Sommern und milden,
feuchten Wintern. Im Gebirge fallen die Niederschläge im Winter
oberhalb 1 000 m als Schnee und erlauben im Januar und Februar
sogar Wintersport.

Klassifizierung nach „Troll":
7

Die Staaten der Erde (alphabetisch geordnet)

STAAT	HAUPTSTADT	LAGE
A		
Afghanistan	Kabul	Westasien
Ägypten	Kairo	Nordostafrika
Albanien	Tirana	Südosteuropa
Algerien	Algier	Nordafrika
Andorra	Andorra la Vella	Südwesteuropa
Angola	Luanda	Südwestafrika
Antigua und Barbuda	St. John´s	Mittelamerika, Karibik
Äquatorialguinea	Malabo	Zentralafrika
Arabische Emirate	Abu Dhabi	Vorderasien
Argentinien	Buenos Aires	Südamerika
Armenien	Jerewan	Vorderasien
Aserbaidschan	Baku	Vorderasien
Äthiopien	Addis Abeba	Nordostafrika
Australien	Canberra	Ozeanien
B		
Bahamas	Nassau	Mittelamerika, Karibik
Bahrain	Manama	Vorderasien
Bangladesch	Dhaka	Südasien
Barbados	Bridgetown	Mittelamerika, Karibik
Belgien	Brüssel	Westeuropa
Belize	Belmopan	Mittelamerika
Benin	Porto Novo	Westafrika
Bhutan	Thimphu	Südasien
Bolivien	Sucre	Südamerika
Bosnien-Herzegowina	Sarajevo	Südosteuropa
Botsuana	Gaborone	Südafrika
Brasilien	Brasilia	Südamerika
Brunei	Bandar Seri Begawan	Südostasien
Bulgarien	Sofia	Südosteuropa
Burkina Faso	Ouagadougou	Westafrika
Burundi	Bujumbara	Ostafrika
C		
Chile	Santiago	Südamerika
China	Peking	Ostasien
Costa Rica	San José	Mittelamerika
Côte d'Ivoire	Yamoussoukro	Westafrika
D		
Dänemark	Kopenhagen	Nordeuropa
Deutschland	Berlin	Mitteleuropa
Dominica	Roseau	Mittelamerika, Karibik
Dominikanische Rep.	Santo Domingo	Mittelamerika, Karibik
Dschibuti	Dschibuti	Nordostafrika
E		
Ecuador	Quito	Südamerika
El Salvador	San Salvador	Mittelamerika
Eritrea	Asmara	Nordostafrika
Estland	Tallinn	Nordosteuropa
F		
Fidschi	Suva	Ozeanien
Finnland	Helsinki	Nordeuropa
Frankreich	Paris	Westeuropa

STAAT	HAUPTSTADT	LAGE
G		
Gabun	Libreville	Zentralafrika
Gambia	Banjul	Westafrika
Georgien	Tiflis	Vorderasien
Ghana	Accra	Westafrika
Grenada	St. Georges	Mittelamerika, Karibik
Griechenland	Athen	Südosteuropa
Großbritannien	London	Westeuropa
Guatemala	Guatemala	Mittelamerika
Guinea	Conakry	Westafrika
Guinea-Bissau	Bissau	Westafrika
Guyana	Georgetown	Südamerika
H		
Haiti	Port-au-Prince	Mittelamerika, Karibik
Honduras	Tegucigalpa	Mittelamerika
I		
Indien	Neu-Delhi	Südasien
Indonesien	Jakarta	Südostasien
Irak	Bagdad	Vorderasien
Iran	Teheran	Vorderasien
Irland	Dublin	Westeuropa
Island	Reykjavik	Nordeuropa
Israel	Jerusalem	Vorderasien
Italien	Rom	Südeuropa
J		
Jamaika	Kingston	Mittelamerika, Karibik
Japan	Tokyo	Ostasien
Jemen	Sanaa	Vorderasien
Jordanien	Amman	Vorderasien
Jugoslawien	Belgrad	Südosteuropa
K		
Kambodscha	Phnom Penh	Südostasien
Kamerun	Jaunde	Zentralafrika
Kanada	Ottawa	Nordamerika
Kap Verde	Praia	Westafrika
Kasachstan	Almaty	Zentralasien
Katar	Doha	Vorderasien
Kenia	Nairobi	Ostafrika
Kirgistan	Bischkek	Zentralasien
Kiribati	Bairiki	Ozeanien
Kolumbien	Bogota	Südamerika
Komoren	Moroni	Ostafrika
Kongo	Brazzaville	Zentralafrika
Kongo (Zaire)	Kinshasa	Zentralafrika
Korea (Nord)	Pjöngjang	Ostasien
Korea (Süd)	Seoul	Ostasien
Kroatien	Zagreb	Südosteuropa
Kuba	Havanna	Mittelamerika, Karibik
Kuwait	Kuwait	Vorderasien
L		
Laos	Vientiane	Südostasien
Lesotho	Maseru	Südafrika
Lettland	Riga	Nordosteuropa
Libanon	Beirut	Vorderasien
Liberia	Monrovia	Westafrika

Die Staaten der Erde (alphabetisch geordnet)

STAAT	HAUPTSTADT	LAGE
Libyen	Tripolis	Nordafrika
Liechtenstein	Vaduz	Mitteleuropa
Litauen	Wilna	Nordosteuropa
Luxemburg	Luxemburg	Westeuropa

M

STAAT	HAUPTSTADT	LAGE
Madagaskar	Antananarivo	Südostafrika
Makedonien	Skopje	Südosteuropa
Malawi	Lilongwe	Südostafrika
Malaysia	Kuala Lumpur	Südostasien
Malediven	Male	Südasien
Mali	Bamako	Westafrika
Malta	Valletta	Südeuropa
Marokko	Rabat	Nordwestafrika
Marshallinseln	Rita	Ozeanien
Mauretanien	Nouakchott	Nordwestafrika
Mauritius	Port Louis	Südostafrika
Mexiko	Mexiko	Mittelamerika
Mikronesien	Kolonia	Ozeanien
Moldau	Kischinjow	Südosteuropa
Monaco	Monaco-Ville	Westeuropa
Mongolei	Ulan-Bator	Zentralasien
Mosambik	Maputo	Südostafrika
Myanmar	Yangon	Südostasien

N

STAAT	HAUPTSTADT	LAGE
Namibia	Windhuk	Südwestafrika
Nauru	Yaren	Ozeanien
Nepal	Kathmandu	Südasien
Neuseeland	Wellington	Ozeanien
Nicaragua	Managua	Mittelamerika
Niederlande	Amsterdam	Westeuropa
Niger	Niamey	Westafrika
Nigeria	Abuja	Westafrika
Norwegen	Oslo	Nordeuropa

O

STAAT	HAUPTSTADT	LAGE
Oman	Maskat	Vorderasien
Österreich	Wien	Mitteleuropa

P

STAAT	HAUPTSTADT	LAGE
Pakistan	Islamabad	Südasien
Palau	Koror	Ozeanien
Panama	Panama	Mittelamerika
Papua-Neuguinea	Port Moresby	Ozeanien
Paraguay	Asuncion	Südamerika
Peru	Lima	Südamerika
Philippinen	Manila	Südostasien
Polen	Warschau	Mitteleuropa
Portugal	Lissabon	Südwesteuropa

R

STAAT	HAUPTSTADT	LAGE
Ruanda	Kigali	Ostafrika
Rumänien	Bukarest	Südosteuropa
Russland	Moskau	Osteuropa/Nordasien

S

STAAT	HAUPTSTADT	LAGE
Sahara	El-Aaiun	Nordwestafrika
Saint Lucia	Castries	Mittelamerika, Karibik
Salomonen	Honiara	Ozeanien
Sambia	Lusaka	Südafrika
Samoa	Apia	Ozeanien
San Marino	San Marino	Südeuropa
Sao Tomé u. Principe	Sao Tomé	Zentralafrika
Saudi-Arabien	Riad	Vorderasien
Schweden	Stockholm	Nordeuropa
Schweiz	Bern	Mitteleuropa
Senegal	Dakar	Westafrika
Seschellen	Victoria	Ostafrika
Sierra Leone	Freetown	Westafrika
Simbabwe	Harare	Südafrika
Singapur	Singapur	Südostasien
Slowakische Rep.	Preßburg	Mitteleuropa
Slowenien	Laibach	Mitteleuropa
Somalia	Mogadischu	Nordostafrika
Spanien	Madrid	Südwesteuropa
Sri Lanka	Colombo	Südasien
St. Christopher u. Nevis	Basseterre	Mittelamerika, Karibik
St. Vincent u. d. Gren.	Kingstown	Mittelamerika, Karibik
Südafrika	Pretoria	Südafrika
Sudan	Khartoum	Nordostafrika
Suriname	Paramaribo	Südamerika
Swasiland	Mbabane	Südostafrika
Syrien	Damaskus	Vorderasien

T

STAAT	HAUPTSTADT	LAGE
Tadschikistan	Duschanbe	Zentralasien
Taiwan	Taipeh	Ostasien
Tansania	Dodoma	Ostafrika
Thailand	Bangkok	Südostasien
Togo	Lomé	Westafrika
Tonga	Nuku´alofa	Ozeanien
Trinidad und Tobago	Port-of-Spain	Mittelamerika, Karibik
Tschad	N´Djamena	Zentralafrika
Tschechische Rep.	Prag	Mitteleuropa
Tunesien	Tunis	Nordafrika
Türkei	Ankara	SO-Europa/Vorderasien
Turmenistan	Aschchabad	Zentralasien
Tuvalu	Vaiaku	Ozeanien

U

STAAT	HAUPTSTADT	LAGE
Uganda	Kampala	Ostafrika
Ukraine	Kiew	Osteuropa
Ungarn	Budapest	Mitteleuropa
Uruguay	Montevideo	Südamerika
USA	Washington	Nordamerika
Usbekistan	Taschkent	Zentralasien

V

STAAT	HAUPTSTADT	LAGE
Vanuatu	Port Vila	Ozeanien
Vatikanstadt		Südeuropa
Venezuela	Caracas	Südamerika
Vietnam	Hanoi	Südostasien

W

STAAT	HAUPTSTADT	LAGE
Weißrussland	Minsk	Osteuropa

Z

STAAT	HAUPTSTADT	LAGE
Zentralafrika	Bangui	Zentralafrika
Zypern	Nikosia	Südosteuropa

Die Staaten der Erde (alphabetisch nach Hauptstädten)

HAUPTSTADT	STAAT	LAGE
A		
Abu Dhabi	Arabische Emirate	Vorderasien
Abuja	Nigeria	Westafrika
Accra	Ghana	Westafrika
Addis Abeba	Äthiopien	Nordostafrika
Algier	Algerien	Nordafrika
Almaty	Kasachstan	Zentralasien
Amman	Jordanien	Vorderasien
Amsterdam	Niederlande	Westeuropa
Andorra la Vella	Andorra	Südwesteuropa
Ankara	Türkei	SO-Europa/Vorderasien
Antananarivo	Madagaskar	Südostafrika
Apia	Samoa	Ozeanien
Aschchabad	Turkmenistan	Zentralasien
Asmara	Eritrea	Nordostafrika
Asuncion	Paraguay	Südamerika
Athen	Griechenland	Südosteuropa
B		
Bagdad	Irak	Vorderasien
Bairiki	Kiribati	Ozeanien
Baku	Aserbaidschan	Vorderasien
Bamako	Mali	Westafrika
Bandar Seri Begawan	Brunei	Südostasien
Bangkok	Thailand	Südostasien
Bangui	Zentralafrika	Zentralafrika
Banjul	Gambia	Westafrika
Basseterre	St. Christopher u. Nevis	Mittelamerika, Karibik
Beirut	Libanon	Vorderasien
Belgrad	Jugoslawien	Südosteuropa
Belmopan	Belize	Mittelamerika
Berlin	Deutschland	Mitteleuropa
Bern	Schweiz	Mitteleuropa
Bischkek	Kirgistan	Zentralasien
Bissau	Guinea-Bissau	Westafrika
Bogota	Kolumbien	Südamerika
Brasilia	Brasilien	Südamerika
Brazzaville	Kongo	Zentralafrika
Bridgetown	Barbados	Mittelamerika, Karibik
Brüssel	Belgien	Westeuropa
Budapest	Ungarn	Mitteleuropa
Buenos Aires	Argentinien	Südamerika
Bujumbara	Burundi	Ostafrika
Bukarest	Rumänien	Südosteuropa
C		
Canberra	Australien	Ozeanien
Caracas	Venezuela	Südamerika
Castries	Saint Lucia	Mittelamerika, Karibik
Colombo	Sri Lanka	Südasien
Conakry	Guinea	Westafrika
D		
Dakar	Senegal	Westafrika
Damaskus	Syrien	Vorderasien
Dhaka	Bangladesch	Südasien
Dodoma	Tansania	Ostafrika
Doha	Katar	Vorderasien
Dschibuti	Dschibuti	Nordostafrika
Dublin	Irland	Westeuropa
Duschanbe	Tadschikistan	Zentralasien
E		
El-Aaiun	Sahara	Nordwestafrika
F		
Freetown	Sierra Leone	Westafrika
G		
Gaborone	Botsuana	Südafrika
Georgetown	Guyana	Südamerika
Guatemala	Guatemala	Mittelamerika
H		
Hanoi	Vietnam	Südostasien
Harare	Simbabwe	Südafrika
Havanna	Kuba	Mittelamerika, Karibik
Helsinki	Finnland	Nordeuropa
Honiara	Salomonen	Ozeanien
I		
Islamabad	Pakistan	Südasien
J		
Jakarta	Indonesien	Südostasien
Jaunde	Kamerun	Zentralafrika
Jerewan	Armenien	Vorderasien
Jerusalem	Israel	Vorderasien
K		
Kabul	Afghanistan	Westasien
Kairo	Ägypten	Nordostafrika
Kampala	Uganda	Ostafrika
Kathmandu	Nepal	Südasien
Khartoum	Sudan	Nordostafrika
Kiew	Ukraine	Osteuropa
Kigali	Ruanda	Ostafrika
Kingston	Jamaika	Mittelamerika, Karibik
Kingstown	St. Vincent u. d. Gren.	Mittelamerika, Karibik
Kinshasa	Kongo (Zaire)	Zentralafrika
Kischinjow	Moldau	Südosteuropa
Kolonia	Mikronesien	Ozeanien
Kopenhagen	Dänemark	Nordeuropa
Koror	Palau	Ozeanien
Kuala Lumpur	Malaysia	Südostasien
Kuwait	Kuwait	Vorderasien
L		
Libreville	Gabun	Zentralafrika
Lilongwe	Malawi	Südostafrika
Lima	Peru	Südamerika
Lissabon	Portugal	Südwesteuropa
Ljubljana	Slowenien	Mitteleuropa
Lomé	Togo	Westafrika
London	Großbritannien	Westeuropa
Luanda	Angola	Südwestafrika
Lusaka	Sambia	Südafrika
Luxemburg	Luxemburg	Westeuropa

Die Staaten der Erde (alphabetisch nach Hauptstädten)

HAUPTSTADT	STAAT	LAGE
M		
Madrid	Spanien	Südwesteuropa
Malabo	Äquatorialguinea	Zentralafrika
Male	Malediven	Südasien
Managua	Nicaragua	Mittelamerika
Manama	Bahrain	Vorderasien
Manila	Philippinen	Südostasien
Maputo	Mosambik	Südostafrika
Maseru	Lesotho	Südafrika
Maskat	Oman	Vorderasien
Mbabane	Swasiland	Südostafrika
Mexiko	Mexiko	Mittelamerika
Minsk	Weißrussland	Osteuropa
Mogadischu	Somalia	Nordostafrika
Monaco-Ville	Monaco	Westeuropa
Monrovia	Liberia	Westafrika
Montevideo	Uruguay	Südamerika
Moroni	Komoren	Ostafrika
Moskau	Russland	Osteuropa/Nordasien
N		
Nairobi	Kenia	Ostafrika
Nassau	Bahamas	Mittelamerika, Karibik
Neu-Delhi	Indien	Südasien
Niamey	Niger	Westafrika
Nikosia	Zypern	Südosteuropa
Nouakchott	Mauretanien	Nordwestafrika
Nuku´alofa	Tonga	Ozeanien
N´Djamena	Tschad	Zentralafrika
O		
Oslo	Norwegen	Nordeuropa
Ottawa	Kanada	Nordamerika
Ouagadougou	Burkina Faso	Westafrika
P		
Panama	Panama	Mittelamerika
Paramaribo	Suriname	Südamerika
Paris	Frankreich	Westeuropa
Peking	China	Ostasien
Phnom Penh	Kambodscha	Südostasien
Pjöngjang	Korea (Nord)	Ostasien
Port Louis	Mauritius	Südostafrika
Port Moresby	Papua-Neuguinea	Ozeanien
Port Vila	Vanuatu	Ozeanien
Port-au-Prince	Haiti	Mittelamerika, Karibik
Port-of-Spain	Trinidad und Tobago	Mittelamerika, Karibik
Porto Novo	Benin	Westafrika
Prag	Tschechische Rep.	Mitteleuropa
Praia	Kap Verde	Westafrika
Preßburg	Slowakische Rep.	Mitteleuropa
Pretoria	Südafrika	Südafrika
Q		
Quito	Ecuador	Südamerika
R		
Rabat	Marokko	Nordwestafrika
Reykjavik	Island	Nordeuropa
Riad	Saudi-Arabien	Vorderasien
Riga	Lettland	Nordosteuropa
Rita	Marshallinseln	Ozeanien
Rom	Italien	Südeuropa
Roseau	Dominica	Mittelamerika, Karibik
S		
San José	Costa Rica	Mittelamerika
San Marino	San Marino	Südeuropa
San Salvador	El Salvador	Mittelamerika
Sanaa	Jemen	Vorderasien
Santiago	Chile	Südamerika
Santo Domingo	Dominikanische Rep.	Mittelamerika, Karibik
Sao Tomé	Sao Tomé u. Principe	Zentralafrika
Sarajevo	Bosnien-Herzegowina	Südosteuropa
Seoul	Korea (Süd)	Ostasien
Singapur	Singapur	Südostasien
Skopje	Makedonien	Südosteuropa
Sofia	Bulgarien	Südosteuropa
St. Georges	Grenada	Mittelamerika, Karibik
St. John´s	Antigua u. Barbuda	Mittelamerika, Karibik
Stockholm	Schweden	Nordeuropa
Sucre	Bolivien	Südamerika
Suva	Fidschi	Ozeanien
T		
Taipeh	Taiwan	Ostasien
Tallinn	Estland	Nordosteuropa
Taschkent	Usbekistan	Zentralasien
Tegucigalpa	Honduras	Mittelamerika
Teheran	Iran	Vorderasien
Thimphu	Bhutan	Südasien
Tiflis	Georgien	Vorderasien
Tirana	Albanien	Südosteuropa
Tokyo	Japan	Ostasien
Tripolis	Libyen	Nordafrika
Tunis	Tunesien	Nordafrika
U		
Ulan-Bator	Mongolei	Zentralasien
V		
Vaduz	Liechtenstein	Mitteleuropa
Vaiaku	Tuvalu	Ozeanien
Valletta	Malta	Südeuropa
Victoria	Seschellen	Ostafrika
Vientiane	Laos	Südostasien
W		
Warschau	Polen	Mitteleuropa
Washington	USA	Nordamerika
Wellington	Neuseeland	Ozeanien
Wien	Österreich	Mitteleuropa
Wilna	Litauen	Nordosteuropa
Windhuk	Namibia	Südwestafrika
Y,Z		
Yamoussoukro	Côte d'Ivoire	Westafrika
Yangon	Myanmar	Südostasien
Yaren	Nauru	Ozeanien
Zagreb	Kroatien	Südosteuropa
	Vatikanstadt	Südeuropa

Die Staaten der Erde (nach der Flächengröße)

	STAAT	FLÄCHE (km²)		STAAT	FLÄCHE (km²)
1.	Russland	17 075 400	51.	Turkmenistan	488 100
2.	Kanada	9 958 319	52.	Kamerun	475 442
3.	USA	9 809 155	53.	Papua-Neuguinea	462 840
4.	China	9 572 384	54.	Marokko	458 730
5.	Brasilien	8 511 996	55.	Schweden	449 964
6.	Australien	7 682 300	56.	Usbekistan	447 400
7.	Indien	3 287 263	57.	Irak	438 317
8.	Argentinien	2 766 889	58.	Paraguay	406 752
9.	Kasachstan	2 717 300	59.	Simbabwe	390 757
10.	Sudan	2 505 813	60.	Japan	377 750
11.	Algerien	2 381 741	61.	Deutschland	357 022
12.	Kongo (Zaire)	2 344 885	62.	Kongo	342 000
13.	Saudi-Arabien	2 240 000	63.	Finnland	338 144
14.	Mexiko	1 958 201	64.	Vietnam	331 114
15.	Indonesien	1 904 443	65.	Malaysia	329 758
16.	Libyen	1 775 500	66.	Norwegen	323 877
17.	Iran	1 648 000	67.	Côte d'Ivoire	322 462
18.	Mongolei	1 565 000	68.	Polen	312 685
19.	Peru	1 285 216	69.	Italien	301 302
20.	Tschad	1 284 000	70.	Philippinen	300 000
21.	Niger	1 267 000	71.	Burkina Faso	274 200
22.	Angola	1 246 700	72.	Ecuador	272 045
23.	Mali	1 240 192	73.	Neuseeland	270 534
24.	Südafrika	1 219 580	74.	Gabun	267 667
25.	Kolumbien	1 141 748	75.	Sahara	252 120
26.	Äthiopien	1 133 380	76.	Guinea	245 857
27.	Bolivien	1 098 581	77.	Großbritannien	241 752
28.	Mauretanien	1 030 700	78.	Uganda	241 139
29.	Ägypten	997 739	79.	Ghana	238 537
30.	Tansania	945 087	80.	Rumänien	238 391
31.	Nigeria	923 768	81.	Laos	236 800
32.	Venezuela	912 050	82.	Guyana	214 969
33.	Namibia	824 292	83.	Oman	212 457
34.	Mosambik	799 380	84.	Weißrussland	207 595
35.	Pakistan	796 095	85.	Kirgistan	198 500
36.	Türkei	779 452	86.	Senegal	196 722
37.	Chile	756 626	87.	Syrien	185 180
38.	Sambia	752 614	88.	Kambodscha	181 035
39.	Myanmar	676 552	89.	Uruguay	176 215
40.	Somalia	637 657	90.	Tunesien	163 610
41.	Afghanistan	625 225	91.	Suriname	163 265
42.	Zentralafrika	622 984	92.	Bangladesch	147 570
43.	Ukraine	603 700	93.	Nepal	147 181
44.	Madagaskar	587 041	94.	Tadschikistan	143 100
45.	Kenia	582 646	95.	Griechenland	131 957
46.	Botsuana	582 000	96.	Eritrea	121 144
47.	Frankreich	543 965	97.	Korea (Nord)	120 538
48.	Jemen	536 869	98.	Nicaragua	120 254
49.	Thailand	513 115	99.	Malawi	118 484
50.	Spanien	504 782	100.	Benin	112 622

Die Staaten der Erde (nach der Flächengröße)

STAAT	FLÄCHE (km²)	STAAT	FLÄCHE (km²)
101. Honduras	112 088	151. Slowenien	20 255
102. Bulgarien	110 994	152. Fidschi	18 376
103. Kuba	110 860	153. Kuwait	17 818
104. Guatemala	108 889	154. Swasiland	17 363
105. Island	103 000	155. Bahamas	13 939
106. Jugoslawien	102 173	156. Vanuatu	12 190
107. Korea (Süd)	99 392	157. Katar	11 437
108. Liberia	97 754	158. Gambia	11 295
109. Ungarn	93 030	159. Jamaika	10 991
110. Portugal	92 270	160. Libanon	10 452
111. Jordanien	88 946	161. Zypern	9 251
112. Aserbaidschan	86 600	162. Brunei	5 765
113. Österreich	83 845	163. Trinidad und Tobago	5 128
114. Tschechische Rep.	78 864	164. Kap Verde	4 033
115. Arabische Emirate	77 700	165. Samoa	2 831
116. Panama	75 517	166. Luxemburg	2 586
117. Sierra Leone	71 740	167. Mauritius	2 040
118. Irland	70 285	168. Komoren	1 862
119. Georgien	69 700	169. Sao Tomé u. Principe	1 001
120. Sri Lanka	65 610	170. Kiribati	810,5
121. Litauen	65 300	171. Dominica	749,8
122. Lettland	64 589	172. Tonga	748
123. Togo	56 785	173. Mikronesien	700
124. Kroatien	56 538	174. Bahrain	695,26
125. Bosnien-Herzegowina	51 129	175. Singapur	641,1
126. Costa Rica	51 100	176. Saint Lucia	616,3
127. Slowakische Rep.	49 036	177. Palau	508
128. Dominikanische Rep.	48 422	178. Andorra	467,76
129. Bhutan	46 500	179. Seschellen	454
130. Estland	45 227	180. Antigua und Barbuda	441,6
131. Dänemark	43 094	181. Barbados	430
132. Niederlande	41 865	182. St. Vincent u. d. Gren.	389,3
133. Schweiz	41 285	183. Grenada	344,5
134. Guinea-Bissau	36 125	184. Malta	315,6
135. Taiwan	36 000	185. Malediven	298
136. Moldau	33 700	186. St. Christopher u. Nevis	261,6
137. Belgien	30 518	187. Marshallinseln	181,3
138. Lesotho	30 355	188. Liechtenstein	160
139. Armenien	29 800	189. San Marino	60,5
140. Albanien	28 748	190. Tuvalu	26
141. Äquatorialguinea	28 051	191. Nauru	21,3
142. Burundi	27 834	192. Monaco	1,95
143. Haiti	27 750	193. Vatikanstadt	0,44
144. Salomonen	27 556		
145. Ruanda	26 338		
146. Makedonien	25 713		
147. Dschibuti	23 200		
148. Belize	22 965		
149. Israel	21 946		
150. El Salvador	21 041		

Die Staaten der Erde (nach der Bevölkerungszahl)

	STAAT	EINWOHNER		STAAT	EINWOHNER
1.	China	1 206 431 000	68.	Griechenland	10 467 000
2.	Indien	929 358 000	69.	Burkina Faso	10 377 000
3.	USA	262 755 000	70.	Weißrussland	10 339 000
4.	Indonesien	194 755 000	71.	Tschechische Rep.	10 332 000
5.	Brasilien	159 222 000	72.	Ungarn	10 229 000
6.	Russland	148 195 000	73.	Belgien	10 146 000
7.	Pakistan	129 905 000	74.	Kambodscha	10 024 000
8.	Japan	125 213 000	75.	Portugal	9 927 000
9.	Bangladesch	119 768 000	76.	Mali	9 788 000
10.	Nigeria	103 912 000	77.	Malawi	9 757 000
11.	Mexiko	91 831 000	78.	Somalia	9 491 000
12.	Deutschland	81 869 000	79.	Niger	9 028 000
13.	Vietnam	73 475 000	80.	Tunesien	8 987 000
14.	Philippinen	68 614 000	81.	Sambia	8 978 000
15.	Iran	64 120 000	82.	Schweden	8 830 000
16.	Türkei	61 058 000	83.	Senegal	8 468 000
17.	Großbritannien	58 605 800	84.	Bulgarien	8 409 000
18.	Thailand	58 242 000	85.	Österreich	8 054 000
19.	Frankreich	58 060 000	86.	Dominikanische Rep.	7 822 000
20.	Ägypten	57 000 000	87.	Aserbaidschan	7 510 000
21.	Italien	57 204 000	88.	Bolivien	7 414 000
22.	Äthiopien	56 404 000	89.	Haiti	7 168 000
23.	Ukraine	51 550 000	90.	Schweiz	7 039 000
24.	Myanmar	45 106 000	91.	Guinea	6 591 000
25.	Korea (Süd)	44 851 000	92.	Tschad	6 448 000
26.	Kongo (Zaire)	43 848 000	93.	Ruanda	6 400 000
27.	Südafrika	41 457 000	94.	Burundi	6 264 000
28.	Spanien	40 321 000	95.	Honduras	5 924 000
29.	Polen	38 612 000	96.	Tadschikistan	5 836 000
30.	Kolumbien	36 813 000	97.	El Salvador	5 623 000
31.	Argentinien	34 665 000	98.	Israel	5 521 000
32.	Tansania	29 646 000	99.	Benin	5 475 000
33.	Kanada	29 606 000	100.	Libyen	5 407 000
34.	Algerien	27 959 000	101.	Georgien	5 400 000
35.	Sudan	26 707 000	102.	Slowakische Rep.	5 369 000
36.	Kenia	26 688 000	103.	Dänemark	5 220 000
37.	Marokko	26 562 000	104.	Finnland	5 110 000
38.	Korea (Nord)	23 867 000	105.	Laos	4 882 000
39.	Peru	23 819 000	106.	Paraguay	4 828 000
40.	Afghanistan	23 481 000	107.	Kroatien	4 778 000
41.	Usbekistan	22 771 000	108.	Kirgistan	4 515 000
42.	Rumänien	22 692 000	109.	Turkmenistan	4 508 000
43.	Venezuela	21 671 000	110.	Bosnien-Herzegowina	4 383 000
44.	Nepal	21 456 000	111.	Nicaragua	4 375 000
45.	Taiwan	21 400 000	112.	Norwegen	4 354 000
46.	Malaysia	20 140 000	113.	Moldau	4 344 000
47.	Irak	20 097 000	114.	Papua-Neuguinea	4 302 000
48.	Uganda	19 168 000	115.	Jordanien	4 212 000
49.	Saudi-Arabien	18 979 000	116.	Sierra Leone	4 195 000
50.	Sri Lanka	18 114 000	117.	Togo	4 085 000
51.	Australien	18 054 000	118.	Libanon	4 005 000
52.	Ghana	17 075 000	119.	Armenien	3 760 000
53.	Kasachstan	16 606 000	120.	Litauen	3 715 000
54.	Mosambik	16 168 000	121.	Neuseeland	3 601 000
55.	Niederlande	15 460 000	122.	Irland	3 586 000
56.	Jemen	15 272 000	123.	Eritrea	3 574 000
57.	Chile	14 225 000	124.	Costa Rica	3 399 000
58.	Syrien	14 112 000	125.	Zentralafrika	3 275 000
59.	Côte d'Ivoire	13 978 000	126.	Albanien	3 260 000
60.	Madagaskar	13 651 000	127.	Uruguay	3 184 000
61.	Kamerun	13 288 000	128.	Singapur	2 987 000
62.	Ecuador	11 477 000	129.	Liberia	2 733 000
63.	Simbabwe	11 011 000	130.	Kongo	2 633 000
64.	Kuba	11 011 000	131.	Panama	2 631 000
65.	Angola	10 772 000	132.	Jamaika	2 522 000
66.	Guatemala	10 621 000	133.	Lettland	2 516 000
67.	Jugoslawien	10 518 000	134.	Mongolei	2 461 000

Die Staaten der Erde (nach der Bevölkerungszahl)

STAAT	EINWOHNER	STAAT	EINWOHNER
135. Arabische Emirate	2 378 000		
136. Mauretanien	2 274 000		
137. Oman	2 196 000		
138. Makedonien	2 119 000		
139. Slowenien	1 992 000		
140. Lesotho	1 980 000		
141. Kuwait	1 664 000		
142. Namibia	1 545 000		
143. Estland	1 487 000		
144. Botsuana	1 450 000		
145. Trinidad und Tobago	1 287 000		
146. Mauritius	1 128 000		
147. Gambia	1 113 000		
148. Gabun	1 077 000		
149. Guinea-Bissau	1 070 000		
150. Swasiland	900 000		
151. Guyana	835 000		
152. Fidschi	775 000		
153. Zypern	734 000		
154. Bhutan	695 000		
155. Katar	642 000		
156. Dschibuti	634 000		
157. Bahrain	577 000		
158. Komoren	499 000		
159. Suriname	410 000		
160. Luxemburg	410 000		
161. Äquatorialguinea	400 000		
162. Kap Verde	380 000		
163. Salomonen	375 000		
164. Malta	372 000		
165. Brunei	285 000		
166. Bahamas	276 000		
167. Island	268 000		
168. Barbados	266 000		
169. Malediven	253 000		
170. Belize	216 000		
171. Sahara	208 000		
172. Vanuatu	169 000		
173. Samoa	165 000		
174. Saint Lucia	158 000		
175. Sao Tomé u. Principe	129 000		
176. St. Vincent u. d. Gren.	111 000		
177. Mikronesien	107 000		
178. Tonga	104 000		
179. Grenada	91 000		
180. Kiribati	79 000		
181. Seschellen	74 000		
182. Dominica	73 000		
183. Antigua und Barbuda	65 000		
184. Andorra	64 000		
185. Marshallinseln	56 000		
186. St. Christopher u. Nevis	41 000		
187. Monaco	34 000		
188. Liechtenstein	31 000		
189. San Marino	25 000		
190. Palau	17 000		
191. Nauru	11 000		
192. Tuvalu	10 000		
193. Vatikanstadt	802		

Die Staaten der Erde nach Kontinenten

AFRIKA	ANGLOAMERIKA	ASIEN	AUSTRALIEN	EUROPA	LATEINAMERIKA
Ägypten	Kanada	Afghanistan	Australien	Albanien	Antigua u. Bar.
Algerien	USA	Arab. Emirate		Andorra	Argentinien
Angola		Armenien		Belgien	Bahamas
Äquat.-Guinea		Aserbaidschan	Ozeanien:	Bosn.-Herzeg.	Barbados
Äthiopien		Bahrain		Bulgarien	Belize
Benin		Bangladesch	Fidschi	Dänemark	Bolivien
Botsuana		Bhutan	Kiribati	Deutschland	Brasilien
Burkina Faso		Brunei	Marshallinseln	Estland	Chile
Burundi		China	Mikronesien	Finnland	Costa Rica
Côte d'Ivoire		Georgien	Nauru	Frankreich	Dominica
Dschibuti		Indien	Neuseeland	Griechenland	Dominik. Rep.
Eritrea		Indonesien	Palau	Großbritannien	Ecuador
Gabun		Irak	Papua-Neug.	Irland	El Salvador
Gambia		Iran	Salomonen	Island	Grenada
Ghana		Israel	Samoa	Italien	Guatemala
Guinea		Japan	Tonga	Jugoslawien	Guyana
Guinea-Bissau		Jemen	Tuvalu	Kroatien	Haiti
Kamerun		Jordanien	Vanuatu	Lettland	Honduras
Kap Verde		Kambodscha		Liechtenstein	Jamaica
Kenia		Kasachstan		Litauen	Kolumbien
Komoren		Katar		Luxemburg	Kuba
Kongo		Kirgistan		Makedonien	Mexiko
Kongo (Zaire)		Korea (Nord)		Malta	Nicaragua
Lesotho		Korea (Süd)		Moldau	Panama
Liberia		Kuwait		Monaco	Paraguay
Libyen		Laos		Niederlande	Peru
Madagaskar		Libanon		Norwegen	Saint Lucia
Malawi		Malaysia		Österreich	St. Christ./Nevis
Mali		Malediven		Polen	St. Vinc./ Gren.
Marokko		Mongolei		Portugal	Suriname
Mauretanien		Myanmar		Rumänien	Trinidad u.Tob.
Mauritius		Nepal		Russland	Uruguay
Mosambik		Oman		San Marino	Venezuela
Namibia		Pakistan		Schweden	
Niger		Philippinen		Schweiz	
Nigeria		Russland		Slowak. Rep.	
Ruanda		Saudi-Arabien		Slowenien	
Sahara		Singapur		Spanien	
Sambia		Sri Lanka		Tschech. Rep.	
S.Tomé / Prínc.		Syrien		Türkei	
Senegal		Tadschikistan		Ukraine	
Seschellen		Taiwan		Ungarn	
Sierra Leone		Thailand		Vatikanstadt	
Simbabwe		Türkei		Weißrussland	
Somalia		Turkmenistan		Zypern	
Südafrika		Usbekistan			
Sudan		Vietnam			
Swasiland					
Tansania					
Togo					
Tschad					
Tunesien					
Uganda					
Zentralafrika					

Die Staaten der Erde nach Bündnissen

APEC	ASEAN	EU	NAFTA	OECD	OPEC
Australien	Brunei	Belgien	Kanada	Australien	Algerien
Brunei	Indonesien	Dänemark	Mexiko	Belgien	Arab. Emirate
China	Malaysia	Deutschland	USA	Dänemark	Gabun
Indonesien	Philippinen	Finnland		Deutschland	Indonesien
Japan	Singapur	Frankreich		Finnland	Irak
Kanada	Thailand	Griechenland		Frankreich	Iran
Korea (Süd)		Großbritannien		Griechenland	Katar
Malaysia		Irland		Großbritannien	Kuwait
Mexiko		Italien		Irland	Libyen
Neuseeland		Luxemburg		Island	Nigeria
Papua-Neug.		Niederlande		Italien	Saudi-Arabien
Philippinen		Österreich		Japan	Venezuela
Singapur		Portugal		Kanada	
Taiwan		Schweden		Korea (Süd)	
Thailand		Spanien		Luxemburg	
USA				Mexiko	
				Neuseeland	
				Niederlande	
				Norwegen	
				Österreich	
				Polen	
				Portugal	
				Schweden	
				Schweiz	
				Spanien	
				Tschech. Rep.	
				Türkei	
				Ungarn	
				USA	

Literaturverzeichnis

Fakten-Lexikon Erde, Hrsg. Christoph Schneider, Heyne Verlag, München 1997

Statistisches Jahrbuch für die Bundesrepublik Deutschland (aktuelle Ausgabe)
Hrsg. Statistisches Bundesamt Wiesbaden

Statistisches Jahrbuch für das Ausland (aktuelle Ausgabe)
Hrsg. Statistisches Bundesamt Wiesbaden

Der Fischer Weltalmanach (aktuelle Ausgabe), Fischer Taschenbuchverlag, Frankfurt am Main

Aktuell – Harenberg, Lexikon der Gegenwart (aktuelle Ausgabe). Hrsg. Harenberg Lexikon Verlag, Dortmund

Westermann Lexikon der Geographie, Westermann Vorlag, Braunschweig 1969

Brockhaus Enzyklopädie, Wiesbaden 1974

Meyers Staaten der Erde, Bibliographisches Institiut, Mannheim 1981

Alle Länder unserer Erde, Verlag Das Beste, Stuttgart 1995

Geographie der Welt, Bechtermünz-Verlag, Augsburg 1997

Weltatlas – Länderlexikon, Lexographisches Institut, München 1977

Erdkunde in Stichworten, Hirt-Verlag, Kiel 1976

Der Weltatlas 2000, Bechtermünz-Verlag, Augsburg 1997